U0033534

聯準會前主席保羅・伏克爾回憶錄

主席先生

PAUL A. VOLCKER WITH CHRISTINE HARPER

KEEPING AT IT

THE QUEST FOR SOUND MONEY AND GOOD GOVERNMENT

保羅・伏克爾——著

卓妙容——譯

獻給愛妻安可～

年過九旬的睿智老鸚鵡還有能力寫回憶錄，她絕對是最大功臣。

而這不過是我們鮮少提及的愛情故事裡極小的一部分。

目次

｜作者序｜

睿智的老鸚鵡

打造好政府，落實好政策

多年前，我聽過一個似乎滿適合放在這本書的故事。有個寂寞的老人，妻子過世，孩子離家獨立，原本經營的生意也收起來了。他渴望有個伴，決定去買隻鸚鵡。老人來到當地的寵物店，指著一隻鸚鵡問要多少錢。

老闆回答：「這是一隻好鸚鵡，要價五千美元。」

「一隻鸚鵡怎麼可能值五千美元？」

「嗯，因為牠的母語是英語，但牠還會說法語、德語、義大利語和西班牙語——所有歐盟的重要語言牠都會。」

「我老了，已經不工作了，而且我一點都不在乎什麼歐盟。算了，就給我旁邊那隻年輕的吧！」

「好的，不過這隻要一萬美元。」

「為什麼牠值一萬美元？牠有什麼特別的嗎？」

「別看牠年輕，牠一直都在學習。牠已經會說中文、廣東話、日語，目前正在學韓語，完全就是一隻符合二十一世紀需求的鸚鵡。」

「聽著！我在二十一世紀也活不了多久了。角落那隻羽毛脫落、目光混濁的老鸚鵡呢？牠很適合我，我就買牠了。」

「我明白，但牠要價兩萬五千美元。」

「那樣的老傢伙怎麼可能值兩萬五千美元？」

「我們也不明白，只知道其他鸚鵡都尊稱牠『主席先生』。」

我引用這個故事不下百次，而這將是最後一回。

直到今天，我仍經常被稱為「主席先生」。事實上，我也的確還是幾個小型組織的主席（只不過現在多為榮譽性質了），例如我在二〇一三年為了提倡公共服務領域的訓練和教育而創辦的「伏克爾聯盟」（Volcker Alliance）就是其中之一。不過，當我偶爾在人行道或公車上被攔下來時，那些人心裡想的往往是我四十年前在華府擔任聯準會主席的事，顯然創紀錄的高通貨膨脹率、一〇％的失業率、超過二〇％的利率給大家留下了難以磨滅的深刻印象。

從那之後，美國遭遇了多次的經濟危機，其中包括開始於二〇〇八年的金融海嘯。政府亡羊補牢地全面改革金融監管法規，而以我的姓氏命名的《伏克爾法則》（Volcker Rule）也是其中控管的一環。

我們誤信了金融市場，我們低估了中國

雖然這些事件大大影響了我的人生，卻不是我決定寫這本自傳的原因。過去幾年，看到美國政府的管理效能每下愈況，令我惶惶不安，籠罩在心頭越來越大、越來越深的擔憂，才是促成我動筆的真正理由。

政黨之間（甚至政黨之內）的對立，加上極富階層不斷擴張的影響力，嚴重癱瘓了決定公共政策的關鍵要素：不管是從軍人福利到退休基金的預算編列，抑或是外交事務、移民政策、醫療照護等重大決策，無不深受其害。即便是基礎設施重建等明顯的需求，看起來也全是光說不做，彷彿我們已經喪失了行動能力。

很少美國人明白，開國元勛亞歷山大．漢密爾頓（Alexander Hamilton）在建立美利堅共和國之初，所堅持的「管理好一個政府的能力和意願」已受到了侵蝕[1]，這將是美國政府的一大考驗。有效率的政府組織需要大量能幹、有奉獻精神的公僕，但在人們經年累月的忽視下，現在的美國政府已嚴重失靈，不但效率低、問題多，最糟糕的是，它嚴重失去人民的信任。民調顯示，相信政府所做的決定大多數是正確的美國人低於兩成，遠低於六十年前的七成五[2]。

一九五〇年代初，當我決定接受第一份公職時，和其他人一樣，我想到的只是它代表的榮譽。那時的美國在兩黨的強力領導下，支持歐洲的經濟復甦，幫助自由世界重建民主，並打開全球貿易

和投資的大門。結果似乎很明顯：人類的情況有了空前的改善，世界大部分地區不但人口增加，而且比歷史上任何時期都要更健康、更富足。

回首前塵，我不得不承認美國在領導自由新興國家同盟時，無法完全避開致命的狂妄之罪。我們在遠離家園之處，發動注定無法獲勝且不必要的長期戰爭；我們沒有預見開放市場和快速創新會給美國公民帶來巨大損失；我們誤信不斷翻新的金融市場能自我約束；我們低估了以中國為首的其他國家，憑藉逐漸成長的市場規模、經濟實力和越來越大的野心，輕易就能威脅到美國傲視全球的影響力。

到二十世紀末，蘇聯的解體和中國在經濟開放後的崛起，讓有些人認為民主價值大獲全勝、世界可以永續成長的時代已經走到盡頭了。我們發現氛圍完全不一樣了。過去的盟友信心動搖，質疑美國的領導能力，而美國向來致力推動民主和法治的願景也岌岌可危。

我有幸在七十多年的歲月參與了美國政府一小部分的運作，不僅親眼目睹它強大的實力，也見證了它如何犯下嚴重的失誤。我希望這本回憶錄能成為大家的借鏡，尤其是在我畢生奉獻的財務和貨幣政策方面。

不過在寫作過程中，我逐漸明白了一件範圍更大、更重要的事：我們必須讓美國民眾再次相信政府在各方面的能力，而我希望我一手創立的伏克爾聯盟能在這上頭貢獻一點棉薄之力。

雖然這並不容易。

| 第1章 |

為享樂向銀行借錢？我們不做這種事

我的成長之路

就一個在經濟大蕭條和二次大戰中長大的孩子而言，我的兒童時期其實過得相當舒適。很幸運的，我的家鄉紐澤西州提內克市（Teaneck）當時正處在快速成長期。我年紀太小無法參戰，但是現在回想起來，我父親在當地政府的傑出表現，毫無疑問的對我的人生觀和世界觀都產生了極大的影響。

「執政是一門科學，我很高興本市所有的人民和官員都同意，要管理市政的人應該接受政府管理學的扎實訓練。」[1]

這是我擔任提內克市執政官（city manager）的父親，在一九四八年對為何要在退休前兩年就雇用繼任者時的解釋。

我父親非常在意如何將事情做好。身為德國移民家庭的長子，雖然他少年時也在紐約市布魯克林區參加過以現在標準來看來根本不算什麼的幫派打架和鬧事[2]，但他最終還是在男子高中嚴格的傳統教育中找到自我價值。之後進入美東頂尖的倫斯勒理工學院（Rensselaer Polytechnic Institute）主修土木工程，並在體育和學術上表現傑出。

少女穿著泳裝，對一群色狼搔首弄姿？當然不行！

為了重建伊利運河（Erie Canal）系統，他搬到紐約州北部小鎮里昂（Lyons）。我母親是當地仕紳的獨生女，剛從著名的瓦薩學院（Vassar College）畢業。兩個年輕人墜入愛河，於一九一五年結婚，移居到聘請我父親為工程師的賓州黎巴嫩市（Lebanon）。

然而，他很快就看到更好的機會。比起運河，更需要重建的是市政府本身，紐澤西州開普梅（Cape May）的情況尤其如此。

曾經是費城有錢人家（甚至還包括一兩位總統）偏愛的避暑勝地，開普梅早已失去往日風采，連歷史悠久的維多利亞式度假酒店都門可羅雀。市府財政瀕臨破產。當地的意見領袖都同意市府需要徹底改革，於是在一九二五年，開普梅成為紐澤西州第一個採取新核准的「議會─執政官制」的地方政府。相對於傳統的「市長─議會制」，新體制的修法、政策、撥款及監督，都是由超黨派的兼職民選議員組成的市議會執行，而市政的日常運作則由專業的市執政官負責。

我父親受到從混亂中重建市政秩序的挑戰吸引，想在市政管理上一展長才，所以當他和大批競爭者一起申請這個年薪四千五百美元的開普梅執政官職位時，沒人感到驚訝。「做為這個職位的首位官員，伏克爾先生自然成為全州矚目的焦點。」鄰郡的《黎巴嫩日報》（*Lebanon Daily News*）在他獲得職位那天寫道[3]。在他三十五歲時，就帶著我母親和我三個姊姊搬到了開普梅，這是我出生前兩年的事。

事實證明，他是這個職位的不二人選。很快的，他就將市府財政理出頭緒，並發現一個極佳的宣傳訣竅。他以「海岸綿延二十英里的涼爽開普梅」搭配「綠蔭街道，金黃沙灘」，巧妙的將開普梅和紐澤西州其他只有光禿禿的沙灘、沒有樹木及建築物的簡陋度假中心做出區隔。

北方四十英里的大西洋城，層次和開普梅完全不同：它的面積大很多，擁有全國聞名的海濱步道和碼頭、雄偉壯觀的大酒店，以及大成本製作的娛樂表演。大西洋城的金主們在一九二〇年代開始舉辦選美活動，而開普梅通常也會派人參加。

保守固執的父親才剛就職數週，就因終止這個慣例而上了報紙頭版。他堅信不該讓任何一個開普梅少女穿著泳裝，在那個道德淪喪的城市對一群色狼搔首弄姿[4]。

與此同時，紐澤西北部一個規模更大的自治市發生了財務和市政的雙重危機。選民決定拋開政客，引進新的「議會－執政官制」。提內克，這個距離紐約市僅二十分鐘車程的城市在一九三〇年聘用了父親。也由於他答應免費兼任市府工程師，立刻為該市省下了一筆開銷。

提內克也在他手中改頭換面。雖然他的二十年任期與經濟大蕭條、二次大戰重疊，但提內克的負債卻由五百萬美元降至一百八十萬美元，而且居民數目還成長了一倍。市政府購買了九十五英畝的土地開闢成公園，甚至調降了各種稅率。

不要因為你的溫和，在該搖頭的時候點頭

我父親一百九十公分高，總是戴著眼鏡，叼著菸斗，儀表堂堂，充滿權威感。他辦公桌後的牆上掛著裱框的喬治．華盛頓名言：「不要因為你的溫和，在本該拒絕時同意。記住，這是公事，不是私事，大眾將受損或受益全取決於你的選擇。」[5]以警告那些想來關說的人。

據我所知，在他擔任提內克市執政官期間，權威受到嚴重挑戰的情況只發生過一次。當時的我還小，不明白箇中原委，但是看到他帶著兩三個親近的同僚從市議會提早退場回家，也知道此事並不尋常。長大後，我才聽說了整件事的經過。

我父親下定決心籌組專業的警察局和消防局，他告知市議會，將從外地聘用一個新的警察局長。然而，原本就風評不佳的市長卻強烈反對[*1]，要求指派一個和他關係良好的當地人。我父親拒絕了，堅稱依照法律（我相信大部分內容是他起草的），市執政官擁有警察局長的任命權。

儘管市議會大可直接將我父親解雇，但是他們也知道這麼做得不到市民的支持，於是以停薪為手段要脅。這事很快上了法院，法官判我父親勝訴，於是提內克有了一位專業的警察局長，市長的

影響力大減，我父親的薪水也恢復正常。

在父親沉默寡言、拘謹有禮的外表下，隱藏著不動聲色的幽默機智和成熟敏銳的政治直覺。等我年紀再大些，有時他會帶我一起去和市長、市議員或其他有影響力的市民討論事情，也會特意去拜訪那些較不具影響力的普通市民。他熱愛事事公開透明，每戶人家每年都會收到一份詳細的市政府年度報告，裡頭會明白列出預算、開支、稅收、警車和消防車等各項數字、市府設備狀況，以及包括他自己在內的所有員工薪資。

依照當時的標準，市執政官八千美元的年薪相當合理，不過後來我才發現，父親在經濟大蕭條時期曾自願減薪兩千美元，很久後才又開始拿正常的薪資。

提內克的成功和市執政官這種新型地方政府體制，受到全美和國際媒體的大幅報導。一九四五年，聯邦調查局的研究顯示，提內克的犯罪率全美國最低。《週六晚報》（*Saturday Evening Post*）甚至刊登過一篇名為「提內克沒有犯罪活動」的文章6。然而，父親卻在一次於紐約市婦女俱樂部聯合會的演講中表示，他的確為提內克能以頗具規模的青少年康樂教育活動和專業警力降低犯罪率而感到自豪，但外界以「取得全面勝利」的誇張形容卻讓他感到極度不自在*2。

沒多久，美國陸軍為了教育二戰中的被占領國家如何在戰後實施民主制度，舉辦了一場博覽

---

*1　譯註：在「議會—執政官制」的地方政府體制下，市長沒有實權，僅是象徵意義，通常由市議會議長兼任。

會，提內克在上萬個候選城市脫穎而出，成了大會的模範城市[7]。我父親努力、專業、非政治取向的管理，不只為他父母被戰火摧毀的故鄉立了榜樣，也成了我一生追求的典範。

他經常鼓勵我投身企業界，勸我不要和政治沾上邊。我不知道他是否真心那麼想，但不管答案為何，我終究還是沒有聽從他的建議。

一言不發，和同伴玩好幾個小時

一九二七年勞動節早上十點三十分，紐澤西州開普梅的艾瑪・伏克爾（Alma Volcker）生下了一個白白胖胖的小男嬰。祖父阿道夫・伏克爾（Adolf Volcker）很快發來賀電：「我們家總算後繼有人了！」

祖父是德國小鎮的高中校長，育有九個兒子、一個女兒。他是家族中第一個移民來到美國的，並且很快就將好幾個兄弟接過來。在他的孫子輩裡，我是第一個男孩。我有三個姊姊（還有一個姊姊在嬰兒時夭折），所以他可說是等了很久。當我慢慢長大後，逐漸意識到這對我不是件好事。感覺上我的姊姊們，甚至我的父母，都在竭盡全力確保這個家裡唯一的男孩不會認為自己理應享有任何特權。我不喜歡家人叫我「小兄弟」（Buddy），不過至少聽起來比「小保羅」或「保羅二世」好些。

我是個很安靜的孩子，可以一言不發的和同伴玩上好幾個小時。帕爾默小姐（我那時覺得她好美）在我的第一張幼稚園成績單上寫著：「保羅不參加小組討論。」她的洞察力真強。直到現在，我仍然無法克服這一點。雖然我很擅長主持會議，但是要我在任何小組（不論成員是我的姊姊們，還是總統顧問團）努力吸引別人的注意，還是會讓我感到不自在。

我大姊露絲像一個在特殊場合才會出現的神仙教母，只偶爾出現在我的生活裡。我上小學時，她已經離家到波士頓的西蒙斯學院（Simmons College）念大學，然後進了伊士曼柯達公司集團擔任科學圖書管理員。二次大戰期間，她神祕地在田納西州橡樹嶺（Oak Ridge）過了兩年幾乎和外界斷了聯繫的日子。我們當時並不知道，或許連她自己也不清楚，和她一起共事的科學家正在製造後來被投擲在廣島的「小男孩」原子彈。之後，她將餘生全花在支持田納西州金斯波特（Kingsport）的文化機構上。

我的二姊露易絲情感豐富，既有藝術氣質又有運動細胞，天生就是個野心勃勃的女權主義者。她不饜足地索求父母的注意力，一直讓當弟弟的我很生氣（直到現在，我還是可以肯定的說，她是我那個感情內斂的父親最偏愛的孩子）。在先後取得巴納德女子文理學院（Barnard College）和芝

---

*2 時隔四十五年，我不自覺地在紀念大通膨時代結束的皮爾—傑科普森講座（Per Jacobsson Lecture）上，使用了和父親相同的下標題技巧——「中央銀行全面勝利了嗎？」。

加哥大學的學位後，她成為一名社工人員，帶領著我走入藝術和佛洛伊德心理學的世界。直到一九六六年四十七歲罹癌去世前，她都是我最熱情的支持者。

三姊維吉尼亞性情溫和，又跟我年齡相近，自然成了我兒時的最佳玩伴、手足知己，當然有時還是會打打鬧鬧。我的三個姊姊全是一百八十公分高的長人[*1]，但只有她走入婚姻。她有五個孩子，住在很遠的地方，後來全家人搬回東部，我們才又恢復密切往來。二〇一一年連三姊都去世之後，我成了家族裡名副其實的大家長。

我成長期間居住的提內克，可說是世界上最典型的中產階級城市。這裡沒有豪宅，甚至看不出哪個家庭特別有錢。市區裡只有一小塊區域比較窮，但絕稱不上貧民窟。大多數的男主人都在紐約市上班，女主人則在家照顧通常為數頗多的孩子。整個城市只有一戶黑人家庭。居民幾乎全是共和黨的死忠支持者，選舉時民主黨的得票率往往只有共和黨的五分之一或六分之一[*2]。

釣一天魚所學到的，和上一天課的價值不相上下

當時的美國正陷入經濟大蕭條的風暴中，但我卻不太有什麼感受。橫跨哈德遜河的喬治・華盛頓大橋剛峻工，帶動提內克及鄰近城鎮出現了許多大型的住宅建案。這個一開始只有六線道、後來擴展成雙層十四線道的壯觀土木工程里程碑，成了紐約市和周邊紐澤西州社區重要的經濟命脈。遺

憾的是，近八十年後，即使我們的鐵路隧道和地下鐵都已到達載運上限，我們卻無法籌出經費並設計出符合二十一世紀需求的更輕巧、更進步的基礎設施。

以今天的標準來說，當時的我眼界其實相當狹隘。那個時代沒有客機，搭郵輪跨越大西洋至少要一整個星期，打長途電話要等接線生幫忙，連到紐約州北部探望祖父母也得坐上一天的火車[*3]。

不過，還是有好的一面。我在十二歲時就能一個人搭兩趟巴士、轉一趟地鐵，從提內克去艾必斯球場（Ebbets Field）為我最愛的布魯克林道奇隊加油。時至今日，就算道奇隊還在布魯克林[*4]，應該也不會有任何媽媽會答應孩子獨自前往吧？

我媽媽負責家裡的一切。她親切隨和、善解人意，是孩子們吵架時最有耐心的調解高手，但她同時也是立下家規的人。

父親與我們就比較疏離。只有在一起釣魚或為我們解釋工程原理時，才會跟我們比較親近。他

---

*1 我們家剛好住在長人大道（Longfellow Avenue），因為全家都是高個兒，所以成了提內克市民茶餘飯後開玩笑的話題。

*2 提內克現在有許多猶太裔、非裔、拉丁裔和穆斯林居民，並以其多元文化自豪。如今民主黨的得票率反而是共和黨的五倍。

*3 後來發現我父母在倫斯勒理工學院和瓦薩學院（當時的兩所頂尖大學）的絕大部分同學，都住在搭巴士或火車就能直達的鄰近社區。

*4 譯註：道奇隊在一九五七年遷至加州洛杉磯。

和祖父一樣，都非常熱愛釣鱸魚（無論是海釣或淡水釣），有一次還把我從學校帶出去，隔天寫了張紙條叫我帶給老師，大意是說，他認為釣一天魚所學到的，至少和上一天課的價值不相上下[8]。

二次大戰爆發前，我們家每年七月都會在紐澤西州鄉下租一棟附帶小船、獨木舟和戶外廁所的湖濱度假小屋。水狸湖（Beaver Lake）有許多超大的翻車魚、淡水鱸魚，以及偶爾出現的美洲大嘴鱸。父親還要上班，所以他通常只有在週三晚上和週末才會開車來看我們。他會要我划船載著他在湖中小島和海蝕洞之間繞來繞去，讓他用飛竿加擬餌或拋竿加亮晶晶的匙形假餌釣魚。可惜的是，當我第一次用擬餌和飛竿釣到生平第一條魚時，只有我一個人在船上。

也是在水狸湖小屋，我從收音機裡聽到洋基隊的盧．賈格里（Lou Gehrig）因為漸凍人症而被迫提早退休，在洋基棒球場向六萬兩千名球迷發表著名的「我認為我是全世界最幸運的人」的告別演說[9]。回想起這件事，我仍會忍不住熱淚盈眶。雖然我是布魯克林道奇隊的鐵粉，但這位洋基隊的「鐵馬」確實是個真正的英雄。

為什麼我們家不買一艘 Chris-Craft 快艇？

在水狸湖時，我總會特別注意幾棟外觀華麗的房子。大船庫和可以拖著人在湖面滑水的 Chris-Craft 快艇，是它們的標準配備。我一直很想學滑水，便忍不住向媽媽抱怨：「為什麼我們不能也買一艘 Chris-Craft 快艇？」

「他們為了享樂向銀行借錢，」媽媽回答，「我們不做這種事。」

這句話完美詮釋了伏克爾家族的理財觀念，也讓我一輩子奉為圭臬。

身為市執政官的兒子，大家都認識我且尊敬我，但多少還是有些不方便。雖然沒人明說，但我很清楚自己絕對要避開任何會給家裡帶來負面影響的事。所以，父親年少時能在布魯克林區街頭惡作劇，我不行；也不能和其他男孩一起用彈弓打壞路燈。我必須放棄所有鏟雪、幫公園鋤草之類的打工機會，因為雇用單位是市政府，我得避嫌。更糟糕的是，我被嚴重警告不准踏入「提內克美式餐館」一步，因為那是「不正經」的人才會去的地方。

事實上，我在青少年時期幾乎沒有社交生活。雖然我有好幾個姊姊，可是我不知道怎麼和其他女孩相處，總是異常害羞。我既沒有約會，也不參加舞會。不管是學業或體育，對我都沒什麼太大的挑戰性。我不想被貼上「書呆子」的標籤，所以完全沒有要在高中名列前茅的意願。我只想擺出一副過得很悠閒的樣子。我記得有個籃球賽季，我很自豪沒帶過一份功課回家寫，不過我空有兩公尺的身高，也從沒想過要努力在球場上出鋒頭。

在選擇高中畢業研究報告的題目時，我想到一個最偷懶的辦法：只要回家訪問父親，就能得到分析「議會—執政官制」市政管理方式的所有資料。不過我做出來的成果頗佳，直到現在這份報告的可讀性還是很高。

我記得父母曾在我剛升上高中的某個晚上開家庭會議，問我如果送我去更有挑戰、更有紀律、教育水準更高的著名私校，會不會對我比較好？我才不要呢！我在提內克高中過得太舒服了，我只想一直待在那兒。

不上大學從來不是一個選項，伏克爾家的人都得上大學，連女孩子也不例外。媽媽偶爾會提醒我們她是瓦薩學院一九一三年的畢業生致詞代表，而瓦薩學院可是數一數二的女子學院[10]。她對母校向心力超強，當瓦薩學院和耶魯大學合併，最後變成男女合校時，她氣憤極了。她同意維吉尼亞去念衛斯理學院是因為……至少它還是一所女子大學。

媽媽，你不知道物價已經漲一倍了嗎？

我們家有一條家規從未受過質疑。從小學一年級到大學畢業的十六年裡，我們在美國最好的教育機構的所有學費、住宿費和生活費全是父母的責任。不過一旦上了研究所（在我們家這似乎是理所當然的事），孩子就得自食其力。

我父親希望我追隨他的腳步去念倫斯勒理工學院（他在倫斯勒理工學院一九一一年畢業班的布條，現在還掛在我的釣具室裡）。他認為不管你將來要從事哪一行，對於精準度和責任感要求特別高的優良工程師訓練，都能讓你受惠良多。

在偶然的機緣下，我父母的一個朋友建議我申請普林斯頓大學。我原先完全沒有列入考慮，畢竟它是常春藤名校之一，而我上的高中並不是一所專為那類大學做準備的貴族私立學校。普林斯頓大學或許會破格錄取一個特別高大的公立高中籃球中鋒，只可惜我的籃球技術不到那個水準。我父親也不贊成。他認為我會交不到朋友，而且可能無法在學業上與準備更充分的學生競爭。無論如何，我還是申請了普林斯頓大學。到今日我依然記得那張又厚又重的申請表格羊皮紙，以及印在上面象徵財富和菁英階層的新哥德式校園建築。

被普林斯頓大學錄取後，我馬上面臨另一個難關。媽媽說我每個月的零用錢只有二十五美元，跟姊姊們一樣。

「你不知道從一九三〇年來，物價已經漲一倍了嗎？」我抱怨，「我的同學都是有錢人家的孩子，而且我是男孩子，要承擔更多責任。」

我給三個姊姊寫信求助，她們全都答應會支持我。我還向父親求援，然而媽媽才是做決定的人，她堅持不讓步，最後我還是只能拿到二十五美元。

後來我在經濟學課堂上學到「貨幣幻覺」（money illusion），才發現無視通貨膨脹對名目貨幣（nominal money）價值影響的媽媽，其實就是「貨幣幻覺」的典型受害者。不過話說回來，也許她只是單純認為，那會是對我有益的磨練。為了解決錢不夠用的問題，我在念大一時還曾在各場橄欖球比賽中賣熱狗呢！

我父親因為和當時的普林斯頓大學校長兼公共管理學教授哈洛德・多茲（Harold Dodds）有過數面之緣，便不再反對我的選擇。畢竟多茲教授不僅是提倡地方政府專業化的「全國公民聯盟」（即現在「全國市政聯盟」的前身）的主席，更是一手建立起「議會－執政官制」理想模式的主要推手。

我不知道同年還錄取兩個畢業自提內克高中、先入伍服役的學長。普林斯頓大學一九四九年畢業的學生，半數來自公立高中。因為美國海軍推動種族融合的 V-12 專案，普林斯頓大學甚至招收了創校以來的第一個黑人學生。二次大戰顯然對普林斯頓的傳統造成了不小影響。

當時我還不清楚自己是否需要服兵役。我已經到了徵兵的年齡，軍方要求我參加五月的體檢。在心理上，我有些進退兩難。一方面覺得自己有義務從軍（不只是我，在珍珠港事件後，每個美國年輕人都這麼想）；另一方面又覺得戰爭顯然快結束了，軍方再花很多時間訓練我們的機率頗低，真正上戰場的機會更是微乎其微。

我的問題很快就得到了解答：軍隊明令不再接受身高超過一百八十三公分的新兵。於是，我帶著些微的愧疚感，和同樣來自提內克的新同學唐恩・馬洛尼（Don Maloney）一起走去普林斯頓大學杜德大樓（Albert Dod Hall）的四樓大教室上課了。

第2章

完美教科書的世界

從求學到「C級經濟學家」

一九四九年畢業班的大一新生，在一九四五年七月初去普林斯頓大學報到時，發現人數比想像中的要少很多，因為許多未來的同學還在服兵役。

比我大幾屆的學長退伍後，陸陸續續重返校園，他們經歷過戰場上艱苦歲月的洗禮，看起來非常成熟，和一般學生的氣質大不相同。不管新生、舊生，全都聚集在卡農草坪廣場（Cannon Green）升起營火，一起慶祝日本投降。

板凳、橋牌、彈珠檯

我以為同學們都是準備充分的私中畢業生，擔心功課趕不上，所以大一時非常用功。結果我在班上名列前茅，連在據說很難的數學和科學都拿到高分。仗著兩公尺的身高優勢，我自然而然成了籃球校隊的新人。唐恩·馬洛尼的課業表現也不錯，還是班上迪克西蘭爵士樂（Dixieland jazz）的高手。看來我父親的擔心是多餘的，提內克高中顯然把我們教得很好。

沒過多久，我便恢復了高中拖拖拉拉的壞習慣。不到考前週末絕不開始讀書，也不會為了要當個更強的籃球校隊隊員，強迫自己刻苦訓練，於是理所當然的坐了兩年的冷板凳。我時常參加校內的壘球賽和網球賽，沒事就在宿舍打橋牌和撲克牌，在小吃店玩投幣式彈珠檯，悠閒自在、無所事事的過日子。

如今回想起來，我在普林斯頓著實浪費了不少機會。不過感謝上天，即使當時很少人這麼做，至少我還修了一些與專業科目無關的課程，充實了我往後的人生。學習現代藝術，讓我看到一幅畫時還分辨得出是馬奈（Manet）或莫內（Monet）、維拉斯奎茲（Velázquez）或哥雅（Goya）、畢卡索或布拉克（Braque）畫的。修古希臘文學，讓我知道誰是索福克里斯（Sophocles）、亞里斯多芬（Aristophanes）、尤里比底斯（Euripides）和柏拉圖。憲法和世界宗教的課程，直到今天都還非常實用（順帶一提，我最小的孫子剛從普林斯頓大學畢業，他也開始表達出類似的悔意：浪費太多時間打長曲棍球，錯失太多可以開拓視野的學習機會）。

我很後悔從未試著和一些讓我在課堂上獲益良多的教授，建立私人關係。當時的我以為高高在上、只專注在自己研究世界的優秀學者，不會對我這種乳臭未乾的大學生感興趣。我和他們之間的連結，只限於通常會拿到高分的期末考試。現在的我不禁懷疑，為什麼當初老師不先向我伸出友誼之手呢？為什麼連籃球教練也不強迫我自律呢？

跳過初級經濟學，只對貨幣學、銀行學和貨幣政策感興趣

我遲遲無法決定大學要主修什麼，因為我對未來非常徬徨。所幸公共與國際事務學院（School of Public and International Affairs）剛推出一個新學位，准許部分學生自由選修經濟系、政治系和歷史系的進階課程，讓我至少免除了只能擇一的窘境。

然而，擁有選課自由是有交換條件的，所有想拿這個學位的人，都得通過學院舉辦的著名專題研討會的考驗。會中以小組為單位，讓參加者一起研究指定的公共議題。國內、國際議題每學期輪流替換。每組由一名應屆畢業生帶領，向指導教授和其他受邀學者提交一份最終報告。挑戰性很高。每個人負責研究一部分的主題，再透過協商將各人觀點整合進最後的研討報告。

對我和許多同學而言，這也是我們在普林斯頓大學最難忘的一頁。我學到不少羅斯福新政所面臨的政治和行政制度的挑戰，並且對美國該如何與內戰分裂後的中國打交道，進行了多方面的研究。總括來說，公共與國際事務學院（也就是後來的伍德羅．威爾遜學院〔Woodrow Wilson School〕[*1]）直到現在都還保留這個優良傳統。後來我教過的學生還告訴我，那個專題研討會可以算是他們大學生涯的顛峰呢！

[*1] 編按：二〇二〇年已更名為普林斯頓公共與國際事務學院（The Princeton School of Public and International Affairs）。

一九六〇年代，普林斯頓大學收到一筆以「提供有志公職者良好訓練與教育」（直接引用捐贈人的話）的慷慨捐款[1]，成立了新的研究生獎學金。我曾兩度回到伍德羅．威爾遜學院任教，最終在離開聯準會後成為該學院的終身教授（其實聯準會就是由普林斯頓大學校長伍德羅．威爾遜在擔任美國總統時成立的）。

以我不甚公正的眼光來看，伍德羅．威爾遜學院在公共服務的教育領域，確實有成為領導者的潛力。普林斯頓大學的座右銘從伍德羅．威爾遜校長時代開始，就是「為國服務」；後來在兩百五十週年校慶時，擴展成「為所有國家服務」（我認為這改得有點過頭了）；二十年後，它又變成「為國服務，為人類服務」（一看就覺得有自大之嫌）[2]。我會在後面章節再談談我的看法。

以我後來的職業生涯來看，你大概會很驚訝經濟學不是我的主修。我連初級經濟學都沒上過。我覺得和幾百個人一起上的入門課程，實在太沒挑戰性了。因為我大一的成績非常好，所以決定在大二時直接挑戰通常只限二十個更年長、更資優的學生才會選修的最高級經濟理論課程。

那門課確實花了我不少力氣，傳統貨幣學和銀行學也是。這兩門課的老師奧斯卡．摩根斯特恩（Oskar Morgenstern）和弗里德里希．路茲（Friedrich Lutz），都是流亡美國的奧地利傑出自由學派經濟學者，非常側重包括東歐的路德維希．馮．米塞斯（Ludwig von Mises）和弗里德里希．海耶克（Friedrich Hayek）等自由市場經濟學者的理論。匪夷所思的是，如果我沒記錯，約翰．梅納德．凱因斯（John Maynard Keynes）和他提倡的「政府應積極扮演舵手，以政策管理經濟」的英國傳統理論，反而在課堂上連提都沒提。

我還選修了很多當時的經濟學標準課程——勞工學、公共財政、會計和企業組織等。不過我發現，自己只對貨幣學、銀行學和貨幣政策感興趣。資產負債表精確呈現出資產、負債和業主權益的設計，對我這個講究條理的人深具說服力。貨幣供給和自然利率（natural rate of interest）的重要性，對我更是再清楚不過了。

可惜的是進入職場後，我看到完美的教科書世界不斷受到人性貪婪、熱愛風險、理性（或非理性）預期、會計違規和監管失誤的衝擊所破壞。顯然在現實世界，理性競爭的自由市場運作邏輯還是需要一點人為的干涉。

早知道，就該多跟媽媽討論經濟學……

我不記得念書時是否和媽媽討論過經濟學。現在想想，當時應該和她好好談談。我最近發現她留著一本一九一一年出版的《經濟學概論》（*Outlines of Economics*），作者是瓦薩學院的赫伯特·埃爾默·米爾斯（Herbert Elmer Mills）教授。我對這本在美國聯準會成立前兩年就出版的書，居然能將經濟理論講解得那麼清楚感到吃驚。媽媽顯然是個認真投入的好學生，她在書頁邊緣寫下的潦草筆記更是令我印象深刻。她寫下的其中一句話簡直就是我未來職涯發展的預言：「**如果我們忽視**

了心理影響，經濟規則就不再可靠。」

畢業論文是我在普林斯頓大學遭遇到的最大挑戰。我不能再借用家庭資源，也不能再偷懶寫「議會—執政官制」的優點。

因為我入學時間較早，所以在一九四八年二月就升上大四了。我拖過了整個春季，夏天在紐約辦公室打工。九月回到學校，在論文主題未定、沒有進行任何研究的情況下，開始了我僅剩四個月的大學生活。不知何故，剛成立三十五年的聯準會點燃了我的靈感。當時的中央銀行政策受到越來越多人的注目，成為公眾爭論的焦點。我喜歡選修過的貨幣學和銀行學課程，可供參考的資料似乎也不少。只不過想歸想，我還是一根手指頭都沒動。

我還記得第一次去見指導教授佛蘭克・葛拉漢（Frank Graham）的情形。當時我不知道他恰巧是美國學界的國際貿易權威，而且堅信維持穩定物價才是公共政策的關鍵目標。我告訴他我的想法，並表示擔心時間可能不夠時，他安慰我：「沒關係。現在離五月還久呢！」

「但我預定要參加二月的畢業典禮。」

「啊！那麼我們最好趕快開始吧！」

普林斯頓大學總圖書館剛落成不久，我縮在裡頭的一間小小自習室開始寫論文。對我來說，這是史無前例的經驗。我從十九世紀中期將歷史悠久的英格蘭銀行完美定位為「最後貸款人」（lender of last resort）的英國作家沃爾特・白芝浩（Walter Bagehot）下手，研究中央銀行的起源、理論和實務運作。我研讀了「實質票券說」（real bills doctrine）理論、克努特・維克塞爾（Knut Wicksell）的「自然利率」，以及美國聯準會的貼現率、公開市場操作和法定準備金之間運作的相互關係。我仔細了解「選擇性信用管制」的角色，觀察套用在消費者信貸的影響，還有許許多多相關的資料。

到了十一月中旬，我每週以潦草的字跡在黃色橫線筆記本上寫完一章（我現在還是以這種方式寫作，只是字跡更難辨認），以便在週四或週五交給葛拉漢教授。他總會在隔週的星期一將草稿還給我，上面必定寫滿他的想法和我真的用得上的建議。

一邊寫論文，一邊默默勾勒未來的生涯

現在哪有學生敢向資深指導教授提交這麼不完整又潦草的手稿？又有哪個教授會回復得這麼迅速、有建設性呢？

在寫論文的過程中，葛拉漢教授不停鼓勵我，並說我有成為經濟學家的潛力。最後他將我的論文評為最優等，讓我拿到了普林斯頓大學畢業生的最高榮譽。除此之外，他甚至還敦促我申請著名的馬歇爾獎學金和其他研究所的學習機會。

重讀我當初的論文，有些部分寫得不夠好，尤其是戰後金融市場和政策改變波折的細節，確實

會令讀者感到困惑。不過，針對中央銀行理論的回顧，以及美國聯準會成立後實際運作的情況說明，真的提出了一些不錯的觀點。值得注意的是，我在結論中，強調物價穩定的重要性和貨幣政策的關鍵角色，在今天仍然適用。

當時的聯準會竭盡全力的想維持始於一九三〇年代、貫穿二次大戰時期的低利率模式。繼續保持經濟大蕭條留下的「寬鬆貨幣」政策，似乎對財政部非常重要，對杜魯門總統更是如此。當時的利率和二〇〇八年金融海嘯後的情況類似，借款成本一直很低，金融市場非常穩定。杜魯門總統始終沒有忘記，他購買一次大戰時美國政府發行的「自由公債」，後來跌價時，心裡那種上當的感覺（債券價格會在利率上升時下跌，在利率下降時上升）[3]。

政治壓力（包括直接來自總統的）和經濟成長放緩的可能性（儘管統計數據沒有這種跡象），使得聯準會完全不肯採取任何減少貨幣供給量的措施。其實即便是現在，中央銀行通常在面對早期的通貨膨脹壓力時，仍舊會猶豫不決。就在我寫這本書的同時，聯準會都尚未擺脫這個反覆發作的問題。

躲在普林斯頓大學的象牙塔中，我對這些現實考量毫不同情。我在論文結尾強烈建議，將穩定物價當成中央銀行的主要目標，並大聲呼籲要讓它免受任何黨派的政治影響。我不知道的是，在潛意識裡我已經勾勒出自己未來的事業之路了。

愛拖延的老毛病，歪打正著帶來好結果

普林斯頓大學畢業後，找工作成了我眼下最要緊的事。

還有八、九個月研究所才開學，所以找地方實習似乎是最合理的安排。我天真的搭火車去華盛頓，花了兩天時間到各聯邦機構毛遂自薦，看是否有任何單位對我這個有潛力成為未來經濟學家的新人感興趣。通常他們會派一個人力資源處的菜鳥打發我離開，聯準會則是唯一的例外。

我猜我以聯準會為主題的畢業論文，成功吸引了他們的注意。兩位聯準會的資深經濟學家和我面談了許久。我沒想到的是，幾年之後，我會和這兩位經濟學家越混越熟。他們的關注令我開心，卻無法改變早已注定的結局：聯準會不聘用大學畢業生，我必須念完研究所、拿到碩士學位後，才可以在那裡實習（現在要進聯準會研究部門，至少要有博士學位。這個規定已經改很久了，不過我那時的門檻比較低）。

回到紐約，我向幾家大銀行的經濟研究部門遞送履歷。求職進行得不順利，直到一位住在提內克的紐約聯邦準備銀行（Federal Reserve Bank of New York）副總在和我父親閒聊時剛好提起我[*1]，便

[*1] 紐約聯邦準備銀行是十二家地區性準備銀行之一。美國聯邦準備系統（Federal Reserve System）就是由這十二家地區性準備銀行和七名在華盛頓的聯準會委員共同組成。

為我安排了一場面試，事情才有了轉機。

我開始在那裡實習，小辦公桌就放在速記區隔壁。坐我旁邊的新同事，告訴我許多關於他岳父亞瑟・伯恩斯教授（Arthur Burns）的故事。伯恩斯教授是研究景氣循環的權威，曾嚴厲批評過凱因斯的經濟學說。我當時完全沒想到日後會和他有那麼多交集。早期的聯準會生涯，還讓我認識了後來成為華爾街經濟權威的艾伯特・沃伊尼洛爾（Albert Wojnilower）和亨利・考夫曼（Henry Kaufman）。他們有時會發表對經濟悲觀的一些預測，因此被業界冠上了「悲觀先生」、「末日博士」的稱號。

雖說是實習，但我還是得天天長時間操作當時的機械式電腦，準時完成任務。當我離開紐約聯邦準備銀行去念研究所時，已經能夠熟練計算出會影響商業銀行準備金數目、相當複雜的「聯邦準備銀行應收未收款」和「流通中通貨」的季節調整數據。雖然是例行公事，但這卻是紐約聯邦準備銀行公開市場操作部決定每天應該買賣多少政府證券，才能維持商業銀行該有的準備金所不可或缺的參考數據。簡單來說，商業銀行準備金數目會直接影響國家的貨幣供給（貨幣數量），並間接影響短期利率（貨幣價格）[*1]。只不過我以前辛辛苦苦花好幾個小時才能求出的結果，現在只要用電腦程式跑幾秒鐘就行了。

還有另一件煩心事：我到底該去念哪個研究所？我到哈佛大學拜訪它引以為傲的經濟學系，但哈佛法學院似乎也是個合理的選擇。耶魯大學法學院在公共政策領域已經相當出名，也許更適合我？

因為我在普林斯頓成績優異，兩所學校都錄取我了。於是，一如既往，我又開始拖延著沒下決定。

最後，哈佛大學法學院和經濟研究所發現我同時拿到它們的入學許可，要求我趕快決定。很幸運的，我在偶然間發現成立不久的哈佛公共管理研究所有幾個只有應屆大學畢業生才能申請的獎學金，我記得金額是每人每月一千兩百美元。這筆錢和我每個月需要的生活費差不多，而且遠遠超過我能從其他地方得到的數目。除此之外，我很確定在選課方面，我會像在普林斯頓大學公共與國際事務學院那樣，有相當大的自主權。

我能上所有想上的經濟學課程，還能拿到沒那麼傳統的政治經濟博士學位。公共管理學院剛遷入的利陶爾中心（Littauer Center）已被超強的經濟學教授群接管。為數不多的公共管理學院學生和經濟系的研究生一起上課，混在總圖書館裡一起學習。

接下來兩年，我就待在這兒。或許潛意識裡，我的拖延症又一次歪打正著地得到了好結果。

如此複雜的經濟，怎麼可能簡化為幾個變數？

那個時代的普林斯頓經濟系和哈佛經濟系，分屬兩個不同的學術世界。哈佛大學的主要教授都

---

*1 聯準會後來的重心已經不再是利率控制和貨幣供給，這點在之後的章節會再詳述。

是凱因斯學派的忠實信徒，領頭的阿爾文．漢森（Alvin Hansen）在講課及著作中都清楚表示了這一點。他用簡單的圖表和計算，就能精確闡述凱因斯的「消費函數」和「投資乘數」如何互相影響。他的高足勞倫斯．克萊（Laurence Klein）將老師的資料整理成更正式的數學公式發表，成為「計量經濟學」早期應用的基礎。

漢森充滿自信的宣稱，根據經驗判斷，經過多年蕭條後，美國的經濟已經陷入「長期停滯」。只有發生戰爭的巨額開銷和龐大的聯邦預算赤字，才能將美國從大蕭條中解救出來。政府的巨額超支只能繼續維持下去。

在二次大戰和韓戰期間都上升的通貨膨脹，並未被視為嚴重威脅。實際上，另一位沒那麼有名的教授亞瑟．史密斯（Arthur Smithies），每週都在課堂上強調保持通貨膨脹偏差對經濟的重要性——也許每年只有二％或三％，但還是要有通貨膨脹。

他們都是努力教學的好老師，可是他們的分析卻無法讓我心服口服。我總覺得如此複雜的經濟，怎麼可能簡化到只用幾個變數就能表示？當然，一定會有新的民間投資機會出現，再次刺激經濟，畢竟從資本主義的歷史就看得出來。然而，政府誘發長期通貨膨脹，故意使國家貨幣每年都貶值一點點，其經濟目的是什麼？這麼做難道沒有道德問題？我相信連我老媽都能看穿這一點。

哈佛大學和附近的麻省理工學院的經濟系成功吸引了大批年輕學者加入，包括詹姆斯．托賓（James Tobin）、吉姆．杜森伯里（Jim Duesenberry）、勞勃．梭羅（Bob Solow）等。當時已備受尊敬的麻省理工學院教授保羅・薩繆爾森（Paul Samuelson）偶爾也會現身在校園。在薩繆爾森獲得諾貝爾經濟學獎後，他們開始質疑漢森過於簡化的結論，但在向政界和學術界推廣凱因斯理論時，仍舊不遺餘力。

與此同時，我很幸運還能接觸到歷史更悠久的奧地利傳統理論。奧地利裔美籍的經濟學家戈特弗里德・哈伯勒（Gottfried Haberler）和威利・費爾納（Willy Fellner）在哈佛教授國際貿易、財務學和高級經濟理論課程[4]，兩人不是主張通貨膨脹那一派。幸好他們退休後都到華盛頓智庫任職，當時奮力抵抗通貨膨脹的新任聯準會主席才不至於孤立無援。

另一個與阿爾文・漢森持相反意見的知名經濟學家是約翰・威廉斯（John Williams），兩名教授聯手主持著名的財政政策研討會，和學生、來賓就時下議題展開辯論。威廉斯是紐約聯邦準備銀行的兼職顧問，非常重視制度面，對抽象理論總是抱持懷疑的態度。

布列頓森林會議，一場輸贏極大的賭博

一九四四年七月，二次大戰在歐洲和亞洲進行得如火如荼，四十四個國家的代表齊聚在新罕布什爾州布列頓森林（Bretton Woods）的華盛頓山度假村，舉行兩星期的高峰會，建立起他們希望能避免大蕭條和世界大戰再次發生的全球經濟合作體系。威廉斯對其中的匯率管制協定非常不看好。

而當時的美國財政部長小亨利・摩根索（Henry Morgenthau Jr.）在開幕致辭是這麼說的：

我們都目睹了這個時代的經濟大悲劇。我們經歷過一九三〇年代的全球性大蕭條，看到各國的貨幣市場一個接著一個陷入混亂，摧毀了國際貿易、國際投資，甚至國際信心的基礎。我們看到緊隨而來的失業和不幸——閒置的工具、浪費的財富。我們看到受害者因此成了煽動者和獨裁者魔爪下的獵物，也看到迷惘和苦難滋養了法西斯主義，使之日漸茁壯，最後終於導致世界大戰。[5]

所以這是一場輸贏極大的賭博。戰後的和平與繁榮，似乎取決於高峰會所達成的「布列頓森林體系」能否維持。當時仍被視為所有貨幣基礎的黃金，被定為每盎司三十五美元。其他國家貨幣和美元的匯率固定，而美國財政部承諾會將任何國家持有的美元以每盎司三十五美元兌換為黃金。

然而，威廉斯對在布列頓森林成立的「國際貨幣基金組織」能否維持並執行新的匯率制度，很是懷疑。他認為必須要有更多的非正式合作，首先美國和英國就應先達成共識，因為這兩國的貨幣全球通用。換句話說，美元和英鎊即為所謂的「準備貨幣」（reserve currencies）。

後來我花了很多年試圖證明他錯了。現在想想，我當時上他的課時，實在應該更認真聽講一點。

在哈佛大學的第二年，我住在剛落成的研究生宿舍，享受忙碌的學術和社交生活。哈佛離波士頓不遠，我記得偶爾會到波士頓老字號地標杜金派克餐廳或老龍蝦屋飽餐一頓，花不到十美元；也會好幾個月去一次聲名狼藉的老霍華德戲院，雖然它已經早就停業，但這可是當時哈佛學生神聖的傳統。我當時依然害羞得不得了，只和衛斯理學院的女孩出去過幾次。

我記得當時我們這些學生，一面倒的看不起來自以政治腐敗聞名的堪薩斯市的鄉巴佬——杜魯門總統[6]，但是我們之中大多數人都很想進政府部門工作。畢竟我在公共管理學院讀書，也拿了好幾門政府管理方面的必修課程，甚至連那些單純主修經濟的朋友也想著要去華盛頓求職。

我當時故意不選修計量經濟學，沒想到後來它卻主導了整個經濟學。從我下一屆開始，學校便將計量經濟學列為所有經濟學博士候選人的必修課程。計量經濟學是一種利用大量數據、以更科學角度分析經濟的新興方法。當時我只覺得好幸運，因為我不認為自己需要進修什麼數學，反而選修了更多高階統計課。

這時一支由各大學計量經濟學專家組成的隊伍，正在幫助美國財政部檢視如何估算稅收。身為哈佛大學的代表之一，我的任務是收集原始數據，輸入電腦計算必要的「迴歸」（regression）。我很幸運能夠近距離和幾個領導學者共事，進而了解計量經濟學的思考方式、方法和缺點。在我看來，一直到最近強調人類心理的行為經濟學學派崛起，計量經濟學的主導地位才第一次真正受到挑戰。

學年結束時，我通過了政治經濟學博士資格考試。我當時打算去英國，研究美、英兩國貨幣政策和銀行監管方法，加以比較、分析，並以此為題完成論文。

財政部承諾，如果我回國，會提供給我一個永久的職位。雖然聽起來很有吸引力，但我當時還沒準備好要許下承諾，於是我們各退一步：財政部將我加入雇員名單，但讓我留職停薪一年。四十年後，在計算我從政府領的月退俸時，出國這一年居然也併入我的年資，讓我每個月多領了幾毛錢。就這一點來看，它其實還滿意義重大的，不是嗎？

穿著六十五年前買的浴袍，遙想美好倫敦

我的留學計畫，因為扶輪基金會（Rotary Foundation）成立不久的一個贊助美國學生到國外念書的獎學金而大大降低難度。

申請人必須由扶輪社各地分會推薦，剛好我父親在提內克的扶輪社很活躍。那年他從做了二十年的市執政官退休，他的幾個朋友建議我申請，認為我有機會選上。

獎學金申請書要求我先選擇學校，同時提交合理的學習計畫。基於我對研究中央銀行的興趣，以及除了英文我無法流利使用其他語言的現實考量，英國顯然是我的首選。牛津大學和劍橋大學都已經有扶輪基金會的獎學金得主，所以我選擇了倫敦政治經濟學院，該校教授是金融方面的佼佼者。倫敦是全世界最棒的城市之一，我深陷於它的魅力之中。

我花了七十五美元買船票，在荷美航線的「新阿姆斯特丹號郵輪」窩了五天，橫渡大西洋。我

先和兩個姊姊一起「快閃」遊歐洲：羅馬、威尼斯、帕多瓦（Padua）、維洛納（Verona）、熱那亞（Genoa）、里昂、蘭斯（Reims）、沙特爾（Chartres）和巴黎。露易絲拿到了傅爾布萊特（Fulbright）獎學金，已經在牛津大學學習了一年，她準備回家了——套用她的話就是：「回到暖和的地方。」但是對露絲和我而言，一切都好新鮮。

即便如此，我們還是很克制、節儉。多年之後，我後悔當時沒有同意露易絲在里昂近郊的費南・普安金字塔餐廳（Fernand Point's La Pyramide）大吃一頓的提議。這家餐廳不但是傳奇大廚保羅・博古斯（Paul Bocuse）初展身手的職場，長期以來更是被公認為最頂級的法國餐廳之一。露絲和我覺得一定會花很多錢，馬上就否決露易絲的提議（沒想到，在歐洲一年生活的尾聲，我在返美前才發現居然還剩下了一些錢，於是花了四十英鎊在以客製男士服裝聞名的薩佛街〔Savile Row〕量身訂做了一套西裝，又跑去哈洛德百貨公司訂做一件浴袍。六十五年後，我偶爾還會把浴袍拿出來穿，緬懷舊日的美好時光）。

一抵達倫敦，很快我就安頓了下來。我記得扶輪社獎學金超過兩千美元，足以支付我大部分的開銷。倫敦市中心包早餐的民宿，每週費用約三英鎊（八・五美元）。房間很小，床也不夠長，開電暖器還需要額外付費（每兩個小時一先令），但是它的地點實在太方便了。

二次大戰才過去六年，倫敦仍有許多斷垣殘壁。比起英國學生，我的生活條件好太多了。他們住不起倫敦市中心，多數住在郊區，很多人還要打工維生。倫敦政治經濟學院的研究生非常國際化，英國人只占一半，另外來自大英帝國從前殖民地的學生也不少。

那一年過得很精采。我發現英國仍會以口音和職業劃分階層（當外國學生的好處是，因為他們搞不清楚你的底細，通常會先假定你來自上流社會，並在郵件中以「先生」尊稱）。政治令人興奮、激動——在邱吉爾贏回國會的那晚，我加入幾個新認識的工黨朋友一起去「拉票」。英國各地扶輪社有時也會邀請我去做客，通常都安排在週末，所以我有相當多機會體驗英國中上層的生活。

你是來玩，還是來進修的？

我的壞習慣終於讓我在學業上踢到了鐵板。

理查德．塞耶斯（Richard Sayers）教授是英國銀行和金融市場的權威學者，同時也是研究英格蘭銀行的歷史學家，後來出任一個地位崇高的官方委員會主席，在貨幣政策上提出適當（但他本人認為相當有限）的建言。他和普林斯頓大學的佛蘭克．葛拉漢一樣，都是我的指導教授。

拖了幾個星期，我不能再躲著不見教授了，畢竟在英國大學裡教授的地位比在美國大學更高。聽我說明來意之後，他以多年的經驗只問了我一句話：「你是來玩，還是來進修的？」我嚇得倒吸了一口氣，顯然我誇大了自己對學術研究的決心。

我時常參加塞耶斯教授舉辦的每週研討會，他經常會邀請「城裡」（也就是銀行和其他金融機構）的領導者出席。其中一位業界領導人提出一個有力的觀點，令我印象深刻。他指出之前因為戰爭，國際銀行和自由貨幣市場基本上完全被關閉，但是它們正在捲土重來。一九二〇年代末的投機心理和過度高風險的激進現象將再重現。他警告我們，如果能將無法避免的危機集中在受政府監管的銀行體系內部，而不是放任於沒有政府監管的銀行體系外部，處理起來會比較容易。

後來我在判斷一九八〇年代的拉丁美洲銀行危機及一九九〇年代的亞洲貨幣危機是否還能控制時，都會想起他的忠告。在拉丁美洲銀行危機時，美國和外國銀行發現拉丁美洲國家和其他新興市場無法償還他們的大量貸款，但我認為這個危機尚可控制。然而，又過了十多年後，亞洲發生破壞力極大的貨幣危機，情況因為具有傳染性的貨幣投機和國際資本流動而變得更為複雜，我就明白它和拉丁美洲銀行危機完全不同。

學校放長假時和一兩個朋友去歐陸旅行，這是個難以抵擋的誘惑。德國的主要城市大多數仍是廢墟，慕尼黑市中心被夷為平地，讓我覺得住的飯店房間根本是在地下室。我沒能見到遠親，也就沒能履行身為伏克爾長孫的責任。一趟歐陸之旅，使我更深刻體認美國未被戰爭蹂躪有多幸運，而在當時一些歐洲國家有意轉向東方尋求蘇聯支持時，美國繼續捍衛民主價值的堅定立場有多重要。

隨著春天的腳步來臨，我終於開始認真為論文展開研究。塞耶斯教授為我引見多位英國商業銀行的高階主管，直到現在，我還保存著好幾張五吋寬七吋長、寫滿我們討論及比較英美中央銀行實務做法的摘要檔案卡。

對一個沒沒無聞的美國學生來說，英格蘭銀行的難以親近或許本是意料中的事。時間越來越緊迫，但我卻神魂顛倒地愛上了一個溫柔聰慧的英國研究生，完成論文不再是我心裡最重要的大事。另一個不能再拖的問題是：美國財政部和紐約聯邦準備銀行都想知道我是否準備好回美國了？那時，我剛好認識了在美國駐倫敦大使館擔任助理財政專員的美國人山姆．克羅斯（Sam Cross），我忍不住會想，他的工作對一個新人真的是舒適又有趣。不但薪水以英國標準來說算高，還能接觸許多有意思的政策問題。我以初生之犢的自信告訴財政部，只要他們選我為山姆的繼任者，或者派我去以迷人的異國情調聞名的黎巴嫩首都貝魯特，我就願意回去。

財政部的回答很明白：工作地點由財政部決定，而非新進員工。於是我決定回紐約聯邦準備銀行，接受層級不高的「C級經濟學家」的職位，但仍能接觸到後來成為我畢生關注焦點的政策問題。

第3章

保羅，去幫助這個國家！

金融職場新鮮人的所見所聞

一九五二年我回到紐約，雖然來不及投票，仍能感受到我這個世代對民主黨總統候選人伊利諾州州長史蒂文森（Adlai Stevenson）的熱情擁戴。

他聰明機智，擁有遠離華府的政治經歷，剛好和一板一眼的艾森豪（Dwight Eisenhower）形成強烈對比。他的魅力吸引我加入了民主黨，而這個身分一直到現在都還標示在我的維基百科簡介上，雖然早在數十年前，我就已經是無黨無派的中立者了。

在提內克，伏克爾家的感恩節晚餐一向很盛大、熱鬧。我在普林斯頓的室友唐恩．馬洛尼在晚餐快結束時，帶著客人來訪。芭芭拉．巴恩森（Barbara Bahnson）是馬洛尼在賓州大學醫學系同學的妹妹，剛從彭布羅克學院（Pembroke College）拿到學士學位。她後來說，她對我唯一印象較深刻的是，一進門就聽到我舉杯祝英國女王長命百歲的傳統祝酒詞。

芭芭拉漂亮、活潑、幽默，跟我一拍即合，而我和倫敦女友之間卻隔著一整個大西洋。芭芭拉和我交往不到兩年就結了婚，馬上就搬進我在布魯克林高地（Brooklyn Heights）的家。我特地選了布魯克林高地，因為從這裡到紐約聯邦準備銀行和艾必斯球場的距離相等。很快的，芭芭拉就被我同化成布魯克林道奇隊的死忠球迷。

在宴會氣氛正熱時，搬走大酒缸

以一個對金融市場感興趣的年輕經濟學家而言，在聯準會，尤其是紐約聯邦準備銀行工作，絕對是極佳跳板。除此之外，紐約聯邦準備銀行也提供不少一年左右的短期職位，給準備走學術路線的新出爐經濟學博士。大家常在吃午飯時，展開非正式的辯論和討論。剛開始顧問艾倫．葛林斯潘（Alan Greenspan）有時也會加入我們。

聯準會一直相信，他們的首要職責是維持貨幣穩定，也認為聯準會是所有有效經濟政策的基礎。這個信念從未被挑戰過。即使亞瑟．史密斯和阿爾文．漢森都認為輕微的通貨膨脹是好事，但是在紐約聯邦準備銀行裡，沒有任何人支持他們的觀點。

聯準會從經濟大蕭條開始，經過二次大戰或甚至到韓戰早期，都維持著有史以來的最低利率（三個月的國庫債券利息僅為三．七五％到六．二五％，長期債券利息則為二．五％）。我在畢業論文中曾嚴厲譴責中央銀行向維持低利率的政治壓力低頭，無視自己穩定物價責任的懦弱行為；並指出如果聯準會就是這樣看待自己的責任，不如乾脆讓財政部接管算了！到了一九五一年，聯準會終於和財政部、杜魯門總統起了正面衝突，社會大眾才第一次看到它的獨立性，但這已經是在我發表畢業論文後兩年多的事了。

聯準會新任主席威廉・麥克切斯尼・馬丁（William McChesney Martin）在擔任財政部助理部長時，曾經促使聯準會和財政部簽署協議，讓聯準會擺脫財政部監管。成了聯準會主席後，他開始四處強調聯準會維持物價及金融市場穩定的職責。他說過聯準會該做的就是「在宴會氣氛正熱時，搬走大酒缸」[1]，這句傳世名言後來便成了中央銀行的最佳註解。

物價在一九五二年已經相當穩定，不但經濟持續成長了十五年，失業率也非常低。雖然十五年來出現過三次短暫的不景氣，但都可歸咎於住宅的過度建設和存貨購買的週期性反覆。總體而言，美國經濟穩健成長，而且物價持平。這稍微寬解了我之前哈佛大學教授們的憂心，看起來美國並未像他們預期的，陷入長期經濟停滯。

找到貨幣供給最適成長率，然後……死守就對了

我到紐約聯邦準備銀行沒多久，米爾頓・傅利曼（Milton Friedman）便因大力宣傳自由市場和純粹「貨幣主義」的優點而受到矚目。他所帶領的貨幣學派，主張「找到貨幣供給的最適成長率，

然後不管發生什麼事，死守就對了」的政策建議，不僅表面上看起來天真，更有可能危險誤導決策者。以幾近機械化的數學計算來決定經濟政策的做法，雖然迅速，但毫無彈性，甚至在本質上就將聯準會的人為判斷排除在外，所以當我發現我聯準會新同事，普遍認為貨幣學派的說法不合時宜時，一點都不感到驚訝。

我花了不少時間試圖理解「貨幣供給」和經濟活動之間週期性的長久關係。傅利曼宣稱，根據他的分析可以清楚看出，貨幣因有流動性佳及被廣泛接受的兩大優點，成為大家喜愛的資產。經過一段時間後，貨幣供給的成長顯然會比以國民生產毛額（GNP）衡量的經濟成長得更快*1。以當時的術語表示，即貨幣的「流通速率」應該會減緩。然而，不要說後來的數十年，即使是在當時，我們看到的趨勢卻完全相反。

更重要的是，從短期來看，制度的改變讓我們很難給「貨幣」下一個準確的定義。有利息的儲蓄帳戶，可視為和活期存款相同嗎？那麼，短期的「定期存款」（比如定存）呢？於是為了因應規則的變化和時代的改變，我們不得不設立幾種新的貨幣計量方式，即今天我們所稱的 M1、M2、M3 等。

傅利曼比我大十五歲、矮四十公分[2]，但他無疑是我見過的經濟學大師中最講究理論、也最有說服力的一個。他對自由市場和貨幣主義的倡導簡單直接，不管是在資料分析或言語辯論上，都難以撼動。身為密西根湖畔的芝加哥大學教授，傅利曼帶領「淡水派學者」以貨幣分析，和美國東西岸大學「鹹水派學者」的經濟理論分庭抗禮。當時還很年輕的芝加哥大學商學院院長喬治・舒茲（George Shultz）也跟他同一陣營。舒茲後來被尼克森總統和雷根總統延攬，兩度入閣為國服務。傅利曼於一九七六年獲得諾貝爾經濟學獎，但他在貨幣政策方面的傑出研究只是他獲獎的眾多原因之一。

我越來越認同傅利曼的基本觀點，貨幣供給雖然無法準確定義，但它對通貨膨脹過程有明顯影響，卻是不爭的事實。多年之後，在我擔任聯準會主席時，便以此常識為基礎，向大眾說明緊縮銀根才是有效打擊通貨膨脹的關鍵[3]。不過，當我看到傅利曼在九十多歲受訪時承認，他或許過分強調貨幣、物價和經濟活動關係的穩定性[4]，我內在的研究員精神還是得到些許的滿足。雖然對我來說，他承認得實在有點晚。

在氣氛正熱時……取消員工聖誕宴會

紐約聯邦準備銀行的行事風格正式又拘謹，雇員層級分明，上自主席、下至新進人員和各級經理，彼此之間極少往來。事實上，連辦公樓層都是分開的。研究備忘錄在各階層間傳來傳去，但很

[*1] 國民生產毛額亦稱國民生產總額，是全體國民在一年內新生產出來的最終財貨與勞務的市場價值總和。

少看到主席在上面批註什麼，至於一起開會更是從來沒有過。

我和其他幾個人曾試著打破這種氛圍。聯準會內部的退休金管理委員會，是由十二個地區聯邦準備銀行各選出一個代表所組成的。在紐約，這個職位通常是經過無爭議投票後，由其中一位副主席出任，所以當一九四三年加入紐約聯邦準備銀行的資深研究員瑪德琳・麥克溫尼（Madeline McWhinney）決定參選，並請我擔任她的競選經理時，所有人都大吃一驚。

我們合作愉快。我臨時湊了一個四人樂隊，在除了「神聖」的行政樓層之外的每層樓遊行，發送「和麥克溫尼共贏」的競選胸針給所有員工。為了擴大「競選平臺」，我們請統計學家維克・米爾科維茨（Vic Milkowitz）以流利的波蘭語向大都是波蘭移民的夜間清潔人員拉票。麥克溫尼後來以壓倒性的票數當選[*1]。芭芭拉和我為她在我們的布魯克林高地公寓，舉辦了一個盛大的派對慶祝。

後來我被推舉為一年一度員工聖誕宴會的主辦人，地點選在時代廣場富麗堂皇的阿斯特酒店（Astor hotel），還請了蓋伊・倫巴多（Guy Lombardo）風格的爵士大樂團助興，成功吸引了一千七百多人參加。或許因為馬丁主席說過，在宴會氣氛正熱時就該搬走大酒缸，總之，後來管理階層認為紐約聯邦準備銀行沒有員工聖誕宴會這種傳統也無所謂，便將它取消了。

羅伯特・魯薩（Robert Roosa）在紐約聯邦準備銀行的官員中相對年輕，很快成為學術及政策上的領導者。他是密西根大學的經濟學博士，喜歡打領結、穿著正式，卻因在二次大戰時任職美國戰略情報局（中央情報局前身）的情報部門，而失去角逐羅德獎學金的機會[5]。他比我大九歲，但已經是備受尊敬的經濟分析師，鋒利的口才讓他在體制內的政策辯論，總能一針見血、鞭辟入裡。魯薩曾在多年後宣稱，我在紐約聯邦準備銀行的工作，是他一手安排的。其實我對這事已不大記得，但毫無疑問的，他確實是指引我一生方向的導師。

第一次踏進門禁森嚴的交易室

我一開始做的，就是中級經濟學家的典型工作——分析銀行數據、製作經濟預測、回答法規相關問題、為聯邦公開市場委員會（Federal Open Market Committee）政策決議會議準備資料。作為魯薩的雜務工，我甚至幫他為即將退休的資深副主席寫過歡送詩。我隱約記得自己抄襲了英國詩人吉卜林（Rudyard Kipling）〈丹尼·德弗〉（Danny Deever）一詩的特有格律，〈丹尼·德弗〉描述的是被判死刑的英國士兵慢慢走向絞架的情形，雖然不太吉利，但幸好魯薩和資深副主席羅素都不熟悉吉卜林的作品。

兩年後，有一次魯薩安排我參加在華盛頓舉行的聯邦公開市場委員會會議。能夠親眼看到馬丁

---

*1 瑪德琳·麥克溫尼在許多方面都是先驅者。她在一九六〇年成為聯準會第一位女性主管，負責管理紐約聯邦準備銀行新成立的市場統計部門，後於一九七〇年代幫助籌組第一婦女銀行，並出任總經理。

主席是個難得的機會，他讓所有委員發表意見，然後以「我很高興我們即將達成共識，而我們的共識就是……」開頭發表結論。對我而言，首次參加聯邦公開市場委員會會議的最大收穫，就是上了一堂如何掌控會議技巧的有趣課程。

我後來才發現儘管馬丁個性友善、謙遜，但只要一涉及政策和維護聯準會的獨立性，他就絕對不會讓步。他是我心目中的英雄。幾十年後，擔任過四任聯準會主席助理的凱瑟琳．馬拉爾迪（Catherine Mallardi）還會在認為我工作壓力太大時，鼓勵我去看看馬丁，尋找慰藉。

更出乎意料的是，魯薩曾說服紐約聯邦準備銀行的高層，允許我在交易櫃檯工作，當成教育培訓的一部分。

交易櫃檯是聖地中的聖地。那是聯準會為了調節商業銀行在聯邦準備銀行的準備金，而買賣國家債券的地方。聯準會要提高商業銀行的準備金帳戶餘額時會買入國債，而要減少準備金帳戶餘額時則會賣出國債[*1]。準備金總量既會影響經濟的貨幣供給，又會影響利率，這兩個變數也會反過來影響經濟活動。簡單來說，交易櫃檯就是政策和市場兩個領域的交界處。

交易室控管嚴格，只有決定交易的官員、兩三個交易員、幾個幫忙的行政文員，還有我，可以進入。每支國庫債券的市場價格，通過主要政府債券交易商持續的電話報價後，全寫在一面大黑板上不斷更新。

我在裡頭學習了好幾個月，才獲准和其中一個交易商對話，真正完成一筆交易。聯準會不得不小心，因為一旦我們的用詞或語氣沒控制好，就有可能讓交易對手起疑，進而懷疑貨幣政策是否即將轉向。

交易對手是一群值得信任的專業團體，大都是小型獨立公司，如：C.J. Devine 公司、C.F. Childs 公司、所羅門兄弟公司（Salomon Brothers）和 Discount Corporation 等[6]。這些公司的代表會單獨和聯準會的官員見面，討論市場趨勢和活動，是幫助我們執行政策的重要夥伴。在我獲准和市場參與者對話後，我記得一個主要大交易商的首席交易官打電話給我，指導我該如何更準確地或者說如何以更模棱兩可的態度和市場溝通。據我所知，這些公司至今仍對聯準會的操作守口如瓶。

決定市場價格的，是人類對第二天的預期心理

學習的過程中，有件事讓我非常在意。我逐漸發現，雖然極度依賴數學「迴歸」分析的計量經濟學才是日後學術界的主流，但決定市場價格和交易活動的，仍舊是人類對第二天、下個月或明年

---

*1　政府要求銀行在其所在地區的聯邦準備銀行，保留一定比例的存款作為準備金（也可以以現金方式保留在銀行金庫）。通過增減準備金帳戶餘額，聯準會可以影響銀行存款的擴大縮小，進而影響貨幣供給，再間接影響短期利率。從操作實務面來看，影響短期利率其實才是聯準會的目的。

可能發生什麼和不可能發生什麼的預期心理，而這種預期先天上就非常善變。羅伯特・魯薩曾在被我們暱稱為他的「小紅書」裡，詳細描述交易櫃檯的工作流程和與交易商的互動。當然是由他口述，而我負責記錄。

當時的貨幣政策執行和溝通的方式，給了紐約聯邦準備銀行的交易櫃檯較大的空間處理市場反應。相較之下，現在給交易櫃檯的指示則直接許多：只要每日維持住由聯邦公開市場委員會設定的隔夜市場利率就行了[*1]。

政府債券市場是最主要的金融市場。商業銀行持有美國財政部發行的大量公債組合——從三個月的短期國庫券（T-bills），到長期國庫票據和債券。雖然以今天的標準來看，這些證券價格的波動很小，但對銀行買賣的意願影響卻非常大。公債利率決定了借貸成本的基準，銀行才能以此判斷是該積極放貸，或是緊縮信貸。

當時的市場參與者和政策制定者，都很重視財政、貨幣和債務管理政策。直到最近，債務管理（購買和出售不同期限的政府公債）才再度興起，成為影響市場和經濟活動的方式之一。做為發行機構的財政部，和做為買方或賣方的聯準會，不可避免的必須一起承擔責任。這便對聯準會的獨立性形成極大的考驗。

一九二〇年代以來，不管聯準會是在制定或執行政策，紐約聯邦準備銀行的意見都很受重視。在聯準會成立早期，位於華盛頓的理事們領導能力薄弱，主席的影響力很小，其他成員也沒什麼知名度。紐約聯邦準備銀行卻因為實務操作職責和廣受尊敬的領導人班傑明・斯特朗（Benjamin Strong），只要一談到貨幣政策，便成為國內外的注目焦點。

這種模式在一九二八年斯特朗辭世後，仍維持了一段時間，不過外界已經不再像以前那麼尊重紐約聯邦準備銀行的領導地位了。一九二九年股市崩盤、銀行業發生嚴重危機，加上接踵而來的經濟大蕭條，不可避免的讓人質疑聯準會決策的有效性。

那一年，坐在一個看好戲的絕佳位置

位於華盛頓的聯準會，出現了一位強而有力的新任主席馬里納・艾寇斯（Marriner Eccles），最終成功獲得羅斯福總統的支持，說服國會於一九三五年重新修訂《聯邦準備法》中的關鍵章節。

---

*1 在當時和之後很多年，聯邦公開市場委員會對紐約聯邦準備銀行交易櫃檯的指示焦點，都集中在維持特定水準的銀行準備金：自由準備金（free reserves）、非借入準備金（nonborrowed reserves）或其他變量。這會反過來影響各家銀行互相買賣隔夜準備金時所依據的聯邦基金利率。目的是將短期利率控制在委員會決定的目標範圍內。市場利率和預期利率之間的偏差，被視為反映市場壓力和經濟活動的有用資訊。雖然準備金變動也會影響貨幣供給量的增長，但貨幣供給量向來不是主要的政策目標。時至今日，交易櫃檯就是一部電腦，而我並不認為這是一種進步。

沒有財政部參與的聯準會從此獨立地位更為明確。紐約聯邦準備銀行仍負責公開市場操作，並和外國中央銀行保持密切聯繫，但一切都在華盛頓總部的嚴格控管下進行。

紐約聯邦準備銀行每週提交給聯邦公開市場委員會的超詳細報告，就是一個反映這種嚴格控管的好例子。我們必須明白列出每筆買賣的根據。每週三我都得花一整晚，在家起草這些被列為「極機密」的報告。芭芭拉總是笑我，說我的層級不夠高，連收到我剛起草的這些「極機密」報告的資格都沒有。

在經濟大蕭條和二次大戰時，利率被設定在歷史低點，聯準會在貨幣政策上的自主權很小。直到一九五一年，聯準會和財政部簽署協議，讓聯準會擺脫財政部的監管後，局面才得以改變。聯準會終於能夠並真的開始行使其自主權。沒過多久，為了政策執行的基本方法，聯準會便和中央政府發生了正面衝突。因為我和羅伯特·魯薩關係密切，自然占到一個看好戲的絕佳位置。

在華盛頓團隊的高度支持下，聯準會主席馬丁立場堅定地表示，購買或出售與貨幣政策執行無直接相關的證券，就是濫用聯準會的權力。他認為聯準會不能買賣任何到期日超過三個月的國庫公債，或隔夜的「附買回協議」（repurchase agreements）。換句話說，聯準會應該停止干預債券市場，不應該試圖影響期限超過三個月的公債利率，因為這會間接影響信貸在不同經濟產業間的配置。

馬丁的觀點被稱為「只做短期公債原則」，因為它限制聯準會只能交易到期日在三個月內的公債，或期限更短的附買回協議。然而，想擁有更多彈性的紐約聯邦準備銀行卻奮力反抗。我記得我曾撰稿，甚至也發表過演說，感嘆「只做短期公債原則」會讓我們在政策執行和效率上，受到沒有必要的限制，失去許多可用的工具。但是華盛頓方面態度堅決，認為聯準會應該限制自己只能控制商業銀行的準備金，從而間接影響貨幣供給；至於債務管理，應該是財政部的職權範圍。

最終的決定權還是在華盛頓。一九五六年，備受尊敬的紐約聯邦準備銀行主席艾倫・斯普勞爾（Allan Sproul）辭職，馬丁主席顯然主導了斯普勞爾繼任者的選擇過程[*1]，並由馬丁的耶魯大學同學艾爾弗雷德・海斯（Alfred Hayes）當選。海斯個性溫和，先前是紐約一家商業銀行的副主席，沒有明顯的政策觀點。

十九年後，我在一九七五年成了海斯的繼任者。

「只做短期公債原則」的術語很快便沒人使用，但在實務操作上卻延續了好幾十年，美國聯準會很少交易到期日超過三個月的證券。一直到二〇〇八年發生金融危機後，聯準會大規模介入證券市場，購買遠超過一九五〇年代交易數量好幾倍的長期政府公債和抵押擔保證券（mortgage-backed securities），才證實了「只做短期公債原則」真的一去不復返了。以「量化寬鬆」為名的貨幣政策，讓債務管理以更誇張的姿態捲土重來。

*1 雖然地區準備銀行的主席都是由該銀行董事會票選出來的，但還是得經過華盛頓理事會同意。實際上，這會造成不管紐約聯邦準備銀行董事會提出任何人選，華盛頓聯邦準備理事都能否決。

幾乎沒什麼人因此感傷，但最根本的問題並未消失：在沒有政治壓力的情況下，中央銀行應該為間接改善政府財政預算赤字，以及影響信貸在經濟產業間的配置，做到何種程度？

我錯了，幾年後果然問題一一浮現

一九五七年底，我接到剛重組的大通曼哈頓銀行經濟部負責人約翰・威爾遜（John Wilson）的電話，詢問我是否願意接受首席經濟學家一職。

當時我正處於低潮，開始厭倦在紐約聯邦準備銀行交易櫃檯日復一日的無聊工作，長期以來幾乎毫無作為，老是在做詳細又詳細的報告，而且看起來未來升遷管道不明。一次和同事閒聊提醒了我在學歷上的缺失：我沒拿到博士學位，如果有天我想改走學術路線，這會成為致命缺點。同事提醒我，哈佛大學的校規是在通過一般考試後五年內必須提交論文。但在我們談話時，我已經通過考試快六年了。

我匆匆忙忙的向公共管理學院申請延期，很快便得到回信。我才知道我攻讀的學位沒有時限規定。因為缺乏強烈動機，我的拖延症再度占了上風。論文可以等。於是它等了，並且無期限的一直等下去。

與此同時，芭芭拉和我從布魯克林高地，搬到了紐澤西州的普萊恩菲爾德（Plainfield）。新家不但空間更大，空氣也比較好，窗臺不會像在克布魯克林高地那樣，常被附近港口飄來的煤灰覆蓋（更重要的是，我們寶寶也不再常常「灰頭土臉」了）。美中不足的是，新家離艾必斯球場遠多了，不過我們熱愛的一九五五年世界大賽冠軍布魯克林道奇隊，也在那年底搬去洛杉磯，之後我轉而支持紐約大都會隊，只是再也沒有那麼投入了。

我們的女兒珍妮絲一歲多，兒子吉米即將出生。薪水增加對我們的小家庭會有實質上的幫助，所以我願意和大通曼哈頓銀行談談。後來回想，這其實是我職業生涯中一個重要的決定。

以企業客戶為重心的大通國家銀行（Chase National Bank），才剛和由亞歷山大．漢密爾頓（Alexander Hamilton）創立的曼哈頓銀行合併，從而獲得遍布全市的分行據點。合併後的大通曼哈頓銀行，大到足以和第一花旗銀行（First National City Bank，後來又經歷數次合併，最終成為花旗銀行）正面競爭「美國最大商業銀行」的寶座[7]。

新組成的大通曼哈頓銀行研究部門，在經濟分析方面有足夠的實力，能幫助銀行建立和客戶的關係，並向大眾提供相關報告。不過它也有個明顯的不足：對自視為智庫和銀行業領袖的大通曼哈頓銀行來說，絕不允許薄弱的財務分析能力再這樣下去。

當時的商業銀行仍受一九三〇年代早期金融崩潰所修訂的法律和規則約束，存款利率有上限（活期存款利率為零）。一九三三年的《銀行法》又被稱為《格拉斯－斯蒂格爾法案》（*Glass-Steagall Act*，以提出該法案的參議員和眾議員命名），為了有效區隔「吸收存款」的銀行和「投資銀行」，明文禁止銀行承銷及交易公司股票和債券。外國業務受到許多限制。聯邦法律禁止銀行跨州開設分支機構，長期以來甚至對在州內設立分行亦多有限制，包括紐約州在內的大多數州都是如此。

管理階層必須預測客戶存款的流動和貸款需求強度，而這些全取決於經濟活動的變化和當前的利率水準。身為一個曾在聯準會工作過的經濟學家，大通銀行認為我在這方面的洞察力應該比其他人強。貸款委員會成員全是核心管理人員，即使我當時尚未通過所有可能晉升管理階層的新進人員都必須參加的嚴格信貸培訓課程，但他們有時也會邀請我與會。

我很快發現，雖然大通曼哈頓銀行非常龐大，卻不像紐約聯邦準備銀行那麼官僚。我現在還記得自己有次在董事長喬治·錢皮恩（George Champion）的辦公室，討論一份我提交的紀錄，他腦子裡想的卻是範圍更大的問題：

我是否認為美國產業面對正在復興的歐洲，已經開始失去競爭力？

「布列頓森林體系」訂出的每盎司黃金三十五美元的固定價格，是否會讓美元陷入危機？

因為沒有事先準備，我只是機械似的複誦一般觀點：我們主要的貿易夥伴歐洲和日本，即使工業越來越有競爭力，但距離從戰爭中完全恢復還有很長的路要走，因此仍需要從美國進口商品。國外美元長期短缺，戰爭末期建立的固定匯率應該可以繼續維持。美國有能力實現在布列頓貨幣會議上的承諾，將外國政府持有的美元兌換為黃金。不用擔心。

那不是我引以為傲的時刻。他的擔憂在當時因時機尚不成熟，所以不成立，卻在幾年後一一浮現，也成了我每日生活的重心。

大通曼哈頓銀行和花旗銀行，有什麼不同？

大通曼哈頓銀行副主席大衛・洛克菲勒（David Rockefeller）則提供我另一個學習機會。他受邀和其他商業領袖一起參加新成立的貨幣信用委員會（Commission on Money and Credit），這是由當時頗具影響力的民間經濟發展委員會（Committee for Economic Development）所贊助創立的。因為大衛沒時間出席，便派我代表他和其他委員共事。

委員會的工作範圍很廣，包括檢視國際貨幣系統、聯準會的結構和職責，以及銀行的法規範圍。對我而言，能夠和許多商業領袖面對面討論主導我後來職業生涯的議題，確實難能可貴。它就像一張無形的「頭等艙機票」，使我有幸被引薦給聯準會前主席艾寇斯，更重要的是能夠認識從米爾頓・傅利曼到保羅・薩繆爾森等有影響力且活躍的經濟學家，並和幾位委員，尤其是麻省理工學院的伊萊・夏皮羅（Eli Shapiro）、紐約大學史登商學院（Stern School of Business）的賴瑞・里特（Larry Ritter）成了往來密切的好朋友。經歷了二次大戰的動盪後，許多國家的中央銀行都失去了獨立性，導致部分國會議員也開始質疑聯準會。雖然貨幣信用委員會詳細的報告後來遺失了，但它對於證實聯準會的獨立性有極大的幫助[8]。

我在大通曼哈頓銀行工作時，負責準備每週重點匯報，並提供給二十多位最高階的長官。這是我的責任，也是榮耀。雖然我的正式職位不高，但高階管理人都認識我，其中甚至包括備受尊敬的前政府官員、美國駐德最高指揮官、大通曼哈頓銀行的主席約翰・麥克洛伊（John J. McCloy）。我們兩人後來一起在「美國對德協會」（American Council on Germany，在二戰結束初期，這個協會對德美關係具有重要意義）努力奮鬥多年。一九八九年，我更成了他喪禮的護柩者，對此我深感榮幸。

因為一起合作銀行法規的業務，我和大通曼哈頓銀行首席外聘顧問羅伊・哈伯肯（Roy Haberkern）也很熟。羅伊來自北卡羅來納州溫斯頓—塞勒姆（Winston-Salem），是一個驕傲又忠誠的摩拉維亞人（Moravia，位於捷克東部）。我妻子芭芭拉是巴恩森主教（Bishop Bahnson）的後裔，他創建了北卡羅來納州團結的摩拉維亞社區。毫無疑問的，相似的背景促成我們開始長達一生的友誼。

在這個過程中，我體認到大通曼哈頓和花旗這兩家競爭銀行之間最關鍵的不同之處。面對任何新法律或新規定，錢皮恩、洛克菲勒、哈伯肯基本上都會服從政府；而花旗銀行在激進的喬治・摩爾（George Moore）和沃爾特・里斯頓（Walter Wriston）的領導下，總是選擇反抗，想方設法的迴避法規。

一九五〇年代銀行控股公司開始興起，花旗集團擁有多家銀行，有時會從事一些在法令上被歸類為「非銀行」的活動，可能是金融相關，也可能不是。雖然一九五六年的《銀行控股公司法》（*Bank Holding Company Act*）授權聯準會監管這些企業，試圖抑制非銀行投資，但仍存在許多漏洞。花旗銀行毫不猶豫的尋求擴大投資的方法，我記得當時這事在大通曼哈頓銀行卻引發了激烈爭論。其中一位傳統的銀行家在會議中表示：「不，我們不想成為控股公司，不想因為進入其他領域而使重心偏離商業銀行的業務。」

他還說一旦紅利獎金等誘因成為銀行從業員薪資計算的一部分，負責的商業銀行業務，以及將顧客擺在第一位的信念，都會從此走入歷史。

好幾百萬美元的紅利，當然影響銀行高層的判斷

他的擔憂可能不夠成熟，卻是一針見血的先見之明。現今業界發出高達好幾百萬美元的紅利，當然會影響銀行高階職員的判斷，客戶的利益很有可能不再是他的首要考量。相對的，當時大通曼哈頓銀行的利潤分享計畫，卻是每年在達到它保守的目標後，所有的員工都可以拿到本薪一五％的獎金。

對照我後來的發展，我再也找不到比大通曼哈頓銀行更能提供我相關培訓的地方了，但是當時

我卻看不見自己將來的路。我不是大通曼哈頓銀行著名的信貸培訓項目（大通曼哈頓銀行和幾家地區性銀行的管理人才，都是由這兒培養出來的）的畢業生，經濟研究部門的兩位主管似乎數年內都不會異動，所以我最後唯一的可能是管理大通曼哈頓銀行的投資部門，可是我對此沒有太大的興趣[9]。

一九六一年底，在甘迺迪政府負責貨幣事務的財政部副部長羅伯特・魯薩打電話給我，終結了我看不到未來的不安。

「來華盛頓幫助我們吧！」

幾天後，我便動身了，為自己可以成為充滿活力的新政府一員而感到興奮。

至今我仍記得離職之前，和喬治・錢皮恩的對話。甘迺迪總統屬於民主黨，而他卻是忠誠的共和黨員。

「你的選擇是對的，保羅。去華盛頓幫助這個國家。然後再回來，這裡還會有你的位子。」

五年後，我真的回去了，並且升任為遠期規畫主任。

第4章

當國家花掉的錢，比收回來的還多

甘迺迪遇刺後的美元之戰

年輕的民主黨總統候選人約翰．甘迺迪勝選，打敗了一絲不苟的戰爭英雄、共和黨總統艾森豪，成為新任的美國總統。美國民眾對他投注極大的熱情，宛如在沉悶的八年後，終於注入了一股新鮮的空氣。

然而，喬治．錢皮恩對美國在世界貿易中的競爭地位，以及對美元潛在影響的擔憂，種種跡象漸漸浮現了出來。美國正在經歷國際收支逆差（balance-of-payments deficit）[1]，換句話說，美國在國外花掉的錢比收回來的錢還要多，而且越來越多的外國政府要求美國政府將他們持有的部分美元兌換成黃金。

各地的金融市場和商業界，對我們這位尚未經過考驗的總統以及他捍衛美元的意願都感到不安，導致美國總統大選前，黃金的市場價格突然大幅上漲。甘迺迪立刻宣布，如果他當選不會放任美元貶值[2]。選舉結束後，為了進一步讓金融界放心，他任命艾森豪的副國務卿道格拉斯．狄龍（Douglas Dillon）為財政部長，道格拉斯・狄龍是出身自狄龍瑞德投資銀行（Dillon, Read & Co.）的金融家。

一個初聞玫瑰香氣的年輕經濟學者

羅伯特・魯薩以長期對我的未來有利為誘餌，讓我接受財政部的職位，負責新成立的財務分析辦公室。還有幾位備受推崇的經濟學家，也很快就答應加入。他們帶來了許多有趣的研究專題。我先前就在馬里蘭州的切維蔡斯（Chevy Chase）買了一棟三萬五千美元的房子，接著全家就搬到了華盛頓。新房子的房價是普萊恩菲爾德那間房子的兩倍，但舒適度也提高了兩倍。我擔心這份沒有保證任期、年薪一萬八千五百美元的工作，能否負擔得起房貸，但比起能在華盛頓工作，這個問題又沒那麼重要了[3]。

我很快便發現高階官員，尤其是羅伯特・魯薩本人，根本沒有時間進行新的研究。有太多事排山倒海而來，我也必須立刻走馬上任，直接上場解決政策實施後所發生的日常問題。

在我加入時，稅制改革和減稅是政府面臨的兩個大問題——要減多少？速度有多快？範圍有多全面？狄龍領導的財政部行事十分謹慎，將減稅與徹底的稅務改革結合，消弭可能的漏洞及特殊規定，達到政府預算平衡才是負責任的做法。只是規畫這些，需要時間。

白宮經濟顧問委員會是由推崇凱因斯主義的經濟學家所主導的，對總統具有相當大的影響力，他們希望盡快採取行動以兌現競選承諾（比如五%的經濟成長目標）[4]，並防止大家都在擔心的經濟衰退。

我的預測和白宮經濟顧問委員會相反，怎麼辦？

爭取總統的支持遠遠不是我這個等級能夠參與的，但我確實也在其中扮演了一個小角色。

經濟預測是我的職責之一，而這個工作我在紐約聯邦準備銀行時就已經做過。在長期擔任公職的計量經濟學家赫爾曼・利布林（Herman Liebling）幫助之下，我預測出和白宮經濟顧問委員會相反的結論：我們將在一九六二年勉強避開經濟衰退。我的結論支持財政部「不急著通過減稅法案，而要把它做好」的觀點。後來，慢慢做、謹慎做的主張贏得最後的勝利。值得高興的是（不管是對國家或對我個人），我們確實避開了經濟衰退。一九六二年中，在股市出現經濟大蕭條以來最嚴重的連著幾天下跌之後，總統終於在記者會上宣布了大範圍的稅務改革計畫[5]。

我記得曾寫過一篇關於稅務改革計畫會對經濟產生何種影響的長篇分析，提供給財政部副部長亨利・福勒（Henry Fowler），好讓他傾全力向國會和一般大眾宣導。我的分析結果顯示，在當時失業率極低且無通貨膨脹的情況下，減稅不但可以直接刺激消費，還能產生乘數效應（multiplier effect）帶動投資。我天真的猜測：新投資可帶來足量的額外經濟成長；而增加的稅收能有效抵銷大部分或甚至全部因調低最高稅率而減少的收入。簡直是阿爾文・漢森學說的傳人，供給面經濟學的先鋒！或者也可以說，這是一個初聞玫瑰香氣的年輕經濟學者對於華盛頓新工作的滿腔激情。

然而一九六三年初，財政部長狄龍第一次向國會提出稅收法案的報告，卻是一場令人失望的災難。國會議員幾乎一面倒的不支持改革，也不想盡快實施減稅。我很慶幸沒有參與這個失敗的改革提案。狄龍從國會作證回來後，立即半開玩笑地以稅務分析辦公室主任哈維・布瑞澤（Harvey Brazer）之名，稱它為「哈維法案」。

我在財政部的直屬上司是羅伯特・魯薩和他的副手杜威・達恩（J. Dewey Daane）。他們都是密西根人，長期擔任聯準會官員，主要負責國際金融。一九六三年末，甘迺迪要達恩轉職為聯準會理事時，我接任了他留下的位子，搬進和魯薩辦公室隔著大廳對望的助理副部長大辦公室。

甘迺迪遇刺，「美元短缺」變成「美元過剩」

甘迺迪在達恩宣誓就職前一週遭到暗殺，美國陷入混亂。魯薩和我繼續在國際市場上努力捍衛美元，而正如喬治・錢皮恩先前擔心的，外國產業變得更有競爭力。美國出口雖然還算強勁，但進口增加、對外援助、軍費開支和資本外流大增所造成的影響，已經遠遠超過出口總額。結果，美國國際收支由順差轉為逆差，也讓二次大戰之後海外的「美元短缺」轉變成「美元過剩」。

有多餘美元的歐洲國家，開始要求將部分外匯儲備兌換成黃金。這是布列頓森林體系規定的基本權利。一九四五年底，美國的黃金儲備為兩百億美元[6]，約占全球中央銀行和政府持有的黃金總量的七成，是所有外國政府美元持有量的好幾倍。到了一九六一年底，美國的黃金儲備下降到一百七十億美元，但對外負債卻飆升至兩百三十億美元。美國的黃金儲備，不夠將外國持有的美元全部兌換成他們有權要求的黃金。更糟的是，缺口還在逐年擴大。

重新坐上法國總統寶座的戴高樂將軍，一心一意想恢復法國偉大的榮耀，對美國企業收購法國公司相當不滿，於是加快法國購買黃金速度。他的財政部長季斯卡（Valéry Giscard d'Estaing）便曾抗議過美國「過度特權」，指的就是美國的貿易夥伴願意持有美元，讓美國能夠輕而易舉的為其國際收支逆差融資，尤其是美國直接投資的項目。

羅伯特·魯薩在財政部的職業生命，全耗在捍衛布列頓森林體系固定匯率上面，而它最大的前提就是外國中央銀行和政府可以根據需要，以每盎司三十五美元的價格將美元兌換成黃金。對羅伯特·魯薩而言，這既是經濟政策，也是道德問題，是美國作為自由世界領導者應該承擔的義務。當他在位時，任何提到美元貶值或結束美元兌換黃金的想法都是忌諱。財政部的人根本沒有意識到，美元長期被高估、黃金儲備被耗盡的可能性。美國的榮譽已如奔車朽索，至少我們這些在魯薩底下做事的人都這麼認為。

根據報導，老約翰·甘迺迪向兒子提出警告後，甘迺迪總統便一直將國際收支逆差視為總統任內最大的潛在威脅之一，從此全力支持財政部尋求解套的方法[7]。

經驗豐富的魯薩，當然十分清楚比利時裔的經濟學家羅伯特・特里芬（Robert Triffin）所提出的「特里芬難題」[*1]。簡單來說，布列頓森林體系存在著無法克服的邏輯矛盾。黃金是世界上最被信賴的保值工具，但是它無法在短時間內增加產量，跟不上不斷成長的世界經濟對國際儲備的需求，因此外國央行只好將美元當成替代品，願意先短期持有。

然而，為了維持這些逐漸增加的外國央行美元儲備，美國只能印製更多鈔票，並繼續忍受國際收支逆差，不可避免的，這將導致通貨膨脹，削弱以三十五美元將美元依需求轉換成黃金的能力。特里芬提出的解決方案是，創造出某種全球都會接受的全新儲備單位，取代黃金和美元。

羅伯特・魯薩和歐洲幾個主要央行的行長，關係都很密切，在他們的支持下，魯薩的創造力在兩三年內大爆發，並找到令人意想不到的分散潛在壓力的好方法。國際貨幣基金組織成員國（最終被稱為「十國集團」或G10）之間相互借貸的能力越大，外匯儲備成長的需求就會越小。他們找到了法律依據，允許財政部和聯準會從事所謂的「外幣互惠信貸」（foreign currency swaps，事實上就是中央銀行之間的短期互惠借貸），來吸收多餘的外匯儲備。財政部打破傳統，向其他國家借了一些後來被稱為「魯薩債券」的外幣借款（當時只是小規模）。財政部和聯準會共同推動「扭轉操作」（Operation Twist）[*2]，在保持長期利率穩定的同時（這樣抵押貸款和其他貸款的成本就不會大幅變動），允許短期利率上升（好把資金投到國外賺取更高報酬的投資者吸引回國）[*3]。

這些方法不管是有意或無意都成了先例，在五十年後的二〇〇八年金融危機期間及之後的一段時間，聯準會和財政部為了提供外國中央銀行所需要的美元及穩定信貸市場和美國經濟，再次進行了更大規模的干預措施。

在學術上看似簡單的概念，在現實世界裡施行困難無比

當這種金融操控似乎快到極限時，財政部請求國會立法，對流出美國的資本課稅。其理論是要「平衡」當時美國的低利率和歐洲普遍的高利率，減少美國企業往海外放貸和投資的誘因，希望能藉由「利息平衡稅」降低美元的外流數量[8]。

在國稅局專家的幫助下，財政部要我起草具體的細則條文。整個過程讓我大開眼界。經過此

*1 編按：特里芬難題是指，當一個國家的貨幣同時作為國際儲備貨幣時，有可能造成國內短期經濟目標和國際長期經濟目標的利益衝突。

*2 編按：扭轉操作是指賣出短期公債、買進長期公債，以藉此壓低長期利率。

*3 結果，財政部在一九六三年中，強烈希望聯準會將短期利率調高至聯準會主席馬丁無法接受的水準。我記得我被派去參加聯準會七月十六日宣布貼現率上調的會議，以「確保馬丁知道該怎麼做」。一個財政部低級官員居然敢來監聽長官的發言，我相信馬丁心裡一定很不爽。

事，我才了解一個在學術上很完美、看似簡單的概念，要在現實世界裡施行會有多困難。

我的國稅局戰友一見面就問我，普通的短期貿易融資，應該要課稅或免稅？美國公司的海外分公司所做的直接投資，應該課稅或免稅？如果決定免稅，直接投資及貿易融資又該怎麼區分？流向加拿大的錢，也要課稅嗎？加拿大政府對美國可能破壞目前運作得相當順利的緊密金融體系，已經氣得跳腳了。

最終，短期資金不課稅，流向加拿大的錢及海外分公司的直接投資也免稅。所有的一切都需要白紙黑字、巨細靡遺地詳細定義。

重點是，法律起草其實已經變得無關緊要了。消息傳出後，至少在一段時間內，可能被影響到的市場就會做出反應，彷彿法律已經生效一樣。

我很快就明白有了一次干預之後，就會有第二次干預。如果對債券課稅，海外銀行貸款是否也該減少？因此沒過多久，銀行就「被自願」限制貸款金額，而且不時被強制實行。

隨著這些控制措施生效，市場很快便順應時勢，發展出所謂的「歐洲美元市場」（Eurodollar market）。事實上，通常存放在紐約的美元存款，被轉移到倫敦的數量越來越多[9]。法規、競爭和貨幣政策之間的複雜問題全浮上表面，卻從未得到根本解決。

一九六四年十一月，在林登・詹森（Lyndon Johnson）連任成功後，我很驚訝地聽到羅伯特・魯薩決定辭職，接受布朗兄弟哈里曼（Brown Brothers Harriman）私人銀行的邀請，擔任一個沒什麼事可做的合夥人。至於他是為了個人財務考量（當時副部長的年薪為兩萬八千五百美元）[10]，或是家庭壓力，或單純只是累了，我不知道。

我沒看到他對布列頓森林體系失去信心的任何跡象，但是在他離職時，美國的黃金儲備只剩美國外債的一半，所以我一直對他心裡到底怎麼想的，感到非常好奇。多年後，當我覺得時機到了，開始對布列頓森林體系採取行動時，我不禁懷疑他是否會覺得我背叛了他留下的志業，也辜負了他為了維持美國在二戰後貨幣領導地位的一切努力。然而，他從未在言行之間對我表達任何責怪之意；相反的，無論是在公開場合或私底下，他都非常支持我。

美元的穩定，遠比派美軍駐紮德國重要

「美元之戰」牽涉到的不只是財政部。白宮經濟顧問委員會那些備受尊敬的經濟學家，他們關注的焦點全在美元政策是否會導致利率提升。國務院官員，尤其是國務次卿喬治·波爾（George Ball），則將財政部的努力視為一種潛在威脅，針對的是支付海外駐軍費用及對外援助所必需的美元外流。

有時候，部會之間的爭論會變得白熱化。我曾經和財政部的同事開玩笑，我們就任的誓詞裡有一句「保護美國不受國內外敵人的侵犯」，國內的敵人應該就是指國務院和白宮經濟顧問委員會。

財政部長狄龍成立一個層級極高的委員會，並自任主席，目的是解決這些問題，或者如果無法解決，至少大家可以在會議中開誠布公地辯論。我的直接參與很有限，但是對其中一次在財政部會議室召開的會議卻印象深刻。總統的外交政策最高顧問麥克喬治．邦迪（McGeorge Bundy）、國務次卿波爾及聯準會主席馬丁，都出席了那次會議。狄龍部長臨時有事被叫走時，我正站在前面做簡報，離開前他指示我代替他讓大家開始討論。

由一個小小的助理副部長來主持會議，顯然令與會人士大感不滿。邦迪立刻宣布，如果會議要討論減少駐紮德國的美軍支出以防止美元外流，他馬上就退席。聯準會主席迅速介入：「美元的穩定和我們維持黃金價格的承諾，遠遠比我們能派多少美軍駐紮德國重要多了。」我聽後真是大大鬆了一口氣。我主持得如坐針氈，當狄龍部長終於推門進來時，我開心得簡直都要流淚了。

你寫的都對，不過……

魯薩去職後，我的工作性質越來越像是狄龍部長的私人經濟助理。我從這位反應靈敏、律己甚嚴、對自己的地位及權威充滿信心的部長那兒學到了很多。我花好幾天才幫他寫完的演講稿，他只要幾分鐘就能修改完成。他時常在早上叫我進他辦公室，請我分析各種經濟問題，而這些問題通常是他的加長型豪華轎車在石溪公園大道（Rock Creek Parkway）超越我的通勤小破車時，他在後座讀

《紐約時報》時想到的[*1]。

當時發生了一件即使以今天標準來看，也是相當官僚的事。狄龍告訴我，紐約州長納爾遜·洛克菲勒（Nelson Rockefeller）計畫在紐約市中心建造世界貿易中心。在經濟面上，他需要財政部的支持才行得通。美國海關是直屬財政部的大型機關，在紐約需要很多辦公空間，他們能否承諾在計畫建造的世界貿易中心裡，租賃數千平方英尺的辦公空間？更重要的是，世界貿易中心的出資業主是由洛克菲勒所控制的跨州機構——紐約與紐澤西港口事務管理局（New York–New Jersey Port Authority），該機構想事先知道他們發行的債券能否免稅，以確保其低利率和融資的可行性。

幾天後，我向財政部長狄龍提交了一份簡報。

1 美國海關確實需要新辦公室，但是海關目前正在和離世界貿易中心基地以北兩個街區的堅尼街（Canal Street）業主交涉，談話進展得很順利，而且租金低很多。

2 市中心辦公室明顯過剩。依據財政部現有原則，大部分都會成為私人商業辦公室的世貿中

---

*1 我當時開的車子是納什汽車公司出產的漫步者（Nash Rambler），前座已經壞了，我用一張木頭椅子撐著繼續開。因為美元貶值的壓力，我告訴芭芭拉我們只能買美國車子。最後，我們選了一輛便宜的兩人座紅色小敞篷車。相反的，我記得狄龍在發現他必須將英國賓利汽車換成美國凱迪拉克時，非常不開心。

心不符合免稅條件。

狄龍部長很快看完簡報，抬起頭對我說：「你寫的都對，保羅。不過只要是納爾遜想要的，沒有他得不到的。」

還有另一個類似的故事。在詹森執政期間，我被指派帶領一項跨部會研究，對聯邦政府該如何鼓勵學生申請低利貸款提出建議。當時這是個熱門議題，有好幾個州政府、地方政府和民間企業已經在試推各種不同方法。我們建議等這些試行方法「百花齊放」時，再決定聯邦政府該如何干預。我記得派駐到研究小組，監督我們的白宮助理當下的反應：「不行！馬上就要選舉了。我們必須立刻提出計畫，一個可以列為詹森總統政績的聯邦政府等級的計畫。」[11]

我並沒有因為這兩件事離開財政部，一九六五年，詹森總統任命副部長亨利．福勒接替狄龍，我還和福勒一起度過了有趣的幾個月。

福勒部長和詹森總統關係很好，而且他非常忠誠。有一次某家連鎖超市不斷漲價，總統想要我們提出簡報，建議他該如何處理。於是，福勒帶我一起私下去了白宮。那是我第一次進白宮總統辦公室，但是在我們抵達時，總統的腦子卻一直在想著他幾天前派遣海軍陸戰隊進入多明尼加共和國的決定。他滔滔不絕地自說自話，對他在多家報紙的頭條新聞受到的攻擊提出辯解，卻一點也沒提起超市漲價的事。我怔怔的看著坐在搖椅上的總統一邊說話一邊搖晃椅子，看著椅子漸漸靠近那條酣睡的狗。還好，狗尾巴在千鈞一髮之際及時移開了。

「特里芬難題」的官方解決辦法

福勒上任後不久，就給了我一次大考驗。從鱈魚角（Cape Cod）休長假回來後，他給了我一篇頗長的草稿（他是長篇演講的專家）[12]。他即將在維吉尼亞州律師公會演講，內容主要是呼籲召開一次關於貨幣改革的國際會議。

雖然他並未在演講中詳細說明，可是他的最終目標卻很清楚：他要創造一種全新的國際儲備資產，拿來補充黃金的不足，並希望最終能替代黃金，進而減輕美元的壓力。這將會是「特里芬難題」的官方解決辦法。

我覺得怎麼樣？

嗯，老實說，不怎麼樣。羅伯特・魯薩不是一再警告，發起這類談判將不可避免地會引發對美元和黃金價格的擔憂嗎？他難道沒想過應該先私下評估我們外國朋友的感受嗎？

「不用。」他說。在詹森總統的支持下，他想直接引發討論。他拋出一個「權變計畫」形式的構想[*1]，想看看大家對這主意有什麼看法。

這事並非一蹴可幾，但在我離開財政部三年後，他成功了。我沒想到的是，啟動這個新官方儲備資產（還取了「特別提款權」〔special drawing rights〕這麼蹩腳的名字）的任務，後來居然落在我頭上，就在我回鍋財政部擔任負責貨幣事務的副部長期間，讓我直接面臨一場越演越烈的美元風暴。

一九六五年秋，福勒對聯準會主席馬丁的警告，感到憂心忡忡。聯準會計畫提高貼現率，也就是聯準會向銀行收取的短期貸款利率，並預期所有的市場利率都會因此上漲。馬丁這麼做顯然是為了遏止在充分就業之下，因越戰支出增加而上升的通貨膨脹壓力。一場激烈的內部辯論就此引爆。白宮經濟顧問委員會、預算局（Bureau of the Budget）和財政部站在一起，請求聯準會延期升息。我其實很支持馬丁的觀點，因此希望能說服部長稍微讓步，如果聯準會升息一碼（〇．二五％），而非原計畫的兩碼（〇．五％），或許財政部可以考慮接受。

對我來說，不幸的是，政府設立了一個四人專責委員會來檢視這個問題。成員組合很奇怪。雖然我是財政部代表，但我極度希望妥協。聯準會研究主管丹．布里爾（Dan Brill）則反對他上司的意見，不贊成加息。白宮經濟顧問委員會和預算局（後來改為「行政管理和預算局」）的代表，在某種程度上也是如此。毫無意外的，我們四個人果然達成「可以再等等」的結論，升息與否可以推遲到隔年一月再決定，以方便年度新預算的編制。

然而，馬丁很堅持。由四個經濟相關部會最高負責人組成的「四人會」[*2]，在十月六日和詹森總統碰面討論升息一事。福勒部長把我也帶去了。他分析當下的狀況說，總統對提高利率的主張很反感。他伸出胳膊，握緊拳頭說：「如果我們這麼做，就等於從美國勞工階級身上榨取鮮血，提供華爾街的人吸食。」

馬丁主席不退讓。在他看來，抑制通貨膨脹是必要的，而且是他的責任。「比爾，」總統最後說：「我明天得去割除膽囊，你不會趁我住院時對外宣布吧？」

「不會的，總統先生。我們會等你出院。」

於是，就這樣了。一九六五年十二月初，我離開財政部不久，聯準會就採取了行動，投票決定將貼現率從四％提高到四．五％。當時人在德州的詹森總統發表聲明，表示遺憾[13]。馬丁被叫到總統度假的牧場，接受詹森的訓話，有些小報甚至宣稱他們還發生了肢體衝突。

我並不知道整件事的全貌，但這對我卻是個好教訓。經過一段時間後，有兩件事變得越來越清晰。第一，聯準會在越戰支出增加時，太慢採取進一步的緊縮措施，放任經濟過熱。第二，總統否決了他的經濟顧問私下要求加稅的請求。我的猜測是，因為加稅必須經過國會投票同意，到最後只會演變成對越戰公投的替代品，而總統察覺到人民對越戰的反感，明白他必輸無疑。

不管當時的原因是什麼，有些人認為這些失敗是導致一九七〇年代嚴重通膨的起因。而就是為

---

*1 譯註：權變計畫（contingency planning）是指原定計畫因故無法實行時，可以立即採取的行動。

*2 由財政部、預算局、白宮經濟顧問委員會和聯準會負責人組成的「四人會」，始於甘迺迪總統時期。雖然是非正式組織，卻有極大的影響力。

了抑制通膨，我才會被任命為聯準會主席。

我接受喬治．錢皮恩的邀請，重回民間企業，正好趕上「大通膨時代」的起飛。

第一次見到大衛．洛克菲勒，重回大通曼哈頓銀行

一九五七年我剛加入大通曼哈頓銀行時，第一次見到大衛．洛克菲勒。我們是差不多時間拿到聘書，在行政樓層遇到時，他是董事會副主席，而我是低他好幾個層級的新任經濟學家，心裡不免有些失落感。當我再次回到大通曼哈頓銀行，財政部的歷練和「遠期規畫主任」的新頭銜，提升了我的形象。但是當然，不管在銀行內或是社會上，我和大衛仍然處於完全不同的階級。

我記得有次拜訪他位於造型前衛的新大通大廈的辦公室，更讓我感受到我們之間的強烈對比[14]。在那棟他希望能幫助重振紐約市中心經濟的摩天大樓裡，大衛親切的問我週末有什麼計畫。那是一個春天的週五晚上，我告訴他，我打算到當地苗圃買些灌木種在我們紐澤西州的房子周圍[*1]。他回答說，真巧，他也要做同樣的事——只不過他要飛往佛羅里達州，為他在紐約州波坎蒂克山（Pocantico Hills）廣闊的洛克菲勒莊園購入一批異國情調的熱帶植物。

我一眼就看出掛在他辦公室廁所裡的畫是塞尚的真跡，證明我在普林斯頓大學選修的藝術課還是滿實用的。他委託創作、掛在新大樓各處的大量抽象藝術作品，當然就更引人注目了。

多年來，大衛經常周遊世界，和各國王室成員交際，會見各式各樣的企業家和不同政治黨派的國家領導人。我陪他出差過幾次，目的地通常離他在波坎蒂克的家不遠。我不時為他準備出席國會各種委員會的證詞，雖然這些證詞早已被遺忘，但我還記得兩黨議員總是對他相當敬重。

我定期和他一起參加福勒部長發起的顧問委員會會議，為新國際協議將創造的特別提款權提供建議，或至少表示支持。多年來，大衛領導許多重要的非政府機構，特別是位於紐約的外交關係協會（Council on Foreign Relations）和一九七〇年代初期基本上由他創立的三邊委員會（Trilateral Commission，後面章節會再細談）。我在這兩個組織中都很活躍，當然不是巧合。

大通曼哈頓銀行因為和洛克菲勒家族的長期關係，常被戲稱為「洛克菲勒銀行」。大衛承擔了部分的領導責任，但是經過一段時間後，領導們對銀行抱持不同願景的事實卻日漸明顯。

從伊利諾州大通銀行普通行員一層一層往上爬的喬治・錢皮恩，已經成為一名極有權勢的董事長。他是最典型的美國商業銀行家，全力維護大通曼哈頓銀行廣為人知且根深柢固的信用文化。除了企業貸款之外，他認為最重要的，就是和全國各地的大企業和其他「代理」銀行維持良好而密切的關係[*2]。

[*1] 靠著我在大通銀行三萬五千美元的年薪，我在蒙特克萊爾買了一棟很老的大房子，土地面積近一英畝。當時不流行大房子，所以我們用六萬美元的低價買下它。我很喜歡這棟有百年歷史的房子，以及遼闊的庭園景觀。

錢皮恩全心投入大通曼哈頓銀行的經營，他熟悉業務，培育了不少高階管理人才。以組織架構來說，錢皮恩負責的是業務方面的運作。

大衛比他小十歲，不需通過信貸培訓，也用不著逐級晉升。大衛的直覺和經驗讓他比錢皮恩擁有更廣闊的國際視野，也不會像錢皮恩一樣受制於大通曼哈頓銀行的傳統。他負責「人力資源」管理，包括經濟部門和規畫部門，而這兩個領域都是我擅長的。

結果就是幾年後，大通曼哈頓銀行在國內貸款以及與地區銀行維持良好關係方面都遙遙領先，但在拉丁美洲、亞洲和其他發展中國家的業務則遠遠落後花旗銀行。隨著美國國內競爭加劇，以及法律對跨州銀行業務的鬆綁，大通曼哈頓銀行似乎非擴張海外不可，否則不可能趕上對手。

我在兩三年後就被召回財政部，和喬治・錢皮恩、許多大通的同事失去了聯繫[*3]。以局外人的眼光來看，大通曼哈頓銀行似乎光彩不再，遠遠落後於野心勃勃的花旗銀行及之後重組的花旗集團控股公司，而原本屬於大通曼哈頓銀行的市占率，又被聲勢正隆的紐約摩根銀行及芝加哥、加州的大型銀行給鯨吞蠶食了。

*2 代理銀行就是為另一家不同地點的銀行在當地執行業務的代理機構，在法律允許設立跨州分行之前，這是銀行界重要的活動項目。

*3 我是三邊委員會的主席，也是洛克菲勒信託的監管委員會成員，直到大衛在二〇一七年以一百零一歲高壽過世之前，我們都是很親密的朋友。巧合的是，我的辦公室這麼多年來，一直都設在洛克菲勒中心裡頭。

第5章

政治獵豹與常春藤經濟學家

國際貨幣體系即將分崩離析

一九六九年一月二十日，我在即將搬入的財政部貨幣事務副部長的大辦公室裡，觀看尼克森總統的就職遊行。美國首任也是最重要的一任財政部長亞歷山大・漢密爾頓的雕像，就放在我辦公室的南側。在所有的開國元勛裡，我最崇拜他，因為我非常贊成他所說的：「好政府取決於良好的管理。」

一封季辛吉簽名的機密備忘錄……

剛過中午，一封蓋了機密印章的密封信件被送了進來。裡頭是「國家安全研究備忘錄第七號」，文末有亨利・季辛吉（Henry Kissinger）的簽名。

這份備忘錄（落款日為一月廿一日）的速度[1]，在官僚體系裡簡直快得像是個奇蹟，連總統助理都還沒來過我位於十五街、俯視紐約的大樓辦公室，季辛吉的指示就來了。尼克森總統才剛上任一天，季辛吉和他的手下已經開始工作，明確地劃定出了他的權限。

備忘錄內容非常簡單，提到將成立一個跨部會的工作小組，負責審視國際貨幣政策，並提出建議。我將以貨幣事務財政部副部長的身分，擔任這個工作小組的主席。雖然我的人事命令尚未發布，不過這不重要。這份簡要的備忘錄確實點出了接下來我在財政部的工作中，要投注重點心力的方向。

我開始在美國政府裡扮演著一個史無前例的獨特角色，同時負責美國國內和國際金融事務，因為兩者在過去幾年重疊成分越來越高。我之前的經歷，剛好讓我對兩邊的政策都很熟悉。

對我來說，這是全世界最好的工作。

頭一個打電話給我的，是剛被指定為財政部主要副部長的查爾斯．沃克（Charls Walker）。他邀請我和即將成為尼克森政府財政部長的大衛．甘迺迪（David Kennedy）一起去一趟華盛頓。

我和查爾斯是在他擔任達拉斯聯邦準備銀行（Dallas Federal Reserve Bank）研究副總時認識的。我在紐約聯邦準備銀行交易櫃檯工作時，他偶爾會來看我。後來他成了紐約美國銀行家協會的主席，有時候會向我尋求組織方面的幫助，我們才有更進一步的來往。

相較之下，我幾乎不認識大衛．甘迺迪，只知道他是個虔誠的摩門教徒，曾在芝加哥的大陸伊利諾斯銀行（Continental Illinois Bank）擔任董事長。我聽說他早年在聯準會工作過，是公認的銀行界資深政治家。他有一頭銀髮，穿著得體，舉止從容，光是外型就非常符合財政部長的形象。我的導師羅伯特・魯薩在貨幣事務副部長的位子上表現出色，我不明白他為什麼會選擇我。

畢竟一九六〇年時，我還曾擔任過約翰・甘迺迪總統在紐澤西州普萊恩菲爾德競選之友會的主席。那場選舉我們贏了，尼克森輸了。

當時在白宮裡肯定發生過爭執，後來尼克森政府的官員裡只有兩位民主黨員，一個是我，另一個則是丹尼爾・派屈克・莫尼漢（Daniel Patrick Moynihan）。

黃金儲備只有一百多億，對外負債卻高達四倍……

我的職責包括經濟分析、債務管理、監督聯邦信貸計畫融資和美元政策，以及處理美國和國際貨幣基金組織（ＩＭＦ）、世界銀行的關係。過了一段時間後，甘迺迪部長似乎很樂見手下自由發揮，總是非常支持。他並不是個大小事都要管的上司，這讓我信心大增（我讀幼稚園時，帕爾默小姐就敏銳的發現我自信心不足）。

財政部其餘大部分的業務都由查爾斯・沃克負責，還好他很滿意這種安排。他的工作包羅萬象，從國會關係、稅收、引導銀行相關立法，還有管理當時財政部底下的海關、菸酒局、槍枝局、國稅局、特勤局，甚至還包括海岸警衛隊等機關。

我們強大的團隊包括法務長鮑伯・奈特（Bob Knight）、經濟學家莫里・威登保（Murray Weidenbaum）、稅務助理部長埃迪・科恩（Eddie Cohen）、國際事務助理部長約翰・佩帝（John Petty）、海關助理部長吉恩・羅西茲（Gene Rossides），以及財政事務助理部長約翰・卡洛克（John Carlock）。很快的，我們全成了親密的朋友。

我覺得我之前在聯準會和大通曼哈頓銀行的工作經驗，以及早先在財政部和羅伯特・魯薩、道格拉斯・狄龍、亨利・福勒的共事，已經為我做了充分的準備。美元問題對我來說，實在太熟悉了，而我和一些外國金融官員的來往，也給了我不小的幫助。

儘管工作環境非常友善，但空氣中卻有股怎麼都揮之不去的不祥氣氛。美國的黃金儲備剩不到一百一十億美元，對外負債卻幾乎是四倍，通貨膨脹率超過四％。二十五年前為了幫助世界經濟從戰爭中恢復，而在布列頓森林會議所建立的國際貨幣體系，早就岌岌可危。沒有人知道如果這體系崩潰了，會對貿易、就業及和平造成什麼影響。我們沒有時間可以浪費了。

黃金一盎司多少錢？官方一套，民間一套……

就是在這種時空背景下，白宮批准甘迺迪財政部長和兩名副部長在總統辦公室召開說明會。查爾斯和我在會中分別提出通貨膨脹的壓力正在增強的預警，並建議總統在執政初期就採取行動，不然拖到後期勢必更加棘手。

我認為尼克森總統不怎麼喜歡我們的政治忠告。他並未延長會議，詢問我們進一步的細節[2]。

一九六八年的國際貨幣情勢本來就不穩定，卻又發生兩個雪上加霜的事件。公開市場對黃金的強勁需求，使得各主要國家的中央銀行必須進場干預，賣出部分儲備黃金，以免黃金漲得比長久以來確立的每盎司三十五美元更高。這個價位，是甘迺迪政府早期為維持黃金價格與一些國家達成的協議[*1]。

隨著官方黃金儲備量持續下降，一九六八年法國決定停止出售黃金。在華盛頓由聯準會主席馬丁主持的緊急會議上，其他成員國同意不再為了維護每盎司黃金三十五美元而干預市場，但在官方政府間的交易則繼續維持該價格[3]。黃金的「市場」價格和「官方」價格很快出現分歧，使得社會大眾明顯開始質疑美元的黃金價值及其未來幣值的穩定性。

一九六八年末，十國集團在西德波昂（Bonn）召開緊急會議，商討如何處理日益緊張的歐洲匯率[*2]。隨著西德經濟復甦，出口變得越來越有競爭力，進而累積了巨額貿易順差。法國則進口大於出口，黃金儲備逐漸減少。依據經濟學邏輯，西德馬克需要升值（使西德出口變貴），而法國法郎則應該對稱性貶值（使法國出口變便宜）。

[*1] 比利時、英國、法國、西德、義大利、荷蘭、瑞士和美國。

[*2] 十國集團其實包括了十一個在國際金融和經濟事務上合作、協商的主要經濟體。

經過多次沒有結果的談判，馬克升值和法郎貶值都政治性地遭到了拒絕。尤其一心一意想恢復法國偉大榮耀的戴高樂總統，反而實施了包括管制匯率、削減預算、凍結工資和物價等國內限制政策。他將法郎的疲軟，歸咎於學生和工人在那一年年初的示威遊行，認為這鼓勵了法國國內的反對勢力[4]。五個月後，七十八歲的戴高樂在公投失敗後辭職，黯然下臺[5]。

學界和部分新上任的白宮經濟顧問委員會官員不斷呼籲，允許國際貨幣匯率有更大的波動，進一步提升貨幣事務的不確定性。他們的建議包括實施擴大交易保證金、爬行釘住匯率制或滑動釘住匯率制[*1]，以允許或鼓勵貨幣的小幅貶值或升值。米爾頓．傅利曼更是公開主張建立一個自由浮動的匯率制度，他認為只有這種激進的方法，才能讓市場迅速有效的矯正國際收支失衡，並消弭各國貨幣政策之間的分歧。他的提議，本質上就是要放棄布列頓森林體系的大部分協議，讓貨幣回歸市場指揮（他認為這完全是理性的），並不考慮其他國家的意願。

如果你敢鼓吹彈性匯率，後果自己負責！

羅伯特．魯薩是傅利曼在學術界的最主要反對者[6]。他以一九三〇年代的經驗為例，認為歷史已充分證明，浮動匯率制度帶來的不穩定性有多可怕，而布列頓森林體系所創造出來的秩序就完全沒有這個問題。

不管是在美國或海外，支持乾脆放棄固定匯率制度的人其實不多。這是我第一次以美國財政副部長身分到巴黎參加世界經濟合作暨發展組織（OECD）第三工作組會議時[*2]，其中一位歐洲代表再三強調的觀點。

當時的慣例是在官方不公開的會議後，主要代表撤離到郊區較隱蔽的場所（那一次是在荷蘭大使的官邸），目的是鼓勵大家在沒有隨行人員和媒體的環境中，一邊吃晚餐，一邊開誠布公地交換意見。事實上，我很快就遭到比利時央行行長的口頭攻擊（差一點就演變成肢體攻擊了），他在我面前揮舞著雙手說：「如果你敢出去鼓吹這些彈性匯率理論，投機者將會拖垮全球貨幣體系。那麼，這一切就將是你們美國人的責任！」

我知道他說的沒錯。會議裡討論過的技術性變化，無法顯著改變我們的國際收支逆差，只會放大美元未來的不確定性。因此，當有記者在會後問我對彈性匯率有什麼看法時，我試圖擺出一臉淡定的樣子：「學術界已經對這些想法進行過很多討論，但也就是學術界的討論罷了。」[7]

---

*1 譯註：兩者都是視通貨膨脹情況，允許貨幣逐漸升值或貶值的一種匯率制度。爬行釘住匯率制（crawling peg）：以固定比例或根據特定的經濟指標，定期小幅度地往上調升。滑動釘住匯率制（sliding peg）：以固定比例或根據特定的經濟指標，定期小幅度地往下調降。

*2 世界經濟合作暨發展組織是一個國際經濟合作論壇，第三工作組則是它的次層組織。小組成員以不公開的方式私下會面，商討如何解決國際收支失衡問題。

以黃金每盎司三十五美元為支撐點的貨幣體系，仍面臨巨大的投機壓力。美國為了表現出盡力對抗通貨膨脹的樣子，在一九六九年大部分的時間裡持續調升利率，撐起市場對美元的信心。但光靠這樣無法支撐太久。為潛在危機設計出解決方案，仍是「伏克爾小組」的首要任務，這是季辛吉依據「國家安全研究備忘錄第七號」所建立的專案小組。我和從前在財政部工作時認識的許多同事通力合作，為總統準備可能的選項。

我們之中沒人準備就這麼放棄布列頓森林體系固定匯率和美元、黃金兌換的設定。然而，我們卻在分析中一再強調改革的必要。到了一九六九年中，美國的黃金儲備僅剩對外負債的四分之一[8]，遠低於八年前甘迺迪總統剛上臺時近八成的比例。特里芬難題是如此地顯而易見。

我們立刻得到「可能發生的法郎貶值，將進一步提升國際貨幣的不確定性」的結論。事實上，在戴高樂辭職三個多月後，法郎確實在一九六九年八月貶值了[9]。

大幅提高官方黃金價格是最簡單的解決之道，這麼做可以讓我們黃金儲備的美元價值立即增加兩倍、甚至三倍。然而，這麼做也會讓跟美國在政治上敵對的兩個黃金生產國南非和蘇聯大賺一筆，同時更會獎勵像法國這種一直要求我們拿黃金換美元的少數幾個歐洲國家。重點是，這麼做並無法保證一定能實現我們的真正目標，那就是：降低美元相較於馬克和日元等其他貨幣的價值，以促進出口、減少進口、縮小國際收支逆差。

為達成上述目標，讓黃金價格小幅上漲一成或一成半，或許就能幫助美元貶值，然而在實務上，其他國家大概會很快比照辦理，讓他們的貨幣相對於黃金也跟著貶值。無論如何，美國這麼做就是在放棄長期以來堅守的黃金—美元固定價格的承諾，而這個承諾正是布列頓森林體系的核心，也是維持各國合作的世界領導地位的基本要素。這麼做，尤其會重傷那些努力留住美元、沒將美元兌換成黃金的最親密盟友。而且，特里芬難題仍舊無解。依靠黃金和美元的固定價格，來滿足不斷擴張的世界經濟所帶來的儲備需求增加，已經走到本質上的極限了。

剩下的選項是一步一步的漸進式改革。創造更多種官方認可的國際儲備資產，來彌補黃金和美元的不足；鼓勵經濟強勢的盟友讓貨幣升值（西德，尤其是日本），幫助國際收支平衡；以及恢復美國國內物價穩定。這些方法在維持市場對美元的信心上，都極為關鍵。

總統沒說不，意思是……你的提案被接受了

我在白宮的內閣會議室，向總統做了冗長又複雜的報告[10]。當尼克森總統終於宣布會議結束時，甘迺迪部長對我說：「保羅，他沒說不。你的提案被接受了。」於是我心情愉快地離開白宮（後來我才知道，尼克森先生習慣不發表任何評論就結束會議，之後才會送出備忘錄告訴你他的決定）。

為了建立大眾對美元的信心，美國政府和南非展開一場困難的談判，強迫對方以市場價格出售剛生產的黃金，而不是以官方價格賣給各國的中央銀行。這個問題在一九六八年黃金的官方、民間

價格出現分歧後，便一直沒有解決。結果是，至少暫時性的，市場價格下降至（甚至略低於）官方價格。但這不可能維持太久。

另一個更系統性的可行措施，是提議啟動最近獲得認可的特別提款權。這是亨利．福勒在維吉尼亞州律師公會所做的權變計畫演講的重點。然而，歐陸國家連這麼溫和的辦法都照樣猜疑，他們總是擔心美國會以各種不同的手段逃避檯面上的貨幣規則。

我立即動身前往世界各地，推銷全新的特別提款權的概念。我們成功了，但是數目卻比預期的少：第一年啟動了三十五億美元的「紙黃金」，接下來兩年，每年各三十億[11]。以今天的標準來看，這個數字非常小，遠遠不夠我們想提升大眾對美元信心所需要的金額。

聯準會主席馬丁在歷經了十九年的任期、前後與五位總統的合作，終於在一九七〇年初退休了。他的限制性貨幣政策，曾被尼克森（他當時的顧問是亞瑟．伯恩斯教授）指為造成他在一九六〇年總統大選失利的最主要原因。伯恩斯成為聯準會的新主席，他是一位備受尊敬的景氣循環權威，而且和總統關係密切。但讓我頭痛的是，這位新任聯準會主席即使在美元面臨貶值壓力時，仍近乎反常地願意放鬆政策，降低貨幣市場利率。我不止一次地懇求我的長期同事兼朋友，也就是美國聯準會理事杜威．達恩，請他勸主席不要在我排定要會見外國財政官員時宣布降息。

最終，所有的措施——南非的黃金銷售、啟動特別提款權，甚至是溫和緊縮的貨幣政策——都不足以挽救美元或解決潛在的收支赤字。美國的競爭優勢不夠強大，從貿易順差越來越小就看得出來，根本不足以抵銷政府大量的海外支出和長期資本外流。這種時候，我們只能採取更基本的辦法。

一頭無所顧忌的政治獵豹，一個謹慎的常春藤經濟學家

我在上景氣循環課時，很尊敬亞瑟．伯恩斯教授。我知道他也強烈地認為聯準會獨立超然的地位非常關鍵，強烈到甚至帶點私人情緒，因為我常在課堂上聽到他以最高法院不受政治影響判決為例，來闡明聯準會獨立的重要性。但是顯然的，他一直受到白宮的壓力。我不知道這種壓力影響他決策的程度。畢竟在通貨膨脹剛萌芽時，中央銀行勢必不願意「搬走大酒缸」，開始採取緊縮措施。不管怎樣，聯準會不打算拯救美元。

伏克爾小組內部就改革方案進行激烈辯論，每個成員都有充分機會表達自己的想法。最年長、最睿智的喬治．威利斯（George Willis）主導財政部的國際事務，他是我們之中唯一一個在一九四四年布列頓森林會議時，就在政府做事的人。他在我們的會議上不停寫筆記，當被問到對某項提議的看法時，他總是以低沉沙啞的聲音回答：「行不通的。」

在一次會議上，我終於被激怒了，便開口問他：「好！喬治，你說說看，怎樣才能行得通？」「沒有任何方法行得通。」他以更粗啞的聲音回答。

嗯，我還不想投降。相反的，我開始感覺到，我們遲早不得不中止美元兌換黃金的承諾，這是

迫使匯率充分反應及真正改革的唯一方法。我們不能等到黃金需求激增、無法滿足兌換承諾時，才採取行動。我們必須選擇合適的時機。

為了做好準備，我請財政部一位謹慎的獨立資深經濟學家約翰・艾騰（John Auten）祕密估算，如果要平衡美國的海外支出，美元的市場價值必須降低多少。兩週後他給我答案：如果只應對歐洲貨幣和日元，美元至少要貶值一五％；最理想但不切實際的情況是，如果全世界都願意接受美元貶值，那麼只要貶值一〇％就夠了。

這些資料已經足夠讓我動筆寫一份長長的備忘錄，簡略描述我將提出的辦法：先「暫停」（美元和黃金的兌換），再談判新匯率，最後「改革」。這些措施全是為了「重振」布列頓森林體系。

就在此時，一股強大的政治新勢力抵達了財政部。因在甘迺迪總統遇刺當日陪在他身邊，同時也受了傷而聲名大噪的民主黨前德州州長約翰・康納利（John Connally）成為我們的新部長。康納利是由企業家羅伊・阿什（Roy Ash）組成的總統行政機構顧問委員會的一員，尼克森十分欣賞他的辯才無礙，在一九七一年初請他取代大衛・甘迺迪，入主財政部。

我相信馬上就會有人事異動，便主動將辭職信準備好。沒想到康納利身為尼克森政府中唯一的民主黨內閣成員，在我們初次見面時，就將我的辭職信隨手扔到一旁。他告訴我和其他財政部官員，「忠誠」是他對我們的唯一要求。

我們的個性天差地別：一頭無所顧忌的德州政治獵豹，配上一個謹慎小心的常春藤經濟學家。

不知怎的，或許是異性（性格）相吸，我們居然相處得極為融洽。他上任時，家人還留在德州，有時會邀請我陪他參加商界大老的晚宴。

康納利沒有接受過經濟學訓練，他以直覺看出美國陷入了經濟困境，美元需要貶值（尤其和日元相較）才能減少進口競爭，幫助出口。身為在太平洋服役的二戰退伍老兵，他曾說過：「如果他們不願意接受愛荷華州的牛肉、佛羅里達州的柑橘和羅德島工廠的產品，那麼他們就要做好在橫濱碼頭上，坐在豐田汽車裡看著自家的索尼出不去的心理準備。」[12]直來直往、不加修飾的發言讓他一夕聞名。當然，這並非尊重「連草皮都精心修剪的國際金融球場」（我曾在為他捉刀的演講中插入這個比喻）的謹慎外交應對方法。本質上，他對經濟學家和政府顧問討論的技術改革概念感到不耐煩。在這一點上，我們倒是看法一致。

我們不會貶值、不會改變黃金價格，我們會控制通膨

康納利強烈的人格特點，給白宮和財政部的人都留下深刻印象。甘迺迪部長後來已經失去了對總統的影響力，甚至連面都不大見得到。相較之下，尼克森似乎每個議題都想聽看看康納利的想法。從前看不起財政部，對我們頤指氣使的白宮官員，突然被要求幾乎所有事都要先和財政部確認。就連白宮經濟顧問委員會的成員——喬治・舒茲、保羅・麥克拉肯（Paul McCracken）、彼得・

彼得森（Pete Peterson）——也不情不願地被迫退居二線。亞瑟・伯恩斯就曾在日記上生動描述了約翰・康納利給白宮帶來的混亂和不確定性[13]。

雖然他有許多事情要處理，但這位新部長還是一心掛念著國際金融體系日益嚴重的危機。有一天，他走進我的辦公室，開門見山的問我：「我們該怎麼做？」我的備忘錄還未定稿，於是便將草稿遞給他。

我再也沒有看過那份草稿，但顯然他不僅認真讀了，而且將我的建議牢記在心。他明白表示，這些改變將會由他和財政部主導。

五月初，西德不再捍衛美元（不再買入美元以打擊拋售美元、買入馬克的投機者），而允許其貨幣暫時浮動[14]。五月底，康納利在慕尼黑首次和西德財政部長及其他主要銀行家正式見面。全球最大的五十家國際銀行的執行長和受邀官員，全來參加一年一度的國際銀行業大會。

康納利是最後一位演講者。我們原先準備的演講草稿沒什麼驚人之處，結論強調了改革和貨幣調整的必要性，換句話說，就是長期擁有貿易順差的國家放手讓貨幣升值，就像西德正在做的。但沒想到，康納利卻大筆一揮，將它改成一份堅定的聲明：「能夠理解牽涉在內的每一方都有不能讓步的立場，便是向找到解答的目標跨近了一大步。我深信這一點，所以現在我以不帶任何傲慢或輕蔑的態度宣布，我們不會貶值、不會改變黃金價格，我們會控制住通貨膨脹。」[15]

這番言論，將會讓押注美元貶值的投機者卻步。

我問他，考慮到現實狀況，我們的立場很可能不久就會改變，他真的想說得那麼肯定嗎？我到現在都還記得他當時的回答：「這是我今天不能讓步的立場。我不知道今年夏天時，我的立場又會是什麼。」

他的演講很震撼，當時他有點發燒，或許就是這樣，才更顯得魄力十足。金融界很快意識到，美國財政部的這位新領導人不可小覷[16]。

世事多變，有些事到頭來反而……沒變

實際上美國經濟開始萎縮，也讓局勢進一步複雜化。失業率超過六%，通貨膨脹率一直維持在四%，雖然這兩個數據沒有後來發展得那麼糟糕，但離政府的承諾卻也十分遙遠。在慕尼黑會議上，亞瑟．伯恩斯重申他的「收入政策」，目的在遏制工資和物價上漲。

經過多次內部辯論後[17]，康納利在六月二十九日被任命為經濟政策的官方發言人，並宣布了後來被稱為「四不」的政策：不強制控管工資和物價、不設立工資和物價審查委員會、不減稅，以及不增加聯邦開支。雖然這四點很快就被打破，但至少暫時有效降低了大眾對貨幣體系的憂慮。

然而，幕後卻是另一回事。我們的外匯儲備即將滑破百億美元，財政部長開始私下向總統建

言，強調暫停美元兌換黃金的必要性。康納利在八月初告訴我[18]，他已經說服總統，也許我該向行政管理和預算局局長喬治・舒茲、白宮經濟顧問委員會主席保羅・麥克拉肯說明一下我們的想法，不過總統希望等到國會議員在八月休會結束回來後，再開始行動。

我在更早之前已經在財政部召集了一個只有三、四個人的小組，助理法務長麥可・布拉德菲爾德（Michael Bradfield）和美國在國際貨幣基金組織的執行董事比爾・戴爾（Bill Dale）都在其中。我們推想出一個方案：(1)宣布暫停將美元兌換為黃金及其背後的邏輯；(2)解釋在「過渡性」浮動後，進行實質匯率調整的必要；(3)實施三個月工資和物價的凍結，防止通貨膨脹立刻上揚；(4)澄清只有在匯率談判之後，我們才能設計出更適當的改革制度。我們討論的細節，甚至詳細到列出哪個時候去通知我們最親密的外國盟友中的哪一個。但是，我事後非常後悔，我們沒將反通貨膨脹的貨幣緊縮政策要求放在第一位——畢竟，這才是聯準會的管轄區。

康納利部長在沒有審查細節的情況下，堅持納入「進口商品徵收附加費」，明顯針對日本。我不贊成這麼做，因為它看起來就像是在布列頓森林協定中被禁用的「經濟武器」，所以我一再將它從待辦事項的草稿中刪除。但是康納利一直堅持要加回去，因為他深信除了貨幣談判之外，還需要打開外國市場和重新分配北大西洋公約組織（NATO）的開支（就在我寫下這些內容的今天，美國總統川普的任期剛好過半，真的就像法國諺語說的：「世事多變，有些事到頭來反而沒變。」）。

因為要等到國會議員在八月休會結束回來後才開始行動，康納利回到他在德州的牧場，只告訴我們：「需要我時，打電話給我。」他果然很快就接到我們的電話。

活力十足、滿懷雄心壯志的眾議院銀行委員會主席亨利・羅斯（Henry Reuss），在八月七日週六以參眾兩院聯合委員會的名義，發表一份要求改變美元匯率的報告，文中特別突顯日元匯率問題[19]。羅斯在兩個月前，曾敦促政府關閉兌換黃金窗口、暫時讓美元浮動[20]。他提出的建議和我們的如此相似，我都懷疑他是不是偷看過我們的筆記。

市場投機分子沒兩天就開始活蹦亂跳。美元面臨拋售壓力，黃金需求極可能暴增，英國在那個週末就提出將美元兌換成黃金的要求，更證實了我們的猜測。我打電話給康納利，告訴他我們不能再等了。他匆忙返回華盛頓，立刻去見尼克森總統[21]。他們同意在那個週末就採取行動。我一直知道總有這一天，但也一直害怕它的到來。這一天，終於要來了。長久以來，我所捍衛的國際貨幣體系，即將分崩離析。

我所捍衛的國際貨幣體系，開始分崩離析的那一天

總統助理、白宮經濟顧問委員會成員、預算局局長喬治・舒茲等二十人被叫到大衛營。為了確保討論內容不會外洩，我們被禁止和外界有任何接觸。但我永遠記得當年輕的海軍軍官隨口問白宮經濟顧問委員會成員赫布・斯坦（Herb Stein）為什麼大家這麼激動時，他直覺的回答：「這是歷

史性的一天。」

完全說中了我的感受。

在我們抵達阿斯彭小屋（Aspen）不久，總統列出會議大綱，遞給康納利，讓他列出計畫：

- 美元—黃金暫停兌換。
- 官方黃金價格維持不變。
- 工資和物價強制凍結九十天。

尼克森和康納利添加了幾項原本沒在我計畫中的措施，包括徵收一〇%的進口附加費、減稅和稅收抵免、特定的貿易限制，還稍微暗示了在最初凍結期結束後，延長物價控制的可能性，但是幾乎沒有提到和外國盟友合作改革的事。

亞瑟・伯恩斯不同意。他認為（我覺得根本不切實際）他可以迅速與「朋友們」——法國財政部長季斯卡和國際結算銀行（Bank for International Settlements）的耶勒・澤吉爾斯拉（Jelle Zijlstra）談判出一個令人滿意的匯率。總統為他辦了不公開的聽證會，但最後他的提議還是被否決了。

一九七五年，尼克森的文膽威廉・薩菲爾（William Safire）在所出版的回憶錄《隕落之前：水門事件前白宮內情》（*Before the Fall: An Inside View of the Pre-Watergate White House*）裡，詳細記錄了當

時所有的討論[22]。數十年後，對於他能敏銳看出那個週末對我的意義，這樣的洞察力仍然讓我嘆服。

> 即使大家不時說笑，但整個房間的人都知道伏克爾正備受煎熬。國際貨幣體系就是他所接受的教育，說他是生來捍衛它的也不為過；布列頓森林體系對他來說是神聖不可侵犯的；所有和他一起成長的、在世界各地和他來往的人，都信任彼此在危機時會堅守該體系的規則和美元兌換黃金等內容。然而，他現在卻在參與推翻所有他認為會永恆不變的事。對他來說，這絕對不是一個愉快的週末。

我們利用週六將各部分組合在一起，很少使用但無所不包的《一九三〇年關稅法》（*Tariff Act of 1930*）和《一九六二年貿易擴展法》（*Trade Expansion Act of 1962*），成為徵收進口附加費的行政命令所依據的法源[23]。財政部助理法務長麥可．布拉德菲爾德實際上是我擬定計畫時諮詢的律師，在制定和捍衛我們的法律戰略上扮演關鍵角色。我請特勤局的人去他家，把他從床上叫來大衛營。他們本來要我臨時起草一份講稿，但後來覺得事關重大，改由總統親自和威廉．薩菲爾一起擬稿，準備週日晚上向美國民眾宣布。

負責外交事務的國務院沒有派代表出席，很顯然是因為總統對該部門捍衛新政策、對抗外國政府的能力沒信心[24]。我聽說國家安全顧問亨利．季辛吉正在歐洲，國務院的同僚正在休假，不便打擾。我們也沒有按照協議條款，事先通知與請示國際貨幣基金組織。但我還是通知他們，只是改為邀請國際貨幣基金組織的總裁皮埃爾—保羅・施韋澤（Pierre-Paul Schweitzer）到部長辦公室，一起看總統週日晚上九點的電視直播。他對直播內容及事後才得知我們的計畫，感到很不滿。

感到不滿的，還有我曾拜託他協助確認新聞稿初稿的國務院助理部長。他對康納利提出的一項補充尤其不安——美國將通知加拿大，我們打算終止一項實施多年的免除汽車和汽車零件貿易關稅的雙邊協議。「加拿大人一定會非常生氣！」他脫口而出，不經意的證實了總統對該部門忠誠度的擔憂。

這條補充條款剛好單獨列在新聞發布稿的最後一頁，在我們交談時還在印刷中。我建議他到財政部印刷室，把每一份的最後一頁撕掉，他照做了。後來據我所知，沒有人真正關心過漏印的這一條[25]。

我還違反了禁止通知國際盟友的嚴格規定，偷偷給日本財政部的柏木雄介打電話。尼克森發表演說的時間是日本週一早上，股票市場即將開始交易，我希望他能在事前收到警告。

我不知道這通電話是否讓日本人更容易應付這場後來被他們稱為「尼克森衝擊」的危機，尤其是「尼克森震撼」（指的是美國和中國改善關係）才剛過去一個多月。日方告訴我，雖然日本的美元持有量正快速增長，但他們完全無意將持有的美元兌換為黃金。不過我知道日本官員很感激我的通報，柏木雄介，甚至包括他的妻子、兒女，和我保持了超過半世紀的友誼。

第 6 章

沒有戰爭的新繁榮

打造井然有序的國際貨幣體系

尼克森在八月十五日發表的演講，和我匆忙寫下的草稿截然不同。

在被棄用的那份稿子裡，我乞求大家合作，並以「我們犯了錯，但將來會更好」含糊的道歉。可是，尼克森卻宣稱美國將「有魄力的領導」，「創造沒有戰爭的新繁榮」[1]。

他的話術奏效了。美國媒體將報導重心放在工資與物價控制，強調新制度會給企業帶來利益。股市飆升，道瓊工業指數創下了有史以來最大單日漲幅[2]。

但海外反應卻是一片嘩然。各國暫時關閉了匯市；美國遊客發現許多地方突然不再接受手上的美鈔（至少短期內）。尼克森總統單方面中止美國實行了好幾十年一盎司黃金兌換三十五美元的官方承諾，讓美國一直致力發展及捍衛的國際金融秩序，蒙上了不確定的陰影。

美元是我們的貨幣，卻是你們的問題

在美國空軍的幫助下，我和聯準會理事達恩、曾在美國駐倫敦大使館擔任助理財政專員的山姆．克羅斯連夜趕赴倫敦，和歐洲各國財政官員（碰巧還有兩位日本財政官）會面，解釋我們不得不採取迫切行動的原因。我們需要大幅調整匯率。雖然全面的體制改革很重要，但可以再等等[3]。

儘管國際盟友一直呼籲採取行動減少國際收支赤字，但尼克森的突襲顯然讓他們感到震驚，甚至感到被背叛。歐洲媒體的反應是喜憂參半。我在巴黎見到了平靜得出乎我意料的法國財政部長季斯卡，卻也看到法國媒體大肆慶祝美國霸權領導的結束。我女兒參加了交換學生的夏令營，那幾天正巧在巴黎，我抽空去看望她。報紙刊出我們父女在加長型豪華轎車後微笑的照片，指責我們假公濟私，浪費人民納稅錢在度假。

我認為應該讓匯率「暫時」浮動一段時間，以觀察我們的貿易夥伴對美元充分貶值、使美國出口產品在世界市場上競爭力大增的反應。康納利同意我的看法，我們堅持絕對不提高黃金價格。九月在倫敦召開的十國緊急會議，唯一達成的決議是我們應該在之後再開一次會[4]。康納利在會中提出美國國際收支餘額需要一百三十億美元的波動[5]，證明重大調整的必須性，否則美國將無法達到平衡資本和政府海外花費所需的最低盈餘。面對外國官員的批評，他留下了之後舉世聞名的回答：「美元是我們的貨幣，但卻是你們的問題。」外國財政官員終於明白，實施過渡性浮動匯率的邏輯和終止美元兌換黃金的必要性。他們急於達成和解，卻不肯對我們認為必須的貿易和貨幣措施讓步。

雙方態度在十一月下旬都軟化了。以我看來，我們退讓得有點太多了。

這位德州大老粗，搖身變成有魄力的博學政治家

尼克森總統非常重視即將來臨的中國之行。

受到季辛吉的鼓勵，他計畫於十二月拜訪法國總統喬治・龐畢度（Georges Pompidou）和英國首相愛德華・希思（Edward Heath）。他希望解決貨幣問題，為他的政治前途鋪路。十國集團羅馬會議召開前夕，康納利告訴我，總統願意接受黃金的美元價格改變，以加速美法達成協議。

結果就是，我參加了一場最奇怪的官方會議。在與其他國家財政官員的籌備會中，我頭一次提出相對於其他工業化國家的貨幣，美元差不多應該貶值一一%[6]。這個降幅足夠讓我們取消進口稅，但不夠讓我們重啟黃金兌換美元的窗口[7]。

十國集團的主席是依照國名字母排序輪流擔任的，而那一次的主席恰巧輪到康納利。第二天早上，在羅馬科西尼宮（Palazzo Corsini）舉行的閉門部長級會議上，我被刻意安排成為美國的發言人。正如我們所預期的，其他國家的財政官員堅持美國必須做出更大讓步，其中最堅持的一項就是改變黃金價格，好讓他們能比較容易接受本國貨幣的相對升值。

我壓低聲音和康納利商量，提出了美元對黃金貶值一〇%或一五%的假設。康納利立刻回答：「先假定是一〇%。」然後詢問其他財政部長的意見。

在沉默近一個小時後，原本是自由主義派學者的西德財政部長卡爾・席勒（Karl Schiller）才開口表示，西德可以接受美元貶值一〇%，並且願意「再增加一些趴數」。我問他，「一些」是什麼意思？席勒用德語回答：「一些」非常清楚，「不會是一，而是二」。換句話說，西德政府可能會接受美元相對馬克貶值到一二%。又沉默了好一會兒後，有人建議不如先休息，等用完午餐再繼續，其實大家心知肚明這是讓各國財政部長趁機和國家元首商議。

確定的答覆必須等到第二天才會知道。康納利提醒其他國家代表，美國還會要求他們增加國防開支，同時減少對美國的貿易限制，各國財政部長立即表示他們無法做主，尤其貿易限制是歐洲執行委員會的管轄範圍[*1]。

康納利問：「相關負責人來了嗎？」

「是的，他在休息室。」

「請他進來。」

時任歐洲執行委員會副主席的雷蒙・巴爾（Raymond Barre）對情況一無所知，自然無法立刻回應康納利的要求（五年後，雷蒙・巴爾成了法國總理）。

會議結束了。尷尬的部長們要求銷毀所有會場的錄音帶。康納利保證他會銷毀紀錄，並向媒體發表簡短聲明，清楚說明羅馬會議已有進展，但尚未達成協議[8]。

那天晚上，我見識到了康納利政治直覺的力量。羅馬建立在臺伯河邊的七個山丘上，當晚我們在其中之一的山頂宮殿舉行正式晚宴。他在大家用餐完畢後站了起來，看似臨時起意，先是讚頌古羅馬、義大利和現代歐洲文明的偉大成就，然後說身為財政部長的我們有責任為世界推動貨幣體系，甚至為人類和諧發展盡一份心力。

他的演說讓大家熱血沸騰。康納利曾被視為對國際合作漠不關心的德州大老粗，但他在這次會議裡成功蛻變成一位有世界觀、有魄力的博學政治家。

不到四週，協議達成。

兩位領袖達成協議時，現場居然沒有祕書記錄……

十二月中旬，尼克森和龐畢度在亞速爾群島（Azores）的美國軍事基地舉行會談時，貨幣條款也是談判重點之一[9]。尼克森即將訪問中國，急於和龐畢度討論地緣政治問題，但是曾任職羅斯柴爾德（Rothschild）投資公司的前銀行家龐畢度，卻就黃金價格好好給尼克森上了一課。

[*1] 譯註：歐洲執行委員會（European Commission）是歐盟實際上的內閣。

他說，法國一直將黃金當成抵禦動盪的堡壘，黃金價格在法國政治上是個敏感話題。羅馬會議後，黃金價格已經開始發生變化。龐畢度堅持黃金價格應該漲到每盎司三十八美元，而以法國法郎計價的黃金則維持不變。這麼做會使美元對法郎貶值，但我對這個貶值的幅度並不滿意[10]。

當龐畢度和尼克森討論其他議題時，剩下的貨幣問題就留給另一個會議室裡的康納利和季斯卡繼續協商，兩國的副部長——我和雅克・戴拉赫榭（Jacques de Larosière）也一起陪同。雖然法國黃金價格的漲幅比羅馬會議討論的一〇%要高一點，但季斯卡明白，除非我們全面改革國際貨幣體系，否則美元兌換黃金的制度不可能也不會恢復。日元需要更大幅度的升值。大體上，會以新的「中心」價值為基準，建立更寬的貨幣交易區間，以容許匯率更能自由波動。

我們的討論比尼克森、龐畢度的會談耗時更久，令兩個領導人感到不耐煩。當最後終於達成協議時，才發現現場沒有祕書幫忙，而在場的男士沒有一個會打字。我們委託基地一位陸軍中士的太太找來一名打字員，我在打字員背後一字一句的念，讓她把我幾乎無法辨認的筆記打成正式文件。到現在，我都還留著一份有雙方代表簽名的複本。

對我來說，聖誕節前在華盛頓達成的《史密森協定》（*Smithsonian*）有點虎頭蛇尾。十國集團大多數成員都同意，在金價調整後，本國貨幣對美元相應升值。西德信守承諾，升值得更多「一些」。日元被迫升值近兩倍。但整體結果讓美元貶值的幅度，仍遠低於我認為最少需要的一〇%到一五%。雖然我也知道能在一次會議上調整這麼多貨幣，已經是史無前例的創舉了[11]。

康納利邀請尼克森出席，對協議表示祝福。總統鄭重其事的讚美它是「世界歷史上最重要的貨幣協議」[12]。我轉向我的助手之一，低聲耳語：「我希望它至少能維持三個月。」

我的打算是：金價調高一成，日元再升值二〇%……

僅僅六個月後，第一條裂痕就出現了。

英國通貨膨脹和貿易赤字惡化，吸引投機者炒作英鎊。英國政府不再維持英鎊的官方價格，在六月下旬放手讓它浮動。一九七二年末至一九七三年初，投機資金從義大利里拉流向瑞士法郎，而且數目更大，挑戰《史密森協定》能否維持下去。到了一九七三年二月，外匯市場已經亂到政府必須出面干涉，才能確保美元穩定性的程度了[13]。

於是我想，為什麼不趁這個好機會推動美元進一步貶值，強化美國的競爭力呢？

康納利部長在驚心動魄的十八個月後，於五月中旬辭去財政部長的職位[14]。我需要說服的人變成接任的喬治．舒茲，畢竟我的想法說起來簡單，實施起來一定困難重重。我的打算是：把以美元計價的黃金價格再調高一成，然後要求日本將日元兌換美元的匯率再升值二〇%。我希望歐洲和其他發展中國家會因日元升值受益，而允許本國貨幣對美元升值一〇%。

令人驚訝的是，我的想法居然很快得到認同。尼克森在大選中連任，授權我開始和各國談判。

一九七三年二月初，我度過一個超級繁忙的週末。首先，我祕密搭乘空軍專機抵達日本，在週五晚上和財政部長愛知揆一在他東京的家中會談。我提出的升值幅度讓他大吃一驚，他無法立刻同意日元升值二〇％。但愛知揆一是個果敢且配合度高的人，他建議如果歐洲貨幣對美元升值一〇％，他可以讓日元往上浮動到接近二〇％的程度。

這個結果讓我非常滿意，於是我準備動身去波恩見最有可能幫我達成協議的西德財政部長赫爾穆特．施密特（Helmut Schmidt）。不過按照規定，空軍機組人員需要更長的休息時間，才能再次展開夜間飛行，而距離最近的另一機組人員卻遠在阿拉斯加州的安哥拉治（Anchorage）。我請留在華盛頓的副手傑克．班尼特（Jack Bennett）和國防部長商量，暫時取消了機組人員的休息時限規定。由於航班延誤，我在施密特飛往巴黎前幾小時才抵達波恩。因為知道我要來，他想先和法國取得共識。我在波恩過夜，隔天見到了施密特和西德中央銀行行長。接著我一鼓作氣去了巴黎、倫敦，然後又去了貨幣市場已經開始騷動的羅馬。

最後，在法國財政部長巴黎公寓裡的週日午夜會議上，關於匯率的提案終於達成了共識。另外，財政部長喬治．舒茲打算在匯率大幅調整後，宣布美國可以安全地解除對外國投資和銀行貸款的控制，沒有遭到任何人反對。在此之前，我們已經解除了對國內工資和物價的控制，同時終止了一〇％的進口附加稅。

但有一點讓我很失望，我認為新達成的匯率和黃金價格（四二．二二美元），很容易遭到捲土重來的投機者攻擊。為了傳達信心，我們應該準備集體干預來穩定黃金市場：事實上，就是提議建立一個新的黃金總庫。不幸的是，各國無法就這一點達成共識。

日本派了一位和我很熟的前副財政部長跟著我一起飛去波恩。歐洲人一確認協議後，日本也跟著確認。

原本的「暫時性」安排，卻持續了長達半世紀

我在四天內橫越超過四萬八千公里的旅程，終於圓滿結束。二月十二日週一晚上，舒茲部長在華盛頓宣布了這所有變化，其中也包括取消我曾經參與制定的利息平衡稅（interest equalization tax）[15]。

宣布後隔天，日本和西歐大部分的外匯市場都暫停一天。重新開市時，黃金價格起初持穩，但在沒有官方阻力的情況下，很快便大幅飆漲[16]。到了三月初，對美元的投機壓力實在太大，迫使日本和西歐國家再次關閉了外匯市場[17]。

歐洲主要國家邀請美國參加三月九日週五在巴黎召開的緊急會議，這場會議對後來的發展有決定性影響。各國財政部長占用上午會議的多數時間，抱怨他們所遭遇的挫折，尤其對缺乏踏實的應對方法感到不滿。最後，大家同意暫時浮動似乎是唯一合理的解決之道。

一九七一年美元兌換黃金中止時，包括舒茲在內的尼克森顧問團就曾建議開放浮動匯率和自由

市場，而這正是舒茲向來的學術主張。只不過這個提議當時被康納利和伯恩斯否決了，而且總統自己也不贊成。我不確定如果是他坐在財政部長的位子，他會怎樣做。

巴黎會議上的其他成員對舒茲還很陌生，整個上午他一言不發。最後主席問舒茲，是否可以接受暫時採取浮動匯率。他回答，如果這是十國集團的共識，那他可以接受。

這個「暫時性」的安排，經過半世紀後依然存在。全球市場在沒有一致的貨幣標準下運作，各國都有不同程度的「浮動」和「固定」，而美元仍舊是全球儲備貨幣。

在一週後的巴黎私人餐會上，布列頓森林體系悄悄畫上句號。

亞瑟·伯恩斯再次懇求喬治·舒茲，設法恢復美元的固定匯率。我考慮到如果不解決通貨膨脹問題，美元就不可能穩定，直接回答他：「那麼你最好回華盛頓，改採貨幣緊縮政策。」

他沒有那麼做。

在巴黎的記者會上，有人提問這項協議對美國貨幣政策會產生什麼影響。伯恩斯一把搶過麥克風：「貼現率的決定權在華盛頓，並不在歐洲。」[18]

美國享有「過多特權」，對歐洲不公平……

《史密森協定》簽署後的那一年，在尚未決定暫時浮動前的那段日子，為徹底改革國際貨幣體系打下了極佳的基礎。喬治．舒茲在一九七二年成為財政部長後不久，問了我一個非常合情合理的問題：我們對貨幣體系改革有什麼計畫？誠實的答案是，沒什麼計畫。然而，隨著國際貨幣基金組織年會的日子越來越近，我們明白這不是一個各方都可接受的答案，我們需要做好準備。

我開始著手研究，兩週後，伏克爾小組就提出一份改革大綱。舒茲部長以它為本，在國際貨幣基金組織（IMF）年會上發表的前瞻性演說中，特別呼籲在新設立的談判論壇裡進行貨幣體系的討論[19]。我們建議，談判論壇應與IMF的總裁和理事會保持距離。歐洲國家在十國集團和IMF的比重都很大，這表示應該拉一些發展中的大國加入論壇才能制衡。主要作用當然是削弱歐洲為了減低美元在國際貨幣體系中的重要性所做的努力，雖然在我看來，這些歐洲國家的做法根本不切實際。

諷刺的是，將近四十年前，由美國主導的布列頓森林會議創立了IMF，現在美國卻又另組一個新的談判論壇來和IMF劃清界線。但全球的政經形勢早已不可同日而語，相對於日本和發展中的大國，歐洲小國已經喪失了影響力。日本和發展中大國更可能接受不那麼嚴格的匯率制度，我們認為這並非偶然。

新成立的論壇委員會由二十個國家的財政官員和央行行長擔任委員。結果就如同其中一位成員所描述的，人數太多，無法達成共識，大家只是在各說各話。但是在我看來，這似乎就是世界在和美國對話[*1]。

一九七二年九月，在華盛頓召開IMF年會前不久，我親自向當時IMF的總裁皮埃爾－保羅・施韋澤表達了美國官員的普遍不滿。

就個人而言，我很欽佩施韋澤，他在二次大戰期間參與了法國的反抗組織，進過集中營，而且他的叔叔亞伯特・施韋澤（Albert Schweitzer）還是諾貝爾和平獎得主。但是施韋澤在和歷任美國財政部長，包括康納利、舒茲和甘迺迪會面時，屢次試圖掌控貨幣協商，嚴詞指責美國，有時甚至會侮辱美國代表，因此極不受美國人歡迎。

最後為了盡釋前嫌，我建議我們去告訴施韋澤，如果他同意任期不超過兩年，美國將會支持他連任。

施韋澤意識到這代表了美國並不信任他，他告訴新聞界他不認為自己會連任[20]。在這一年的ＩＭＦ年會開始時，成員們刻意起立鼓掌歡迎施韋澤。我認為，他們這麼做除了表達對施韋澤的欽佩外，主要是想抗議美國的強勢主導。舒茲部長演講時，表達他對將要在二十國委員會中進行改革討論的渴望，這番有建設性的說詞，總算救了那一天[21]。

在施韋澤的明確支持下，歐洲人從會議開始便想強行通過「資產結算」制度。他們的目標是阻止美元被廣泛當成儲備貨幣，同時防止美國因享有「過多特權」（我們覺得這並非事實）而對歐洲造成的剝削，這一點多年前法國便已抗議過。簡單的說，在這個新制度裡，所有國家都必須以國際認可的中性資產（例如黃金、特別提款權或兩者的組合）來進行收支結算；而現有的美元餘額將轉進ＩＭＦ的「替代帳戶」，成為該國貨幣匯率價值的擔保。美國不應該再毫無顧忌地保持高額赤字，因為再也不能從願意持有美元的順差國家，輕鬆取得融資了。如果沒有資產結算制度，美國就會開始產生通貨膨脹……歐洲代表不停往下說，提出一個又一個諸如此類的理由。

我們提出相反的意見：美國在過去數十年來，很少或幾乎沒有出現通貨膨脹，表現比大多數的貿易夥伴更好。遺憾的是，當時美國正好面臨了通貨膨脹開始四處蔓延的時刻。實施浮動匯率似乎終結了所有在世界市場上維持美元價值的憂慮。但事實上，美元匯率急劇下滑所造成的進口成本增加，才是造成通貨膨脹的原因。

我（和許多人）認為受到嚴格控制的資產結算體系，不管是對有貿易順差或貿易逆差的國家來說都太過僵化、不切實際。即使金價大幅上漲或新的特別提款權的分配大幅增加，資產結算體系也會因缺乏必須的彈性而崩潰，進一步導致匯率更加不穩定，迫使各國加重管制。

我們反對資產結算制度，於是發展出另一個選項──「儲備指標」體系。它的概念是：大量減少儲備資產，將會鼓勵或甚至帶點強迫性地減少或消除逆差（如有必要，亦可通過貨幣貶值實現）。同樣的，累積大量的儲備資產，可視為需要逐漸減少或消除順差的信號。可以恢復某些類別的兌換，但是應該保留美元（或其他貨幣）當成可用的儲備資產，並成為提供彈性的元素。已確立

---

*1 舒茲在隔年邀請法國、西德和英國的財政部長來白宮圖書館參加一個非正式會議，此即五國集團的前身。日本很快也跟著加入。

「中心價值」的貨幣交易區間將會擴大。對某些國家而言，不到萬不得已，還是可以選擇不採行浮動匯率[22]。

舒茲部長在學術界以調解勞資糾紛聞名，而由他擔任商學院院長的芝加哥大學更是以極其活躍的經濟系著稱。我從和他共事的經驗中，發現他是一個非常有團隊精神的人，更是個天生的調解高手。對於我主張以選定的中心匯率價值來進行貨幣體系改革的概念，他與內閣的同事們都耐心的測試其可行性[23]。

雖然我感覺到我們的協商有所進展，但是在一九七三年九月在肯亞首都奈洛比（Nairobi）舉行IMF年會前，二十國委員會還是沒能及時達成協議。醞釀中的石油危機進一步加劇通貨膨脹的壓力，而水門事件更提高了不確定性。我認為真心想努力促成各國共識的法國財政部長季斯卡，後來出面呼籲停止協商一年。

然後就再也沒有恢復過了，這當然是個令人遺憾的結局。在我熱愛的這份財政部工作上，我將大部分時間都花在試圖穩定和改革國際貨幣體系，可惜最終還是以失敗收場。

不可能的三個目標

經過長時間的沉澱後，如今回頭看，我發現自己當初錯在對其中兩個重大關鍵點，太過輕忽了。

第一個關鍵點是，國際貨幣改革並不只有單一目標，而眾多目標之間本來就會互相衝突。這些衝突已經超出只負責國家財政的各國財政部副部長所能協調的範圍。

主權國家通常希望：(1)對自己的貨幣政策和財政政策有百分之百的控制權；(2)享受跨國資金自由流動的好處；(3)擁有穩定且可預測的外匯匯率。

理論上，如果一個國家可以允許匯率相對自由的浮動，就能實現和維持前兩個目標（美國、加拿大、日本和英國就是如此）。

如果一個國家願意犧牲對貨幣政策的控制權，就能享有資金自由流動和穩定的匯率，也就是後兩個目標（歐元便是個極端的例子：各國貨幣全被消滅，整個歐洲都得遵從歐盟中央銀行制定的貨幣政策）。

或者，一個國家也可以選擇採行固定匯率，並保有對貨幣政策的完全控制權，只要它願意被排除在自由流動的國際貨幣和資金之外（一九六〇年代的美國就是朝著這方向發展；而今日的中國正在努力解決這個問題）。

但是這三個目標不可能同時實現，就像喬治・威利斯在沃克爾小組討論時說的：「沒有任何方法行得通。」

這是不可能的三個目標。

除此之外，一個井然有序的國際貨幣體系，需要一個固定的參考點。換句話說，它需要一個計價標準，比如黃金、被廣泛接受的某國貨幣，或這兩者的組合。然而，就像特里芬教授在布列頓森林體系時代教導我們的，在貿易擴張和經濟成長之下，幾乎不可能長期維持固定的黃金價格，甚至連維持黃金和單一儲備貨幣之間的固定兌換都沒辦法。最終，如果貨幣使用過度擴張，貨幣存在的基礎，也就是民眾對貨幣的信心，就會遭到侵蝕。

讓問題難上加難的是以下的這個事實：匯率（或資本控管，甚至是貨幣政策）的決定永遠都不可能是單一國家的事。每一次的匯率變動都會影響和它來往的各個貿易夥伴的貨幣價值，便是最好的例子。要解決這個問題並不難，只要通過協議或約定，事先設定一個計價標準，再用它來衡量一國的貨幣價值。這個計價標準曾經是黃金，現在更普遍的是美元。但是後來美元變成特殊的「第n種貨幣」[*1]，不經其他國家同意就無法改變匯率，而這正是《史密森協定》的重點。

現在回頭看，要維持一個井然有序的國際貨幣體系，所需要的國與國之間的妥協和紀律，在當時並不存在。而這種「沒有體系」的體系，就這麼盛行了將近五十年。

第二個關鍵點卻不是邏輯或經濟學理論的問題，而是現實的政治問題。一九七一年和一九七二年，尼克森的重心都放在總統大選上，而不是維持貨幣穩定（後來發生的水門事件和他極力試圖掩蓋，更證明了他把選舉看得比什麼都重要）。國際紀律不再，又沒有強而有力的財政政策和貨幣政策，通貨膨脹率於是開始爬升。

始料未及的是，幾年之後，美國發生了嚴重的通貨膨脹，間接導致拉丁美洲爆發銀行危機，而帶領美國力挽狂瀾的，居然是在不知不覺中被命運之神推到最前線的我。

買長期公債嗎？來，先告訴你打算出多少錢？

在離開財政部前，至少我有機會對美國政府借錢的方式進行一些有益的改革。還好在這方面，我們大都可以在不涉及立法或國際協議的情況下獨立完成。

在過去數十年來，美國財政部出售到期日在十年以內的國庫券（Treasury Notes）和十年以上的長期國債（Treasury Bonds）的標準做法，是將發售日期、到期日、固定利率、票面金額和出售金額通知潛在買家。這個過程對財政部來說存在某些不確定性，例如投資者需求是否大到足以完成發售。以市場角度來看，投資者和交易者等待發售時間和條款時，也有其風險。

為了將這些潛在的擔憂降到最低，聯準會覺得在國債發行之前、發行期間和之後，他們必須保持穩定的市場利率。隨著發行規模和頻率的增加，聯準會刻意保持利率「平穩」的做法就變得越來

---

*1 譯註：做為中心貨幣的美元是最被動的，當各國貨幣對美元的匯率都決定下來後，美國就無法再決定美元和各國貨幣的匯率。這相當於有n種貨幣，若n-1個國家都將本國貨幣對第n種貨幣的匯率確定下來，第n個國家就無法決定本國貨幣的匯率。

越尷尬。

我們找到的補救方法，就是將發行到期日短於一年的國庫券所採用的拍賣方法，套用在中長期的國債上。在拍賣過程中，潛在買家會收到新債券的規模和到期日的資訊，但不告訴他們價格和利率。感興趣的買家可以提交他們願意支付的價格，以及想購買的金額。財政部會設一個底價，確保新債券能夠全部賣出。

儘管多年來大家對這個制度仍心存懷疑，但即使是對市場價格變化風險最大的三十年期國庫債券，財政部還是能以拍賣方式順利發售。聯準會也不用再擔心必須在某段滿長的時間內，維持平穩的市場利率。

新成立的聯邦融資銀行（Federal Financing Bank）首次出售合併債券，也是在我的監督下完成的。合併債券是設計用來取代之前由各個政府機關（例如農民住宅管理局、田納西河谷管理局）單獨發行的債券。聯邦政府必須對這些機構發行的債券負責，就法律層面而言，它們和美國國債具有相同的地位。但是這些機構的借款金額相對較少，限制了它們的交易，因此投資人要求的利率就比流動性更強的國債高很多。

我們說服國會合併這些機構的借款，並把新合併的大規模債券和國庫債券一起出售。某種程度上，這麼做也能掌握原本各分散機構的借貸總額。到了今天，聯邦融資銀行的債券都是直接由財政部買下，再由財政部發行正常的國庫債券融資。

直到今天，金融法規尚有一大塊空白……

房利美（Fannie Mae）和房地美（Freddie Mac）是美國規模最大的兩家不動產抵押貸款的購買者和承銷商[*1]。它們名義上是私人政府機構（這本身就很矛盾），成立宗旨是為了幫美國人民貸款買房，多年來在沒有政府擔保的情況下，持續公開發行自己的債券。然而，它們的債券條款和期限都需要通過財政部批准才可上市。

我在財政部任期快結束前，利率隨著通貨膨脹上升，房利美越來越擔心借貸成本的大幅增加，於是公司高層向財政部申請，允許他們銷售像私人商業票據（Commercial Paper）那種極短期的限額債券，主要是為了節省利息，因為當時短期債券的利息比長期債券低。

我拒絕了他們的請求，因為擴大「限額」遲早會令人難以抗拒，而過度依賴不穩定的短期資金，風險又實在太高。

幾年後，在我擔任聯準會主席後，新任房利美主席大衛．麥斯威爾（David Maxwell）來拜訪

[*1] 房利美（Fannie Mae）是俗名，由正式名稱「聯邦國民抵押貸款協會」（Federal National Mortgage Association）的縮寫FNMA諧音而來。房地美（Freddie Mac）的正式名稱則是「聯邦住宅貸款抵押公司」（Federal Home Loan Mortgage Corporation）。

我。他告訴我，規模龐大的「融資機構」正瀕臨破產。他們賣了很多短期債券，仍然無法滿足上升的利率。

顯然在財政部接替我位子的人，並不明白我當初為何那麼謹慎。

當時房利美賠了很多錢，差一點就破產了。整件事完整暴露了因政治計算所造成的結構缺陷，但政府沒有及時處理，才導致了二〇〇八年的金融危機[24]。

政府在一九三〇年代成立房利美，授權它支援長期住宅抵押貸款市場，可以算是相當成熟的政府機構了。房利美在一九六〇年代後期被「私有化」的唯一理由，是為了將它移出聯邦預算的費用項目。但是它政府機構的光環依舊存在，最好的證明就是它發售的債券，有資格可以賣給美國聯準會（根據法律，聯準會只可以購買聯邦「機構」的債券）。

幾年後無巧不成書的，房利美和已成了投資銀行家的我接洽，請我為其資本計畫的適足性做擔保。當時我簽署了帶有但書的計畫，但很快就失去了約束力。

房利美和它新成立的競爭對手房地美獲利豐厚，這兩家公司都是住宅抵押貸款的活躍買家，但同時也買入不少品質不佳的問題貸款，包括導致二〇〇八年金融危機的那一大批。美國政府從危機初期就介入這兩家岌岌可危的公司，提供需要的援助。直到今天，它們還是在財政部的監控下，這代表美國在金融法規方面尚有一大塊空白，需要加快腳步趕緊完成。

遙想當年，華盛頓不是任由有錢人主宰的地方……

一九七四年初，我決定離開財政部。當時的尼克森總統被水門事件吞噬，媒體緊咬不放，政府陷入一片混亂。

五月時，喬治・舒茲也忍不下去，辭掉了財政部長的官職，加入著名的貝泰公司（Bechtel Corporation）。志得意滿的威廉・西蒙（William Simon）接任財政部長，他原是舒茲的副手，掌管聯邦能源局（所以有人叫他是尼克森的「能源沙皇」）。我在事後發現，其實政府內部也討論過讓我繼任部長的可能，但面對當時高度政治化、功能失調的政府，我一點興趣也沒有。另一方面，我實在該多花點時間關心家人。

民間企業有吸引力的職位並不少，有些年薪甚至開到六、七位數[25]。在真正決定之前，基於對普林斯頓大學的感情及對公共事務的熱忱，我重新回到了伍德羅・威爾遜公共和國際事務學院，任教一、兩個學期。

我兩度在財政部任職期間，我們一家人都很享受在華盛頓的生活，但是我工作太忙，芭芭拉只得獨自擔負大部分的家庭責任。我們有很多來自財政部、聯準會和其他地方志同道合的好朋友，包括達恩家、韋登鮑姆家、布里爾家、奧肯家、羅西茲家、科恩家、沃利希家，以及鮑勃・所羅門（Bob Solomon）一家人。芭芭拉對政治和華盛頓的看法非常辛辣尖刻，但她口才便給的高度說服力，反而讓她非常受歡迎。我們的女兒珍妮絲在她的汽車保險桿上貼著「彈劾尼克森」的貼紙，十足繼承了媽媽的風範。

我第一次在財政部任職期間，珍妮絲在馬里蘭州我們位於切維蔡斯的家上附近的小學。一九六九年，當我們搬到華盛頓市中心的克利夫蘭大道後，珍妮絲便進入華府裡學風比較開放的私立席德威友誼學校（Sidwell Friends）[26]。

我兒子吉米狀況特殊。他出生時患有腦性麻痺，花了好幾年時間做了多次手術後才能走路，但他的智力是正常的。

一生都在和糖尿病奮戰的芭芭拉，決定吉米應該接受正常的教育。幸運的是，有人介紹她認識羅伯特・巴羅斯（Robert Barros）。這位獻身教育的年輕人剛創辦了一所天主教米德爾敦（Mater Dei）小學，並同意讓吉米入學。吉米小學畢業後，芭芭拉鍥而不捨地向德高望重的教育家卡農・馬丁（Canon Martin）請求，終於讓著名的聖奧爾本斯中學（St. Albans School）向一個身體條件特殊的學生敞開了大門。

我記得當我離開財政部時，我為剝奪了珍妮絲擁有家鄉的權利向她道歉。「你是什麼意思？」她回答我，「華盛頓就是我的家鄉。」

一九六〇和一九七〇年代的華盛頓，完全跟現在不一樣。雖然種族仍不能融合（一九四九年我開始找工作時，黑人和白人在生活上還是被隔離的），但是那時的華盛頓是個生活舒適、便利的中型城市，擁有世界級的博物館和其他藝文機構。大部分居民都是中產階級的專業人士，包括公務員和國會議員的家庭，沒有非常有錢的巨富之家。我記得當時頂級餐廳屈指可數，只有一家剛蓋好的大飯店稱得上是四星級。

聲譽卓著的律師事務所全是獨立的小型事務所，只占據K街辦公大樓的一、二樓。遊說團體沒有那麼猖狂，不像今天在華盛頓遍地都是。除了商會、美國勞工聯合會和產業工會聯合會（AFL-CIO，簡稱勞聯—產聯）之外，幾乎沒有特殊利益集團在華盛頓設立辦事處。以現在的標準衡量，那時的關說還只敢在檯面下偷偷進行。

但今時不比往日。幾十年後，華盛頓已經變成了一個完全不一樣、令人不愉快、由有錢人和遊說集團主宰的地方，隨時可以見到他們一天到晚黏在國會議員及政府官員的屁股後面。

我才不要和他們攪和在一起。

第7章

暴發戶、墨西哥與烤麵包機

回到出發的地方

將近五十歲時，我發現自己不確定想在哪裡度過剩下的職業生涯。

好吧，其實一直到九十歲，我都還在想著同一個問題。

我在財政部的老長官亨利．福勒，後來在高盛投資銀行混得不錯。他熱愛當時的合夥人文化，要我也加入高盛，當他退休後的繼承人[*1]。

另外，羅伯特．魯薩邀我加入布朗兄弟哈里曼私人銀行擔任高階管理人。

我還和銀行家湯姆．克勞森（Tom Clausen）簡短會面，他給我十一萬年薪，而且發誓說這已經是舊金山美國銀行總部裡第二高的了。但是芭芭拉不想搬去舊金山，所以也不用再談。

我和信孚銀行（Bankers Trust）的會談則更深入一點，我的朋友查利．桑福德（Charlie Sanford）當時還未出任信孚的執行長，但從加入開始，他便努力整頓這家非常保守的公司。

從我離開財政部開始，亞瑟．伯恩斯就一直勸我，回老東家紐約聯邦準備銀行接替行長艾爾弗雷德．海斯的位子。我很懷疑他的動機是什麼。為什麼是我？我們相處得並不融洽，後來我才發現，海斯和伯恩斯幾乎處於翻臉的狀態。海斯在公開市場委員會的會議上，聯合其他人持續和伯恩斯作對。

但紐約聯邦準備銀行並不是我理想中的職場，雖然薪水是我在財政部的兩倍半，政治影響力卻遠比聯邦政府低得多。而且我知道自己在那裡受歡迎的機會是零，之前在討論國際貨幣問題時，便已知道彼此看法差異極大。

然而，紐約聯邦準備銀行畢竟是我的老東家，而且在一定程度上遠離政治的野蠻勢力。這一點很重要。所以，在一九七四年夏天去加拿大偏遠地區釣鮭魚的路上，我好不容易找到公用電話，打給伯恩斯，心不甘情不願的答應了他。

我到後來才明白，伯恩斯和紐約聯邦準備銀行幾位董事之間有多麼水火不容，這些董事全是紐約法律界、商業界和慈善團體的領導人，依照法律規定，他們有權任命行長。不過，所有地區性聯邦準備銀行行長的任命都必須得到聯準會同意，而同意權卻控制在伯恩斯手上。海斯堅持做滿任期，所以我要等到一九七五年八月才能接任。

得天下英才而教之，感覺真好

我利用等待的空檔，回普林斯頓大學的伍德羅．威爾遜學院任教。我認為學院收到的捐款雖多，但教學上卻不夠積極，也無法引發大眾對公共管理的興趣。我希望我的加入，對激發這種興趣有正面幫助。

很快的，我就發現教學不是那麼簡單。要帶領由高素質的大三、大四學生組成的討論會或工作小組，得花不少功夫。我問自己對教學大綱和其他專業工具了解多少？我知道怎樣指導研究生助理，也懂得糾正學生論文裡的文法錯誤，當然我還能邀請到一些名人來演講。

那一年，以及十多年後我回去擔任終身教授時，才明白了指導才華橫溢的學生、點出問題讓他們更上一層樓，這種得天下英才而教之的快樂有多麼令人滿足。直到今天，偶爾還會有從前的學生來探望我。

當時正逢紐約信貸危機，大量曼哈頓公寓在市場上釋出。芭芭拉和我利用那段空檔，不慌不忙地挑選一戶屋況極佳的寬敞公寓。在紐約公寓價格指數創下數十年新低的那個月，我們買下房子。事實證明，我們在新家住得非常舒適，而它的投資報酬率也是我的財務資產裡最亮眼的一個。

---

*1 在一九九九年高盛公開上市之前，福勒一直是高盛的有限合夥人。上市不到一年，他就以九十一歲高齡辭世。

按下藏在桌子內側的按鈕，頓時警鈴大作！

我還清楚記得重回紐約聯邦準備銀行擔任行長的第一天（我的第一份工作是在這裡擔任「C級經濟學家」），新辦公室就在我年輕時被禁止進入的行政樓層裡頭。

我仔細檢查著精緻華麗的大辦公桌，發現隱藏的格子裡有個意外的驚喜：前行長艾倫・斯普勞爾在收到出任世界銀行行長的邀請後，寫下的接任優缺點分析清單（結果是弊大於利）。

好奇心讓我按下了藏在桌子內側的一個按鈕，沒想到它居然是緊急警報鈕，按下後整個銀行都會關閉，所有出入口立刻鎖上，每個警鈴響不停。

上班第一天就這麼倒楣，顯然不是個好兆頭。

我也確實很快就威脅聯準會說我要辭職。伯恩斯主席派了一位理事告訴我，因為政治敏感性，要我放棄原本說好的、若我當行長超過五年，政府會增加給我的退休金。但是我已經接受比他原來承諾的更低薪水，基於個人原則，我決定在退休金上絕不退讓。最後，擔任紐約聯邦準備銀行行長的任期，使我現在每個月多收到三百美元的退休金。

我天真的以為，有了華盛頓和紐約兩邊的工作經歷，自己應該可以成為一座橋梁，幫助聯準會和銀行消弭存在已久的歧見。我也確實獲得一定程度的成功，即使多年後我讀到伯恩斯的日記，發現他在不少地方指責我。他對我在當公開市場委員會副主席時和他意見相左，以及我在終止美元和黃金兌換一事中所扮演的角色，都相當不滿。

由於紐約聯邦準備銀行在金融中心監督各大銀行，而且實際執行聯準會的決策，因此我一直相信這家銀行應該在整個體系中享有極特別的地位，可以提供專業意見給總部設在華盛頓的聯準會、聯邦公開市場委員會及其主席，並代為觀察銀行、金融市場的行為。但是在政治面上，伯恩斯明顯不願和通貨膨脹對戰的態度，卻令我的挫折感與日俱增。

我和紐約聯邦準備銀行多數的主要高層都相處得不錯，和第一副行長迪克．德布斯（Dick Debs）更是親近。他的資歷很好，擔任行長都不是問題。在他去摩根士丹利（Morgan Stanley）擔任合夥人之前，非常盡責的幫我減輕了過渡期的痛苦。他和妻子芭芭拉成了我們一家人的好朋友。艾倫．霍姆斯（Alan Holmes）負責監管美國國內和國際公開市場的交易平臺，和我共事了很長時間，聯邦準備系統所有同仁都非常尊敬他。霍姆斯承受的壓力很大，既要對紐約聯邦準備銀行行長負責，又要對華盛頓的聯準會及控制欲極強的聯準會主席負責，相信他晚上應該經常失眠吧?!

如果行長辦公室沒放植物，其他人也不准放

沒多久，我就發現紐約聯邦準備銀行的官僚作風和之前相比，並未改善多少。我剛到任兩三天，看到辦公室門外有株快枯死的大盆栽，便請助理將它處理掉。過了一個星期，我問她為什麼盆

裁還在，她的回答令人沮喪：因為銀行規定如果行長辦公室沒擺放植物，其他人的辦公室也不能擺放植物，所以必須等開會討論後，才能決定要不要丟掉它。

當時在紐約聯邦準備銀行裡，地位最高的是國內外業務部門、研究部門和法律部門。我將內部作業部門的地位不高，視為我的一大挑戰，打算做點什麼來改變。

我選了傑拉爾德·科里根（Gerald Corrigan）當我的開路先鋒。這個被大家暱稱「傑瑞」的年輕人在我到任之前，剛從經濟研究部門調到行政部門擔任董事會祕書。

愛爾蘭裔的傑瑞個性率直，擁有福坦莫大學（Fordham University）的經濟博士學位。他的強項是不會凡事都理論化，非常努力工作，充分了解紐約聯邦準備銀行的優缺點，管理嚴謹，絕不妥協。在他的幫助下，我花了很多心力整治銀行內部作業。傑瑞很清楚該做什麼，判斷力精準，飛快的升遷紀錄反映出他的優秀。

所有地區性聯邦準備銀行都得負責檢查銀行作業、支票結算、電匯，以及維持該區域的貨幣流通。很快的，我就發現紐約聯邦準備銀行的常規作業效率遠遠落後指標數據。我決定要做得更好，定下遠大目標，找出各方面需求並引進科技人才。雖然我們還是沒辦法名列前茅，但是成效顯著。在我離開前的最後一份年報上，我忍不住稍微炫耀了我們在內部作業的大幅進步，包括節省兩成的人力，將員工數從一九七四年高峰時的近五千三百人減少到一九七九年底的四千三百五十人[1]。

收到暴發戶的存款，轉手貸給高風險的國家

伯恩斯和我經常意見相左，但是我們對美國銀行貸款給拉丁美洲國家的數目不斷增加，卻同感憂心。

幾家規模較大的商業銀行，從剛成為暴發戶的中東產油國得到大量存款，轉手就將這些資金變成看似有利可圖的貸款借給開發中國家，尤其是拉丁美洲的墨西哥、阿根廷和巴西。過了不久，連沒有相關國際經驗的小規模地區性銀行，甚至社區銀行，也開始跟著這麼做。試圖限制此類貸款的過程，給我在法規監管方面上了重要的一課。

我提出一套紅綠燈警示系統，用來辨識銀行和貸款國家的風險層級，伯恩斯也同意了。簡單來說，就是當銀行借給高風險國家太多錢時，亮紅燈；風險低時，亮綠燈；介於兩者之間，當然就亮黃燈了。理論上，各地區的準備銀行應該負責管理燈號，將紅綠燈警示系統當成監察常規的一部分。

但實務上，監管者和銀行並沒有或無法嚴格執行這套系統。不久我就明白，曖昧不清、模稜兩可的狀態只是怠惰的藉口，這是執行法規時的通病。

即使是在政府任職的我們也很容易受到影響，當時經驗豐富的貨幣監理官約翰．海曼（John Heimann）就曾諮詢過我關於墨西哥的問題。美國法律規定，單一借款人向國家特許銀行的貸款金額不能超過銀行資本的一〇％。如果將墨西哥政府當成單一個體，它的貸款金額已經接近某些銀行

的上限了。

然而，有爭議的是，當借款單位是墨西哥政府底下的各機關，可以將它們看成「獨立的」、不同的個體嗎？

應該停止借錢給墨西哥嗎？如果國務院有意見就不行。如果我們不想因終止「必要的」資金循環使用而飽受非議就不行。

國家不會、也不可能破產？才怪

當時最激進的放款者是花旗銀行，花旗執行長沃爾特．里斯頓在我剛上任不久，曾經趁著來紐約聯邦準備銀行參加教育會議時拜訪我。他告訴我，花旗銀行這些年來一直在獲利，而且他看到的金融環境相當平靜，所以他認為花旗銀行沒有任何資本需求[*1]，並打算將花旗的實際資本保持在董事會所能容忍的最低限度。身為拉丁美洲貸款的領導者，他的基本想法是——先聲明這是他親口說的，不是我編造的——國家不會、也不可能破產。

事實上，當時的聯準會對銀行資金並沒有正式的管控。幾年後我當上聯準會主席，在我鼓勵銀行增加資本時，大陸伊利諾斯銀行和芝加哥第一銀行的管理高層直接叫我滾的事實，讓我的體認更是深刻。他們不知道，正是這種態度迫使我將資本適足率列為聯準會待辦的重要事項之一。

結果，妥協依舊，貸款繼續。幾年後，所有的問題全落在聯準會主席（也就是我）的桌子上。

我從當時蔑視監管單位的花旗銀行領導階層身上，學到很多監控方面的重要經驗。剛到紐約任職時，我曾接到某個重要國家的中央銀行投訴，宣稱花旗銀行在外匯利潤上逃稅。對方指控花旗銀行會在稅務稽查員抵達前，將利潤移轉到另一個國家。當時我做了錯誤決定，要求花旗銀行進行內部調查。由花旗銀行的律師事務所主導的內部調查，顯示沒有什麼值得追究的疑點。美國證券交易委員會也進行了調查，但拒絕採取任何行動[2]。最後的結果是，有幾個歐洲國家追回了稅款，並向花旗銀行開罰。

幾年後，在我擔任聯準會主席時，貨幣監理官發現花旗銀行違反禁止贈送客戶超過三十美元禮品的法規——除了法定的最高利率之外，他們還以免費的烤麵包機吸引人們開立新的支票或儲蓄帳戶。被明令禁止後不久，花旗銀行被查到故技重施，還將禮品成本混入內部會計科目，企圖魚目混珠。這下子問題就嚴重了，因為他們偽造了銀行會計紀錄。

於是，我們再次責令花旗銀行進行內部調查。花旗銀行布朗克斯（Bronx）分行經理遭到解雇，

---

*1 銀行用來貸款或購買證券的錢，幾乎都是從其他人身上借來的，包括存款人、債券持有人和其他貸款人。資本則不一樣，這是銀行股東真正拿出來的錢。如果銀行的貸款收不回來或購買的證券貶值，就必須有足以承擔損失的資本，否則銀行就會破產。

除此之外，他們找不到其他該為此事負責的人。聯準會幕僚建議罰款一百萬美元，這在一九七〇年代末可是個大數目。如果真的開罰，將會是史上金額最高的罰款。

不過聯準會的理事認為，開罰一百萬美元可能太重了，改罰五十萬應該就足以引起大眾注意。我們錯了，這則新聞只出現在一本商業雜誌的小角落。沒有人在乎烤麵包機。但銀行文化呢？也沒有人在乎嗎？

通膨疑慮升高，美元重貶……

我在紐約的那些年，是在一九七三到一九七五年的經濟大衰退之後，當時「停滯性通貨膨脹」似乎對經濟產生了束縛效果。如今回顧，很容易看出聯準會對應該將重點放在通貨膨脹上，或是放在一九七〇年代中期經濟衰退後的復甦問題上，猶豫不決。以我的角度來看，我們顯然維持貨幣寬鬆政策太久了。國會通過的新法令，反映出民間無法充分就業，挫折感和政治問題日益嚴重。

一九七七年的《聯邦準備法修訂案》要求中央銀行「保持貨幣和信貸總量的長期成長，使其與增加生產的經濟長期潛力相稱，進而實現充分就業、穩定物價、維持溫和長期利率的目標」[3]。很合理的目標，而前兩項更是從聯準會設立以來，就被當成它的「雙重使命」。

一九七八年，國會通過了《充分就業與平衡發展法》（*Full Employment and Balanced Growth*

Act），其更為人所知的另一名稱，是以支持該法案的參眾議員姓氏命名的《漢弗萊—霍金斯法案》（*Humphrey- Hawkins Act*）[4]。

新法不僅帶有濃厚的貨幣主義味道，還要求聯準會主席必須一年兩次向國會報告貨幣政策計畫，以及理事會所設定的貨幣和信貸成長目標。

這確實是個很具體的使命，同時也將原來比較模糊的「目標」（充分就業、穩定物價，以及現在很容易就被忘記的維持溫和長期利率），一併具體化了。貨幣政策必須面對的關鍵議題是，所謂的「雙重使命」，究竟會讓聯準會和公開市場委員會兩方的決策，變得更清楚一致或互相衝突呢？

我擔心答案是後者。

事實上，在擔任紐約聯邦準備銀行行長期間，我越來越擔心過於寬鬆的貨幣政策。好幾家銀行行長要求我強烈向外界傳達我們的憂慮，希望能藉此迫使政策改變。

我也確實這麼做了。事實上，在一九七八年年初，新上任的民主黨總統吉米．卡特（Jimmy Carter）任命商人出身的威廉．米勒（G. William Miller）接替伯恩斯擔任聯準會主席後，我就開始更強烈的表達異議。

威廉．米勒是聰明、能幹的企業領導人，但他並不想將自己的意見強加在聯準會的理事們身上。他不止一次的在貼現率表決中成了少數[5]，似乎並不怎麼在乎個人意見被否決，但這種消息傳出去，難免會損及他的「市場」信譽。

雖然我非常沮喪，但我並不想領導組織公開反對。說到底，最後承擔政策責任最多的，還是華盛頓的聯準會，而非地區性銀行。再者，統一陣線對外還是非常重要的。

一九七八年底，我們很不甘願的發現，浮動匯率並未終結貨幣危機。對美國通貨膨脹和聯準會政策的疑慮，導致美元大貶，終於在十月創下歷史新低。我幫助卡特的財政部長麥可・布魯門塔爾（Michael Blumenthal）和負責貨幣事務的副部長托尼・所羅門（Tony Solomon），設計了一系列的緊急措施。紐約聯邦準備銀行帶頭將利率調升一整個百分點，出售以外幣計價的國債（所謂的卡特債券）給國外中央銀行，兩項措施都發揮了效果。美國聯手主要貿易夥伴強力干預貨幣市場，長達數個月。

我們下了猛藥，初期反應相當成功。然而到了春夏之交，這些措施的效果逐漸消失。唯有更徹底的改變方向，才能真正解決問題。

| 第8章 |

戰勝通膨，市場起飛了！

驚濤駭浪中，接任聯準會主席

卡特總統正陷入困境。

美國通貨膨脹率不但高，而且持續上漲，看起來非常棘手。更糟的是，形勢似乎越變越複雜，到了一九七九年，任何政策都拿通膨沒有辦法。

物價指數在一年內飆高一三%[1]，其中部分原因是一九七九年年初伊朗伊斯蘭革命（Iranian revolution）後，柯梅尼（Grand Ayatollah Khomeini）取代了美國扶持的國王，中東爆發了十年來第二次的石油危機。汽油短缺，人們排起長龍，只能接受定量配給，當時的報紙頭版天天都是相關新聞。新預算案不管在政治上或經濟上都不可行。政府為了穩定美元在一九七八年底所做的許多努力，效果未能持久。

物價飆高，總統躲進了大衛營……

用「民怨四起，人心惶惶」來形容，還算是比較客氣的說法。總統躲進了大衛營。他花了超過一週的時間諮詢他的顧問、富商巨賈、政治家、教師、牧師、勞工領袖，甚至一般老百姓。值得注意的是，其中沒有聯準會。

總統在七月十五日下山，發表電視演說[2]。我認為那是一篇很好的演講，正確點出這個國家動盪不安的情緒，也就是他所謂的「信心危機」。這就是後來被媒體稱為「史上最令人感到不適」的著名演講。雖然卡特的演講稿並沒有出現「頹喪」二字，但它卻貫穿了整篇文章，從頭到尾。

幾天之後，總統接受了包括財政部長麥可．布魯門塔爾在內的幾位內閣閣員的辭呈。卡特很喜歡威廉．米勒，他原是德事隆集團（Textron）董事長，一年多前接替伯恩斯成為聯準會主席，於是指派他接任財政部長。

如此一來，聯準會主席的位子就空了下來。而聯準會主席通常被視為制定經濟政策的最重要官員，此時這個位子上沒人，對重建民眾信心當然不是件好事[3]。

卡特打電話來要我接任聯準會主席時，我還在睡覺……

兩三天後，威廉．米勒打電話給我，問我願意前往華盛頓和總統見面嗎？

這通電話完全在我意料之外。我從未見過卡特總統，而且在公開市場委員會開會時，我還投票反對米勒。不過，我當然還是上了飛機[4]。

為了寫回憶錄，開始整理舊檔案時，我發現了許多早已遺忘的東西。我在一張處方箋背面看到自己潦草的字跡，寫著當時我想向總統提出的三個建議：確保聯準會的獨立性；聯準會必須和通貨膨脹正面對決；貨幣政策必須比米勒在位時更加緊縮。

上面寫的只是幾個簡略重點，我進了白宮總統辦公室，就真的照這個劇本行動，甚至伸出食指（友善的）指了指坐在附近、仍是聯準會主席的米勒。正如後來被報導過很多次，包括總統本人所回憶的那樣，會議很快就結束了。

我回到飛機上，打電話給我最要好的兩個朋友鮑勃．卡維什（Bob Kavesh）和賴瑞．里特，請他們晚上去新開的義大利餐館帕爾瑪（Parma）和我碰面。「如果說這輩子有什麼機會可以當上聯準會主席，我想我剛才已經搞砸了。」我對他們說。

芭芭拉完全不認為這是壞消息。她的糖尿病和類風濕性關節炎越來越嚴重，她想留在紐約，離醫生、朋友和還住在家裡的紐約大學學生吉米近一些。

隔天一早七點半，還沒起床的我接到總統親自打來的電話。我掙扎地裝出正常的口吻，答應接任聯準會主席。事後我不禁懷疑，如果這位早起的喬治亞州花生農夫知道我還沒起床，會不會還打電話過來？

芭芭拉心裡很明白，那是一個我無法拒絕的工作。她的最後決定簡潔有力：「你去，我留下。」我們約好，我會試著每週末回紐約。

一九七九年的美國，社會氛圍或許真的很低迷，但當時華盛頓的執政效率卻比現在高多了。我在七月二十五日被提名，不到一週參議院便舉行聽證會，又過了幾天，我的任命獲得無異議通過。八月六日，我宣誓就職，走馬上任。

其實聯準會主席的年薪，只有我原本薪水的一半……

聯邦準備體系有個不正常的現象，聯準會主席的年薪只有五萬七千五百美元，比我當紐約聯邦準備銀行行長領的十一萬美元低許多。我以每月四百美元在聯準會辦公室附近租了一戶一房小公寓。裡頭住的幾乎都是喬治・華盛頓大學的學生。我給這戶帶有簡易廚房的學生宿舍買了一張床、一張桌子和兩把椅子。珍妮絲那時在不遠的維吉尼亞州北部研習醫學和護理課程，她每週請我吃一頓飯，並答應把我的衣服拿回去洗。

決定任命我之前，支持我的經濟學家和擔心我太獨立、不受控制的政治家，在白宮展開激烈的辯論。不過，一切已塵埃落定。我可以捲起袖子，立刻和理事會及我熟悉的聯邦公開市場委員會一起工作，懷抱共同的使命感，挽救已接近通貨膨脹極限的經濟。聯準會的新任副主席是很有政治手腕的佛州投資銀行家弗雷德里克・舒茲（Frederick Schultz），參議院在我上任前幾週才通過他的任命。他是我的重要夥伴，負責和國會議員溝通，並承擔特定的艱鉅任務。我把傑瑞・科里根從紐約帶過來當幕僚長。

上任後第十天，距離前一次調高貼現率還不到一個月，聯準會決定將貼現率再提高半個百分點，達到史上最高的一〇・五%[5]。

以歷史標準來看，當時的市場利率確實很高，可是更高的是通貨膨脹率，接近一五%的年增長率，創下美國在和平時期的新紀錄。聯準會的工作人員分析數字、建立模型和「迴歸」，得出的結論是經濟衰退很可能出現，而且就在不久的將來。

當我在九月十八日再次要求理事會進行提高貼現率投票時，幾位同事不禁有點信心動搖。投票結果四比三[6]。不到四十天，連續三次升息，卻看不到效果，而經濟衰退的風險反而明顯增大。我的某些同事很難接受眼前苦澀的局面。

我本來不大擔心，認為可以依靠支持我的三位理事——弗雷德里克・舒茲、亨利・沃利希（Henry Wallich）和菲利普・科德威爾（Philip Coldwell）——繼續對抗通貨膨脹。我認為投票結果四比三，我還是占了多數。

是時候，該對通貨膨脹迎頭痛擊了

但市場的解讀，卻和我大不相同[7]。

他們認為，這種比數的投票結果，表示聯準會正逐漸失去信心，繼續對抗通膨的決心有所動搖。即使現行利率仍低於不斷增長的通貨膨脹率，我們也不敢再提高貼現率。美元貶值壓力大增，黃金價格創下新高[8]。

對聯準會，美國民眾已經失去信心。長期以來，我們的操作模式都是以改變貼現率或直接干預政府債券市場，小幅度的調整短期市場利率，但是聯準會往往動作太慢、調整幅度太小，根本無法影響外界預期。我們現在需要的是全新的做法。

為了產生更直接的影響，我們可以嚴格控制商業銀行存放在聯邦準備銀行的存款準備金成長率，這樣便能有效抑制存款和整體貨幣供給的成長。簡單說，我們可以選擇控制貨幣數量（貨幣供給），而不是貨幣價格（利率）。有人將通貨膨脹形容為「太多的錢追逐太少的商品」，即使有些過於簡化，但真的是一針見血的道出通膨原因。

我知道有好幾個聯邦準備銀行的行長，從多年前就一直希望聯準會採用這種貨幣政策，將注意力改放在貨幣供給量上。我自己就曾經在幾年前提出一個問題：聯準會是否應該以後來被稱為「實用貨幣主義」（practical monetarism，為了和米爾頓．傅利曼的極端機械化貨幣主義區分）的方法，更關注貨幣供給量的成長[9]？

在妥協和退縮多年後，現在是對通貨膨脹迎頭痛擊的時刻了。聯準會必須讓市場和民眾明白我們的決心。美元和黃金的固定價格，以及布列頓森林體系的固定匯率制度早已消失，人們普遍認為，如今的美元價值取決於聯準會控制貨幣供給和結束通貨膨脹的能力。和今天一樣，那時的我們無法逃避的事實是，維持物價穩定是聯準會的最大責任。在我的觀念裡，這是全世界的中央銀行都該負起的責任。

動身前往塞爾維爾首都貝爾格勒（Belgrade）參加國際貨幣基金組織年會之前，我委託聯準會的兩名官員——紐約交易部的彼得·史登萊特（Peter Sternlight）和負責華盛頓貨幣政策執行的史蒂芬·阿克羅德（Stephen Axilrod）準備好全新的做法。新措施的重點在強調抑制貨幣增長，而不是設定他人認為適合的利率水準。

我和財政部長威廉·米勒、白宮經濟顧問委員會主席查理·舒茲（Charlie Shultze）搭上政府專機，一同前往貝爾格勒。我利用飛行時間，向他們說明我的想法。他們明白聯準會必須加強民眾對我們迎戰通膨的信心，但要求我們在採取完全不同的措施時要格外謹慎。他們意識到利率可能急升，擔心對經濟成長產生影響。

應西德總理施密特的要求，我們在漢堡短暫停留。我在施密特還是財政部長時便和他熟識，很習慣他的直率作風。雖然他很同情美國面臨的困境，但他認為美國包括貨幣政策在內的許多政策效率不佳，而且時常前後矛盾，因此他已經不再對美國抱持幻想。

他滔滔不絕的說了近一個小時，指責美國政府優柔寡斷，才會讓通貨膨脹狂飆，損害市場對美元的信心，也破壞了歐洲對維護匯率穩定所做的努力。

我靜靜坐著，心裡想著，非採取行動不可了，眼前就是最好的理由。

我邀請陪同施密特來開會的德國央行行長奧特馬爾．埃明格爾（Otmar Emminger）一同飛往貝爾格勒，長期以來，他一直是我和德國溝通的橋梁。

我利用機會暗示他，我在考慮的新措施。不出所料，埃明格爾果然支持我。我迫不及待的想回美國工作，但我決定聽完亞瑟．伯恩斯在皮爾－傑科普森講座的演講「中央銀行的苦惱」後才走。他在演講中（惡意的）對於聯準會是否有能力再度控制通膨提出質疑[10]。我在國際貨幣基金組織年會正式結束之前，離開了貝爾格勒，希望在空盪盪的機場避開記者，可惜失敗了。

金融史上第一次！銀行優惠貸款利率最高達二一．五％！

十月四日星期四，聯準會開會討論手上的選項。因為被市場對聯準會上次投票分歧的劇烈反應嚇到，這次連原本反對調高貼現率的「鴿派」都表示支持。公開市場委員會的特別會議安排在兩天後的星期六舉行。當時教宗若望保祿二世正在華府訪問，吸引走大部分媒體的注意，我們要開會的消息才得以保密。然而，還是有不少謠言在混亂的局勢中加油添醋，有的說我辭職了，更離譜的甚至說我已經死了[11]。

這輩子能讓我耐著性子閱讀的公開市場委員會會議紀錄，就只有十月六日的那一份了[12]。可惜會議紀錄畢竟不是逐字稿，仍然與實際情況有些差別，同時也無法表現出當時發言者的語氣。如果閱讀者對現實狀況一無所知，很可能會以為我不大願意接受或甚至反對會議中討論的「直接控制貨幣供給量，即使這麼做可能會失去對利率的影響力」的方案。但我其實只是想確定每個委員都明白相關風險、主要行政官員的反對意見，以及急劇上升的利率可能引起的潛在經濟衰退。卡特總統意識到我的擔憂，已經適當的對他們表示，他不會干涉他新任命的聯準會主席。

我的目標當然是達成一致共識，防止事後的猜測和指責。在這一點上，我倒是成功了。週六傍晚，媒體一接到通知，馬上從家中或採訪教宗的任務中趕過來。聯準會新聞官員喬・科尼（Joe Coyne）是虔誠的天主教徒，說服記者說教宗肯定會理解的。

我們拿出聯準會所有的彈藥投入市場：將貼現率調高一整個百分點至一二%、要求銀行增加存款準備金、呼籲銀行停止貸款給「投機」活動，以及最重要也最核心的，承諾抑制貨幣供給量的成長，不管這對利率有再糟糕的影響都在所不惜。

我們知道市場的立即反應，將會是推高短期利率。理事們同意如果那些利率升破我們暫定的「上限」，就再開一次會。我們（至少我）希望長期利率不會上升，因為長期利率若真的不動，代表市場預期我們能成功降低通貨膨脹率。

可惜我運氣沒那麼好：長期利率跟著短期利率一起上揚。短期利率很快就衝破我們訂定的上限。經過討論，我們決定不干預。每次會議我們都會再設一個上限，但當它再被衝破時，我們還是選擇不干預。三個月到期的美國國債利率最終超過了一七%[13]，商業銀行優惠貸款利率最高達到二一．五%，而最敏感的抵押貸款利率則超過了一八%。美國金融史上這麼高的各種利率，還是頭一次出現。

演講到一半，有人在聽眾席裡放老鼠！

更讓人吃驚的是，進入新的一年，經濟居然沒有衰退。

我曾經和當時的美國證券交易委員會主席亞瑟．李維特（Arthur Levitt）參加過一次小企業主的午餐會，他們的態度很能反映民眾的心情，以及對物價持續上漲的看法。他們耐心聽我精心準備的分析：時局困難，資金緊缺，但救援正在路上，通貨膨脹率很快就會往下走。我說完，坐我右邊的企業主第一個開口回應：「沒關係的，主席先生，我來這裡之前才和公司的工會開完勞資協調會。在會中我很爽快的答應他們，從明年開始連續三年，每年調薪一三%。」

他顯然不相信聯準會。我之後不時會想起他，不知道他的公司是否依然健在？

當然有許多的抱怨。華盛頓的聯準會辦公大樓一度被農民用曳引機團團圍住；住宅建案被停的建築工，鋸下寬二英寸、長四英寸的木板做成抗議信，寄給聯準會理事們（我對其中一封很感興趣，上面寫著：「降低利率，減少貨幣供給」）。不出所料，經濟學家更是爭論不休。傅利曼領軍的貨幣學派，不僅沒有大肆宣傳聯準會終於採用了貨幣學派的主張，反而堅持我們的做法不正確，應該照他們的步驟來，批評我們如果不讓社會這麼痛苦，所有對經濟成長的負面影響都不會發生。主流經濟學家的看法正好和貨幣學派相反：質疑我們是否充分考慮了失業率上升所帶來的風險，雖然事實上，失業率在那幾個月一直持平。

民運團體不止一次的在我們總部前抗議。一九八〇年四月，全國人民行動組織（National People's Action Group）的蓋爾・辛克塔（Gale Cincotta）帶領五百多人在我們大樓外遊行，並要求和我見面。

我告訴喬・科尼去請幾位遊行領導人到我辦公室，說我會在定期的理事會議結束後見他們。那是個炎熱的雨天，我到場時，發現十幾位穿著便裝的人在等著我。我們談了半個多小時，我談到抑制通貨膨脹的必要性，他們則要求為購買社會住宅的低收入戶提供優惠利率[14]。我同意讓聯準會工作人員參加他們的地區會議，回答他們關於政策上的問題。談話結束，我們一起走出辦公大樓，站在前門臺階上，蓋爾對我們願意會面且同意保持聯絡的良好態度大加稱讚，隨後掌聲四起，攝影機錄下的歡樂景象在晚間電視新聞播出。那一次我很走運（後來去參加他們會議的工作人員大概就不那麼想了，聽說他受到很激烈的質問）。

然而，並非所有歧見都能這麼和諧的解決。一九八〇年十二月，聯準會堅持我必須同意接受「個人警衛貼身保護」[15]。一年後，有人持槍不知怎麼躲過安檢，進入聯準會辦公大樓，威脅要挾持理事會成員[16]。我的一些演講不時被抗議的尖叫聲打斷，甚至還發生過我講到一半，有人在會場放老鼠，讓牠們在聽眾席裡亂竄的情況。躲在幕後指使的，通常是極右翼的激進分子林登・拉羅奇（Lyndon LaRouche）和他的支持者。

剪成兩半的信用卡，差點淹沒白宮

到了一九八〇年初，聯準會的計畫並未取得太大進展；而更重要的是，這計畫也是卡特總統的政績之一。通貨膨脹和利率繼續維持在超高水準，唯一令人寬慰的是，經濟衰退沒有出現，而已經很高的失業率也幾乎沒再增加。

因為利率飆升，總統最初沒有大幅削減公共支出、赤字高達一百六十億美元的預算[17]，無法被外界接受，連應該和他站同一陣線的民主黨同志都覺得不行。他決定重編預算，問我是否願意在他的幕僚和國會協商時出席。

這其實和聯準會主席的職務一點關係也沒有，但我還是以觀察員身分參加了他同意刪減最終開支的白宮內部會議。試探性的刪減建議一個接著一個呈報給總統，而他也一次又一次地同意他們的要求，然後他的其中一名幕僚會表示異議，告訴總統，這個或那個壓力團體若知道了，一定會抗議。最後，緊縮預算的訊息根本被淡化了[18]。在我看來，卡特總統的天性，比他的幕僚或民主黨都更保守。

總統向我提出另一個要求。總統說，他手上握有扣下信貸控管扳機的權力，那是來自幾年前國會為了向尼克森總統施壓而通過的一項法案。之後聯準會便得到實質授權，可以開始管理這些信貸控管。

很明顯的，這是政治操作手段。我們不想這麼做，而且問題不在過度信貸。總統顯然認為他可以藉由政治面和道德面，支持限制性很強的貨幣政策來幫助我們。在預算和貨幣限制之外，再加上信貸控管這一張牌，一定可以打消外界對我們打擊通膨、加速利率下降等共同目標的任何疑慮。

衡量情況後，我們無法反對。很快的，我們就設計出我們希望沒什麼實際效果的「控管」方案：汽車和住宅貸款被排除在外；信用卡貸款量在達到之前的高峰時才會啟動限制，換句話說，在九個多月後的耶誕節前，這事應該不會發生。至於其他形式的消費信貸，金額則不多。

三月十四日下午，卡特總統在東廳舉行的大型儀式上宣布了預算刪減和信貸控管的反通膨計畫，以支持聯準會的政策[19]。

幾週內，我們開始收到意想不到的報告：貨幣供給量急劇下降。零星證據表明，製造業訂單正在下滑。很久以前預測的經濟衰退，似乎真的開始了。

總統的支持者寄來剪成兩半的信用卡，幾乎淹沒白宮。「總統先生，我們支持你」成了大家的口頭禪。看到這局勢，我們便心裡有數了。眾多美國民眾還清信用卡債的直接後果，造成銀行存款和貨幣供給量急劇下降。

通貨膨脹之戰拖得越久，對卡特競選連任越不利

然而，由於我們的目標是控制貨幣供給量，因此只得迅速改變立場。利率一下子掉了下來。我們在六月放鬆信貸管制，並在七月全面解除。八月時經濟和貨幣供給開始強勁復甦；到了九月下旬，我們別無選擇，只能採取緊縮政策，將貼現率從一〇%提高到一一%，對外發出緊縮信號。

糟糕的是，總統大選近在眼前。卡特總統忍不住在費城的一場花園派對上發表了還算溫和的批評[20]，指聯準會將注意力放在貨幣供給量上是個「不明智」的決定[*1]。

美國全國經濟研究所（National Bureau of Economic Research）隨後將這段短暫的經濟低迷，列入它備受推崇的經濟衰退名單內。依我看來，它應該被標記星號，附上「人為造成」的註解。毫無疑問的，這是另一個教訓，給我們上了嚴肅的一課，再微弱的法規「控管」，都有可能對經濟產生影響，發展出完全意料之外的後果。

如今回顧，那個錯誤耽誤了我們六個月的時間。與通貨膨脹之間的戰爭拖得越久，對卡特總統的競選連任越不利。但他幾乎（的確只有一次）沒在任內提過對聯準會緊縮政策的擔憂，我不得不佩服他這一點。

我從不親吻男人，但當時我真的有衝動

一九八一年初，共和黨新總統上任，我們又滾回壕溝，為控制貨幣成長奮鬥。很久之前預測的經濟衰退，終於火力全開的來了。但是在對抗通膨的前線，我們卻看不到什麼進展。利率和貨幣供給量成長速度雖然放緩，依舊居高不下。聯準會下定決心要繼續抗戰。

人們對當過好萊塢演員和加州州長的羅納德．雷根，以及新政府對經濟政策的態度，都抱持著懷疑的態度。怒氣沖天的亞瑟．伯恩斯趕回華盛頓警告我，在他剛參加的會議裡，米爾頓．傅利曼、沃爾特．里斯頓和威廉．西蒙等人都表態支持政府重新控制聯準會，他們不只要奪回貨幣政策的主導權，還想將獨立的聯準會變成政府行政機關。另外還有一小撮人更是公然要求恢復黃金本位制。

在這種背景下，當雷根總統在就職幾天後傳訊說要來聯準會和我見面時，我不禁有點擔心。

據我所知，除了富蘭克林．羅斯福（小羅斯福）總統在一九三七年大樓落成典禮曾經造訪，還沒有其他總統來過聯準會。依照雷根總統幾位顧問對聯準會的態度，他這麼做肯定會出問題。我建

---

*1 我在幾年後和卡特一起釣魚，我問他是否認為聯準會的貨幣政策，使他在一九八〇年大選中輸給了雷根。他露出苦笑回答：「我想還有其他因素。」從那之後，我便很敬佩他。

議還是一如往常，由我去白宮拜訪更合適。

但不知道何故，最後兩邊達成了奇怪的協議：我們將在財政部會面，順便見見新任財政部長唐納德・里甘（Donald Regan）和幾位顧問。

在會議上，我發現自己的位子被安排在新總統旁邊，心裡想著不知道他會說什麼。「好消息是金價跌幅已深，通貨膨脹可能逐漸被我們控制住了。」他說。我從來不親吻男人，但這一刻，我真的有那種衝動。

總統確實就聯準會的角色提出一兩個問題，然後話鋒一轉，我們便開始談起我一直很擔心的赤字控制。

我相信總統在接下來的兩三年裡準備記者會或其他事時，幕僚一定建議過他直接怪罪聯準會，但他從未公開這麼做過。他曾向我解釋，他在伊利諾州就讀一所規模很小的大學時，教授曾仔細講過通貨膨脹的危險，讓他印象深刻，所以他明白我們的任務有多重要。

在這場對抗通貨膨脹的戰爭中，雷根總統還做過一個鮮為人知的重要貢獻。一九八一年八月，他解雇了上千名罷工的飛航管制員。雖然他們要求加薪，但其實改善工作環境才是罷工的主要訴求。工會這次的失敗傳達了一個強有力的訊息：政府限制工資要求的強烈決心。

他們槍口對內的攻擊火力，遠比對外猛烈

聯準會和財政部的關係一如既往，並不怎麼融洽。曾是美林證券首席執行長的里甘部長，政治經驗不足。他的下屬不是頑固的貨幣主義者，就是供給面經濟學家，兩派都因為各自的原因頻頻對聯準會開砲。

對我來說，萬幸的是，他們槍口對內的攻擊火力遠比對外猛烈，導致彼此猜忌，信不過對方。我不想在此討論近期特定的政策行動；總括來說，唐納德・里甘對我在預算或其他財政政策方面的「智慧」並不待見。在金融控管上，我們立場相同，但看法卻時常相左。

包括里甘部長在內的財政部官員，對於聯準會始終無法保證可以完全控制貨幣供給量而抱怨連連；但問題是，從技術上來說，他們的要求根本不可能做到。我曾經送了一張很精緻的環景照片給熱愛打高爾夫球的唐納德・里甘，照片裡的高爾夫球手有時將球打到右邊長草區，有時打進左邊長草區，有時打進沙坑，但最終還是以標準桿入洞。可惜的是，他不懂得欣賞我的幽默[*1]。

媒體從新總統上任後，就不停報導白宮工作人員對聯準會的諸多不滿。但總統偶爾和我開會

---

*1 幾年後，在里甘擔任白宮幕僚長時，曾經試圖說服我離開聯準會，接替美國銀行的湯姆・克勞森擔任世界銀行行長。最後由紐約眾議員巴伯・科納布爾（Barber Conabl）接任那個位子。

時，態度一直很友好。雷根的預算辦公室主任大衛・斯托克曼（David Stockman）個性直率，也全力支持我們對抗通膨，並經常鼓勵我堅持下去。白宮經濟顧問委員會主席莫里・威登保是我之前在財政部的同事，很清楚聯準會為什麼要這麼做，他的繼任者馬丁・費爾德斯坦（Martin Feldstein）也一樣。

在國會聽證會上，我時常要面對懷疑，甚至是充滿敵意的質問，但我從未將彈劾的威脅放在心上[21]。我知道參議院銀行委員會（Senate Banking Committee）主席威廉・普羅克斯邁爾（William Proxmire）和眾議院金融服務委員會（House Committee on Financal Services）的成員會為我辯護，我也感覺得到民眾對聯準會私下及公開的支持。為了戰勝通膨，大家都願意忍耐眼前的痛苦，即便是處在存亡關頭的團體——農場團體、活躍的民運分子和住宅建商——也都能體諒我們。

你來幹什麼？這些建商會殺了你！

後來發生了一件相當戲劇化的事，讓我更加確認人民願意和我們站在一起。

一九八二年一月，我應邀在拉斯維加斯舉辦的全國住房建築商協會（National Association of Home Builders）年會上演講[22]。在去會場的路上，我遇到了一個脾氣很壞、不太友好的參議員，他對我說：「你來幹什麼？這些建商會殺了你。」

也許是他的話讓我擔心，在年會演講時，我比平常更努力地展現說服力。我告訴住宅建商們，我知道他們現在過得很辛苦，但是如果我們現在停止對抗通膨，那麼之前所有的痛苦就都白費了。我在結尾時說：「和我們一起堅持下去。通貨膨脹和利率都會下降。將來還有成千上萬的房子等著你們去建。」

全體起立鼓掌！

一九八二年五月，我收到了一封令我非常感動的信。寫信的人自稱他剛大學畢業，在一家小型國際銀行參加管理培訓。在只有一頁的打印信紙上，他告訴我，他一直密切關注我的事業，看到最近出版的雜誌在封面故事裡講述了我和家人所做的犧牲，他想在這個艱難時刻給予我支持和讚揚，因為他覺得對我有「不可思議的強烈認同感」。寫信人是我兒子吉米。我用同樣的語氣回覆他，謝謝他為我訂了填字遊戲雜誌，並向他保證，我知道他良好的家庭教養大都是他母親的功勞。

以「不耐煩」來形容我在一九八二年春天的心情，其實是太過輕描淡寫了。失業率達到了二戰之後的最高峰。雖然通貨膨脹率下降了，但貨幣供給量還是比預期目標高許多。我開始在想：「一五%的利率了，為何貨幣供給量還這麼高？老天爺啊！你也幫幫忙吧！」但我看不出我們可以如何放鬆政策。我們必須堅持計畫。

我的司機，正在看《如何與通貨膨脹共存》

終於，通貨膨脹率在一九八二年夏天降到了個位數。領先指標似乎持續好轉；貨幣供給量成長也有放緩跡象，但基於技術原因，很難對外界解釋。然而，銀行借給拉丁美洲國家的貸款過量，尤其是墨西哥，形成了金融體系的新風險，亟需立即關注。

我們從七月開始放鬆政策，在四週內連續三次降低貼現率。八月中旬，華爾街「末日博士」（也就是我的老朋友亨利．考夫曼）宣稱最糟的時刻已經過去了，暗示經濟將由衰轉盛。然後，市場起飛了[23]。

到了年底，通貨膨脹率一路降至四％，短期利率也降到了最高峰時的一半。儘管失業率仍接近一〇％，但毫無疑問的，景氣已經開始復甦。

聯準會指派給我的司機潘納先生，提供了我們終於戰勝通貨膨脹的確切證據。那天他開車載我去華盛頓晚宴演講，我看到一本書放在副駕駛座上，書名為《如何與通貨膨脹共存》（*How to Live with Inflation*）。

發現我的司機居然對我這麼沒信心，我大吃一驚。但是，潘納先生解釋，他買這本書的唯一理由，是因為它的價格從十．九五美元降到一．九八美元[24]。當天晚宴的客人都很喜歡這個故事。

因為不願失去得來不易的公信力，聯準會討論多次之後，決定放棄將貨幣供給量當成首要任務的做法。金融機構因為銀行存款利率管制的終結而發展出新的制度，進一步改變了狹義的貨幣供給量的標準和定義。在銀行可以自行決定存款利率後，依貨幣流動性所定義的 M1a、M1b、M2 和 M3 便時常出現分歧。

十月九日，我在商業貿易協會（Business Council）年會上演講時，對通貨膨脹得到控制表示滿意，我也說到貨幣供給量的指標變得不穩定、不可靠。同時，我強調我們反通貨膨脹的基本政策不變，只是採取了不同的戰術[25]。通貨膨脹率的大幅下降，使我們既能令人信服地改變戰術，又能維持原有的政策；然後我們才能對維持經濟復甦助一臂之力。

我該連任聯準會主席嗎？反對者是……我太太

到一九八三年中期，大多數的指標都很正向，可是我有個私人問題一直未能解決。我要連任聯準會主席嗎？至少有一張立場堅定的反對票：芭芭拉．巴恩森．伏克爾。

她的類風濕關節炎越來越嚴重。擔任聯準會主席後，我的收入只剩原來的一半，家庭經濟緊繃，她只好去兼職當記帳員貼補家用。有段時間，她甚至得把家裡的房間分租出去。我和她達成協議，如果總統要我連任，我只能做滿四年任期的一半。

我要求覲見總統，沒想到中間卻發生了一點小插曲。

我站在白宮的總統家庭起居空間旁、一個可以俯瞰後院草坪的大走廊等待雷根總統，當時花園裡正在舉行派對。沒想到總統夫人南西・雷根穿著一件華麗的大紅洋裝出現了。我倆從未見過。我天生不大會讚美人，但不知道為什麼，當時卻脫口而出：「雷根夫人，您看起來真美！」

之後，我和面帶微笑的總統，進行了一場簡短而親切的會面。我唯一的請求是請他盡快做出決定，平息我是否連任的猜測，對我們都有好處。我答應家人，無論如何都不會做滿整個任期，也許只能再做兩年。總統也將此記錄在他的日記中[26]。

幾天後，在我準備離開紐約公寓、去享受週末垂釣之樂時，接到了電話。總統說，他將在幾分鐘後的每週例行廣播宣布我的連任。芭芭拉哭了。

這次的任命不像上次那樣得到參議院的一致支持；有趣的是，反對票剛好對稱：八位右翼共和黨及八位左翼民主黨反對，而中立的八十四位參議員贊成[27]。

說！經濟衰退是不是你故意設計的？

偶爾會有人問我，一九七九年十月那個週六晚上宣布的多項政策，是不是故意設計來造成經濟衰退的？

故意設計？當然不是。

是不是在設計時就知道加速通貨膨脹的過程，遲早會導致經濟衰退？那當然，不過我相信當通貨膨脹的過程拖得越久，經濟嚴重衰退的風險也就越大。

事實上，聯準會的工作人員甚至在那個週六的政策公布前，就得出經濟已在衰退邊緣的結論了。在接下來的十一月、十二月裡，聯準會的人普遍認為，即使利率突破一六％以上，但預料中的經濟衰退已經開始了。

我在想，如果有什麼古希臘神祇事先偷偷告訴我，我們的政策會導致利率攀升至二〇％以上，我可能早就收拾行李回家了。

可是我沒有這個選項。我們要傳達一個訊息，一個不只給人民，同時也是給我們自己的訊息。

早在一七五〇年代，蘇格蘭哲學家大衛．休謨（David Hume）就討論過的貨幣和物價水準之間的關係，是經濟學最古老的論點之一。傅利曼和他的追隨者成功地讓這個（被過分簡化的）主張刻印在民眾腦海裡：「所有的通貨膨脹，其實都是一種貨幣現象。」

然而，也多虧了這個簡化的理論，我們向美國民眾介紹新政策時，他們才有理解的基礎。

與此同時，這個政策也增強了聯準會向來缺乏的內部紀律：我們不能放棄以控制貨幣供給量成長為目標的政策，否則就有可能失去我們得來不易、一旦喪失便難以恢復的信譽。說得再戲劇化一點，我們只能一路走到底。為了追求物價穩定，我們已經被「綁在桅桿上」了。

我當時是否知道，在我們宣布勝利之前，利率可能攀升到多高？答案是：不知道。如今回頭看，有沒有更好的辦法？據我所知，沒有——當時沒有，現在也沒有。

面對政治施壓，轉身掉頭而去！

如同這本回憶錄裡清楚記錄的，聯準會一定會和政府有所互動，過去是這樣，未來也一定是這樣。因為在匯率和法規方面的責任重疊，雙方勢必得在國際事務上進行協調。至於為了提高行動效率，可以廣泛使用「緊急」授權和「默示」授權到什麼程度，就需要協商了。但前提是，絕對不能影響聯準會制定貨幣政策的獨立性。

在我個人的經驗裡，這個大前提只在一九八四年夏天被挑戰過一次。當時白宮請我去和雷根總統見面，不尋常的是，地點不是在橢圓形辦公室，而是不怎麼正式的圖書館[28]。我到達時，和白宮幕僚長詹姆斯．貝克（James Baker）坐在一起的總統，似乎有些坐立難安。但是他一句話也沒說，反而是貝克開口：「總統命令你在大選前不准提高利率。」

我頓時呆住了。不只是因為總統向聯準會下命令，顯然超越了他的權限，而是我原本就沒打算收緊貨幣政策，所以對他的命令，我感到很困惑。在大陸伊利諾斯銀行倒閉（會在下一章詳述）後，市場利率已經上升，我認為聯邦公開市場委員會可能會需要稍微放鬆政策來安撫市場。

我該說什麼？該做什麼？

我什麼都沒說，直接轉身離開。

我後來推測，選擇圖書館應該是因為那裡沒有錄音系統，如果在橢圓形辦公室，所有談話都會被記錄下來。要是我將這件事告訴聯準會其他成員或聯邦公開市場委員會，或是參議院銀行委員會主席普羅克斯邁爾（我當初承諾若有這種事發生，一定會告訴他），消息最後一定會走漏，而這對誰都沒有好處。我要怎麼解釋被命令不准去做我本來就沒打算要做的事呢？

日後回想起這件事，我認為當時也不是個可以直言不諱的好時機，我總不能直白地告訴總統和幕僚長，國會才是憲法授權監督聯準會的機構，以及聯準會為何要和行政部門保持距離。

總統的沉默、明顯不安的態度，以及所選擇的會談地點，使我確信白宮不會張揚這件事。而在聯準會裡，我只告訴了擔任主席助理幾十年的凱瑟琳・馬拉爾迪。

然而，這件事無疑敲響了警鐘，提醒我們在選舉來臨之際，政治勢力可能會對聯準會施壓。

而那一天，也不是我最後一次見到詹姆斯・貝克。

第9章

失序的政府，魯莽的銀行

解救國內外金融危機

一九六〇年代初期，財政部派我去參加聯邦存款保險公司（Federal Deposit Insurance Corporation）坐落在十七街、和白宮隔街相望的新大樓啟用典禮。當時極度推崇民粹主義的眾議院銀行委員會主席賴特・派特曼（Wright Patman），在典禮上發表著名的演說[1]。他認為美國數十年來倒閉的銀行太少了——應該說，幾乎沒有。他認為這是金融業缺乏冒險精神、令人失望的證據。

嗯，他說得有道理。只不過，我們最後顯然又冒險過頭了。

經濟大蕭條和二戰時期，一堆美國銀行破產後，政府亡羊補牢，制定了許多相關法規和監管制度，聯邦存款保險公司的創立便是其中之一。之後的美國銀行才能在有秩序的環境裡，展開長期而緩慢的成長。

直到一九八〇年代，我們才有控管外國銀行的法規、設定存款利率上限，並提高資本適足率（之前資本適足率標準僅為一〇%）。當時，「定期貸款」（Term loans）這種將信貸分幾年攤還的做法才剛興起。一九三三年通過的銀行法——《格拉斯—斯蒂格爾法案》，才明令禁止商業銀行從事大多數應屬於投資銀行的業務。獨立的投資銀行公司之間合作謹慎，沒有重大交易行為。

股匯市都還在交易，銀行突然宣布倒閉！

一九七〇年六月，賓州中央鐵路公司宣布破產。這個美國獨立以來最大的破產公司，向商業票據市場借了很多錢，立刻對市場構成直接的威脅[*1]。聯邦政府考慮援助，但最終拒絕了[2]。聯準會明確表示願意在必要時借錢給銀行，並要求紐約聯邦準備銀行負責監督，但真正會影響銀行穩定性的危險並未發生。

一九七四年六月二十六日，西德私人銀行赫斯塔特（Bankhaus Herstatt）在美國的股匯市都還在交易時，突然宣布倒閉[3]，震撼整個國際支付系統，所幸在紐約聯邦準備銀行的幫助下，情況很快得到控制。同年十月，在紐約長島發展迅速的富蘭克林國民銀行（Franklin National Bank）因為被詐欺而破產時[4]，也上演了一模一樣的劇本[5]。

派特曼是聯準會在國會的死對頭，沒過多久，他就得償所願了。金融危機簡直成了家常便飯。

一九七〇年代末期，我熟知的金融世界開始分崩離析。商業銀行獨特的角色，受到新對手的挑戰。貨幣市場基金還沒有監管的法規，不只迅速擴張，而且提供的收益率更是高於銀行存款。投資銀行為了增加收入，進行的交易越來越多，並競相為雄心勃勃的企業購併和槓桿收購提供融資。儲蓄貸款協會、合作社銀行等在傳統上屬於比較保守的陽春機構，反而利用較寬鬆的監管，以及存款利率上限高於商業銀行的優勢，變得激進主動。毫無疑問的，高度的通貨膨脹更是增加了金融市場的不確定性，鼓勵投機行為。

銀行從因開採石油而暴富的中東國家吸收大量存款，開始更積極、甚至是魯莽的把錢貸給拉丁美洲和其他地區。

後果顯而易見。除了對抗通貨膨脹，新任的聯準會主席很可能會忙得不可開交。挑戰不只來自國內金融狀況，連國際銀行體系也來一起攪和。

拯救克萊斯勒：你願意借錢給這個人嗎？不願意！

一九七九年就任聯準會主席不久，我就被要求幫助執行國會的決議，拯救瀕臨破產的美國最有

*1　高盛是賓州中央鐵路公司在商業票據市場的獨家經銷商，卻能在公司倒閉前全身而退，導致投資者不滿，對高盛提起訴訟。

代表性企業——克萊斯勒汽車公司。

國會還成立了一個三人委員會，監督援救行動[6]。參議院銀行委員會主席普羅克斯邁爾不顧我的抗議，堅持三人委員會應該由聯準會主席、財政部長米勒，以及備受尊敬的審計長埃爾默．斯塔茨（Elmer Staats）組成。他的理由很簡單：他只信得過聯準會。這位民主黨領袖提出這麼不尋常的理由，讓我至今難忘。

先不談大企業是否應該得到援助的基本問題，要求政府救援在法律上倒是規定得很清楚：包括工會、債權銀行和地方市政府等所有利害關係人，都要對公司的生存做出「貢獻」。新的管理階層接手[7]；敬業能幹的財政部職員提供員工協助。所羅門兄弟公司應邀協調債權銀行的參與，並尋找購併夥伴。

這件事，讓我看到政府同心協力處理危機的能力。基本上，國會已經將各方人馬必須承諾的性質規定得相當完整，因此談判的選項有限。即便如此，和工會協商還是難免引起政治疑慮，委員會同事於是建議，由政治中立的聯準會主導是比較好的做法。

我邀請全美汽車工人聯合會（United Auto Workers）會長道格拉斯．佛瑞澤（Douglas Fraser）來我的辦公室會面，結果工會同意大幅減少工資、削減員工福利。根據後來的新聞報導，他告訴記者說我是他見過最強硬的談判對手，但真相其實很簡單：法律是站在我這一邊的。

對在截止日之前還不能達成共識的幾家銀行，我的態度同樣強硬。最後，我約談了這些資深的銀行家並說明，他們現在必須做出選擇：如果不同意接受估值折扣或延長還款期限，就回去將所有的貸款金額認列為破產壞帳。最後，他們同意接受估值折扣[8]。

克萊斯勒倖存了下來。在我看來，財政部辛勤工作的官員——法務長羅伯特・蒙德海姆（Robert Mundheim）和被任命為克萊斯勒貸款擔保委員會（Chrysler Loan Guarantee Board）執行董事的布萊恩・弗里曼（Brian Freeman）完成了艱難的任務，是最大的功臣。我的主要助手唐納德・科恩（Donald Kohn）同樣居功厥偉。雖然當時他只是聯準會一個資歷不深的新進經濟學家，但是他想法務實、工作努力，最終成為聯準會的副主席。

儘管克萊斯勒公司新任總裁李・艾科卡（Lee Iacocca）連連抗議，但政府仍舊毫不妥協，要他賣掉高級主管的專用飛機，這種鐵腕作風引起民眾叫好[*1]。

克萊斯勒有一款設計精良的輕型車 K-car 剛剛量產，讓公司變得很具競爭力。所有債權人，包括美國財政部，最終都大賺一筆：在破產危機中新增的貸款，也包括新股票的認股權證。這些認股權證（根據合約，持有者可在一定時間內用固定價格購買股票）隨著克萊斯勒的情況好轉，價值大幅飆漲。

---

*1 一九八五年，克萊斯勒收購了豪華商務噴射機製造商灣流航太公司（Gulfstream Aerospace），算是對此事的報復。但在四年後，又將它售出。

傲慢、浮誇的推銷高手艾科卡，要求新上任的雷根總統取消這些認股權證，辯稱這些認股權證根本是不勞而獲的不當報酬。但他沒有如願，克萊斯勒一共付了超過三億美元，買回並註銷財政部持有的認股權證[9]。我妻子寄給我一張打字的便條，附上了一張李・艾科卡為唐・迭戈（Don Diego）雪茄拍的廣告，照片上手裡拿著雪茄的他英俊迷人，便條上寫著：「你願意借錢給這個人嗎？」我拿筆寫下了回覆：「不願意！」

白銀星期四：他們投機白銀慘賠，卻要政府伸手協助

一九八〇年初，我在聯準會的例行會議中，接到了僅次於美林公司的全美第二大證券經紀商 Bache Halsey Stuart Shields 執行長亨利・雅各布斯（Harry Jacobs）的電話*1，告訴我他的公司瀕臨破產。

他的公司借給尼爾森・亨特（Nelson Hunt）兄弟以白銀擔保的巨額貸款。尼爾森・亨特兄弟是來自德州石油富商家族的億萬富翁，認為通貨膨脹將更嚴重，於是購入大量白銀囤積，幾乎壟斷市場，使白銀價格從每盎司五美元飆升至近五十美元，銀價高到許多家庭連銀製餐具都拿出來賣。

一九八〇年一月，紐約商品交易所開始打擊白銀期貨交易，先是規定了倉位限制和披露要求[10]，之後又規定交易只能用於清算合同[11]。三月十四日，聯準會公布新的信貸控制計畫，大幅限制銀行融資給「純投機性的持有大宗商品或貴金屬」的客戶[12]。於是銀價暴跌，亨特兄弟拿來當貸款抵押

品和融資購買商品的價值，一下子掉到貸款金額之下。

雅各布斯在三月二十六日的電話裡解釋，如果銀價再降，他的公司將無力償付，也無法承受眾多短期債權人的擠兌。

「關閉市場。」他懇求我。

然而，不管是聯準會、財政部或者我隨後就打電話過去的證券交易委員會，都沒有意願、也無權介入商品市場。我們沒有關閉市場，反而著手調查，而商品期貨交易委員會（Commodity Futures Trading Commission）顯然是個開始的好地方。他們起先拒絕提供「機密」資訊，但是我們還是很快發現，如果銀價再繼續大幅下跌，不但美林會遭受巨大損失，美國中西部數一數二的芝加哥第一銀行也會很慘——亨特以白銀抵押，分別向他們借了大量貸款。

次日就是歷史上有名的「白銀星期四」[*2]，白銀價格大跌之後，終於慢慢穩定下來，剛好可以讓我們喘口氣，希望拖過週末，市場會冷靜下來。然後，週五晚上，我獲悉亨特兄弟不但向銀行貸款，還和恩格爾哈德礦產與化工公司（Engelhard Minerals & Chemical Corp）簽過大量的期貨合約，

---

*1 Bache Halsey Stuart Shields 即現在的培基證券。

*2 編按：一九八〇年三月二十七日星期四，銀行開始強行出售亨特兄弟抵押的白銀期貨，驚動了華爾街使得白銀價格瞬間崩潰，當天銀價甚至腰斬到每盎司十美元左右。亨特兄弟也宣布破產。

內容是亨特兄弟將以高於市價的價格購買大量白銀。付款日訂在下週一，而亨特兄弟並沒有足夠的現金。

那個週末，我剛好要在佛州博卡拉頓（Boca Raton）的銀行研討會上演講。聚集在同一家飯店的銀行家們，答應會通知我他們週日晚上針對這個問題的協調結果。一開始並不順利。我很絕望，或許是有些受到心理影響，那晚我在床上翻來覆去睡不著。無論如何，第二天一早，我得知了最後達成的交易——亨特家族在阿拉斯加北部波弗特海（Beaufort Sea）的部分石油鑽探權，被恩格爾哈德礦產與化工的子公司、同時也是大型商品交易公司的菲利普兄弟（Philipp Brothers）收購。

在接下來幾週，聯準會允許亨特家族資產中最賺錢的普萊西德石油公司（Placid Oil Company）接手擔保剩餘的白銀貸款，並將貸款加以整合，確保這些錢不會再被拿去進行投機活動。亨特兄弟包括牧場和賽馬的所有財產，全被信用託管，受聯準會的監督。雖然沒有花到納稅人一毛錢，但聯準會幫忙抵抗破產危機的努力，還是不可避免地引起國會和大眾的關注[13]。

大約一個月後，賓州規模第二大、歷史最悠久的銀行——賓州第一公司（First Pennsylvania Corporation）出現破產危機。賓州第一公司在費城聯邦準備銀行前經濟研究員約翰·本廷（John Bunting）的領導下[14]，大量購入長期國債，但利率上升後，這些國債價值銳減。聯準會不但提供緊急借款的資金，還鼓勵聯邦存款保險公司和二十多家銀行以貸款和信貸額度的方式提供賓州第一公司十五億美元的救助金[15]。同時，他們還收到兩千萬股普通股的認購權證，數量多到足以控制賓州第一公司的董事會[16]。之後，這便成為企業緊急紓困時可行的重要模式。

大陸伊利諾斯銀行：大到不能倒？

之後的一兩年，兩家小型政府證券經紀商倒閉[17]，在妥善處理後，沒有引起市場太大的注意。一九八二年七月，奧克拉荷馬州一家規模不大的賓州廣場銀行（Penn Square）破產。該銀行的存款額不到五億美元，大約一半由聯邦存款保險公司承保。問題是銀行雖小，卻給投機的石油開發商提供了二十多億美元的貸款。這是一個明顯的例子，可以看出在缺乏強而有力的監督之下，不道德的「零售」銀行可以惹出多大的麻煩。這些貸款被賣給美國各地的幾家大銀行，特別是我擔任主席後不久，就曾警告過的大陸伊利諾斯銀行——這是資本不足的芝加哥兩大銀行之一[18]。

受限於伊利諾州的法律，只能開設在芝加哥的大陸伊利諾斯銀行在成為商業銀行的佼佼者後，便有了擴張全國的野心。它的「代理」業務做得很大，許多較小的中西部銀行都委託它服務客戶。它的生存命脈是「批發」從代理銀行和其他機構獲得的巨額存款，但這些存款的金額卻遠超過聯邦存款保險公司十萬美元的保險上限。利用這些對利率敏感的存款，大陸伊利諾斯銀行買入了大量賓州廣場銀行的「油田」貸款。

大陸伊利諾斯銀行董事長羅傑．安德森（Roger Anderson）在盛夏時飛來找我，打斷了我在懷俄明州的鱒魚溪釣。他告訴我，賓州廣場銀行的貸款組合可能會毀了他的銀行；有跡象顯示存款人已出現騷動。我們和貨幣監理署、聯邦存款保險公司合作，密切監視他的銀行（事實上，監督賓州廣場銀行和大陸伊利諾斯銀行，本來就是貨幣監理署的責任；但或許聯準會也該早點採取行動）。我記得稍後我打電話給大陸伊利諾斯銀行的主要董事，要求他從上到下徹底更換管理階層。結果他告訴我，這些事我應該和董事長討論，董事長才是唯一能做決定的人。原來董事會的監督效用只有如此。

隨著問題越演越烈，大陸伊利諾斯銀行大量且頻繁的從聯準會貼現窗口借出緊急貸款[*1]，並從很多較小的銀行取得融資。最後，它的管理階層還是遭到徹底更換。但是到了一九八四年五月中旬，市場已經對大陸伊利諾斯銀行失去信心，最糟糕的緊急情況終於出現。

我和聯邦存款保險公司都傾向複製賓州第一公司的成功援救方法，請幾個主要銀行家分攤紓困金額。我就近向摩根信用擔保（Morgan Guaranty）分行借場所，在紐約召開會議，邀請六、七家主要銀行參加。為了避免引起注意，與會者全由地下車庫出入。當週稍早時已經同意為大陸伊利諾斯銀行提供四億五千萬美元信用借款的銀行家們，行動都格外小心警惕[19]。

我和聯邦存款保險公司主席威廉・艾薩克（William Isaac）一起決定：只要大陸伊利諾斯銀行有足夠的抵押品，聯準會將繼續通過貼現窗口提供充分的流動性支援。聯邦存款保險公司將以次級債務（subordinated debt）的形式，提供二十億美元的資金。威廉向與會的銀行家施壓，要他們至少提供五億美元的貸款。

最大的花旗銀行很快就宣稱，他們對援救主要的競爭對手沒興趣。不過談判繼續進行，而且取得了進展。

那天下午，我照原訂行程前往哥倫比亞大學接受榮譽學位，因為我擔心萬一沒出現，外界不知道會怎麼解讀；而將聯邦存款保險公司的資金置於險地的威廉，則留在會場中繼續監督。

當我趕回會場時，發現他比我原先的計畫多走了一小步：承諾給所有出借資金的銀行及其控股公司提供政府的明文擔保[*2]。畢竟承受風險的是聯邦存款保險公司的資金，為了充分恢復大眾的信心，威廉只能這麼做[20]。這些銀行最終簽署了五億美元的注資協議，並將他們的信貸額度提高到五十五億美元。這不是因為這些銀行突然變勇敢了，而是因為這筆貸款實質上已經得到聯邦存款保險公司的擔保[21]。

---

*1 有些人認為，大陸伊利諾斯銀行的一敗塗地，讓從聯準會貼現窗口借貸貼上了不祥的標籤，覺得只有陷入困境的銀行才會這麼做。在大陸伊利諾斯銀行事件發生之前，此類隔夜貸款是銀行偶爾出現準備金短缺時，才會利用的一種常規做法。如果銀行使用貼現窗口借貸頻繁，絕對不是一個好兆頭。

*2 根據聯邦存款保險公司一九八四年的年度報告，大陸伊利諾斯銀行欠未存保的儲戶和債權人超過三百億美元，而它實際存保的金額只有三十多億美元。

雖然解除了眼下的危機，但是從一開始我們就明白，這種做法只能解決大陸伊利諾斯銀行的燃眉之急，不是長久之計。聯邦存款保險公司在七月進行了第二輪救援談判[22]，以便有效取得大陸伊利諾斯銀行的控制權，建立新的管理階層。大陸伊利諾斯銀行雖然得以存活一段時間，但因為管理混亂，失去了競爭優勢，股東的損失至今仍未獲得回補。

對於這一事件，人們常以通俗化的口語「大到不能倒」來解釋。多數大銀行的監管機關——貨幣監理署，在之後的國會證詞中承認，他們曾經為十一家大銀行提供的救助屬於越權行為。換句話說，主張政府應該援助大銀行的人，從此注定居於下風。

代表數千家像賓州廣場銀行這類小銀行的美國獨立社區銀行家協會（Independent Community Bankers of America）抗議，其所屬會員將在競爭上處於劣勢，因為小銀行的儲戶、所有債權人和「系統認為重要」的放款人都會受到損失保護。實際上，大多數小銀行的存款人確實傾向選擇金額小、但全額享有聯邦存款保險公司的保障，以避免受到損失。無論當時或現在，我都認為大陸伊利諾斯銀行的管理階層和股東，不管是依哪一種定義來看，都沒有盡到責任。

到了二〇〇八年金融危機，「大到不能倒」的爭議再次甚囂塵上。直到今天，它仍在干擾銀行立法和法規監管方面的政治事務。歐巴馬總統在二〇一〇年簽署的《陶德—法蘭克法案》（*Dodd-Frank Act*，全稱為《陶德—法蘭克華爾街改革和消費者保護法》），雖然擺脫不了先天的複雜性，而且勢必受到國際關注，但是它明文規定，破產銀行一定要撤換管理階層，需要清算或重組時，費用由銀行股東和債權人承擔，而不是納稅人。在我看來，這個法案通過後，政府總算建立了一個解決銀行倒閉的有效程序。

儲貸協會崩敗：我都死了，誰管它洪水滔天？

傳統的儲蓄貸款協會、儲蓄銀行是比較保守的陽春機構，在之前大規模的金融機構倒閉潮中也未能免疫。

儲蓄貸款協會是在羅斯福新政的鼓勵下發展起來的，後來更在特別稅法和監管措施（包括存款保險）的幫助下，好幾千家儲蓄貸款協會聯手占領了小額儲戶和住宅抵押貸款的市場。

基本上，它們的融資模式在本質上就有風險：儲蓄貸款協會吸引人們認購的「股份」，本質上就是利率稍微高於商業銀行利率上限的短期存款；然後再把這些錢當成放貸的資金。儲蓄貸款協會提供的固定利率抵押貸款的期限通常為三十年，並且附帶某種形式的政府或半官方的保險。

在經濟蕭條和戰爭期間，這種融資方法行得通，但是它無法應付高通貨膨脹及利率快速上升的環境。一九八〇年代初期，取消了銀行存款利率上限。不斷上漲的「股份」成本，以及持續下跌的現有抵押貸款的價值，最終耗盡了儲蓄貸款協會的收益和資本。

因為監管機關的「寬容」，儲蓄貸款協會的資產價值下跌，可以合法在資產負債表上延遲認列，使得大多數的儲蓄貸款協會苟延殘喘的活到了一九八〇年代中期。但問題是，收益始終沒有恢復。迫於強大的政治壓力，監管機關開始准許這些陽春銀行將業務擴展到商業貸款，以及風險相當高的房地產開發和買賣。一開始，只有幾個州的監管當局放寬貸款限制，但後來連聯邦政府也被迫跟進。

我多次在國會聽證會上，懇求對這種現象加以限制，因為儲蓄貸款協會沒有足夠的能力去負責管理擴張後的貸款和投資權力。房地產開發，明顯和市場風險有相當大的利益衝突。尤其是聯邦住宅貸款銀行委員會（Federal Home Loan Bank，等於是儲蓄貸款協會的聯準會）在換了新主席埃德溫．格雷（Edwin Gray）後，更讓我擔憂不已。

一九八三年被雷根總統任命為聯邦住宅貸款銀行委員會主席之前[23]，格雷在白宮工作過一段時間，但他沒什麼金融界的經驗，是一個誠實又天真的人。上任後，他對由儲蓄貸款協會所資助和融資的大量投機或甚至是詐欺性的房地產開發，感到震驚不已。很快的，他就發現委員會在禁止會員從事危險投資的監管相當薄弱，在某些領域幾乎不存在。

在反對監管的業界人士，以及他們有權有勢的國會朋友眼中，格雷成了替罪羔羊，幾個行業領袖紛紛指控他挾私報復。最糟糕的是，國會居然抵制他提出的改革措施。最後，日後被稱為「基廷五人幫」的五名參議員[*1]，被抓到試圖恐嚇格雷，要他放寬對瀕臨倒閉的儲蓄貸款協會的監管要求[24]。最明顯的，莫過於這五人為查爾斯．基廷（Charles Keating）的林肯儲蓄貸款集團（Lincoln

Savings and Loan）的大力護航。

猶他州參議員傑克・賈恩（Jake Garn）是參議院銀行委員會主席，他是個聰明又正直的參議員。他也大力支持擴張儲蓄貸款協會的權力，他在聽證會上質問我：「伏克爾先生，你能明確指出擴張儲蓄貸款協會權力會引起哪些問題嗎？」「不，現在還不能。」是我當時唯一能給的回答。那個時候還太早，我拿不出確切證據來證明我的憂心終究會變成事實。

這是典型的「我死之後，哪管洪水滔天」的例子[*2]：儲蓄貸款協會行業全面崩塌。聯邦政府為了收拾殘局，最終花了近一千五百億美元[25]（約合今天的二千五百多億美元[26]）。基廷鋃鐺入獄，參議院道德委員會（Senate Ethics Committee）開始調查收受基廷捐款的幾名參議員，導致其中有些人離開參議院。現在回頭看，這真是一段相當有趣的金融遊說歷史。

雖然埃德溫・格雷勇敢而誠實地選擇做對的事，但在離開政府之後，他的爭議色彩卻讓他很難再找到工作。他所信賴的、忠誠且經驗豐富的法務長威廉・布萊克（William Black），在所寫的

---

*1 編按：基廷五人幫（Keating Five）指的是一九八九年五位涉及國會政治醜聞的美國參議員，他們被指控不當干涉聯邦住宅貸款銀行委員會對林肯儲貸集團的監管調查。

*2 編按：「我死之後，哪管洪水滔天」這句話常用於貪官、為富不仁的資本家身上，原文出自法文 Après moi, le déluge（我死之後，將會洪水滔天），據說是路易十五的情婦龐巴度夫人說的。

《搶銀行的最佳方式就是擁有銀行：公司高級主管和政客如何掠奪儲蓄貸款協會》（*The Best Way to Rob a Bank Is to Own One: How Corporate Executives and Politicians Looted the S&L Industry*）一書中[27]，告訴我們他所做的努力：「他直言不諱，拒絕同流合汙。」我想，格雷若看到這樣的評價，應該多少會感到欣慰吧？

大型銀行和拉丁美洲：當我們綁在一起在一起……

國內發生的這些危機雖然是金融業務惡化的徵兆，但對我來說，對比於後來拉丁美洲的債務危機，這些只不過是餘興節目而已。事實上，拉丁美洲的債務危機是一場包含所有業界領袖和許多缺乏思考能力的追隨者一起合作演出的國際銀行危機。

一九七〇年代和一九八〇年代初，借給拉丁美洲所有國家和其他幾個開發中國家（當時通稱為「低度開發國家」）的貸款，持續且大量地增加。借款國家需要資金彌補赤字，而銀行手上則有從中東石油暴發戶取得的大筆低成本存款。短短三年，拉丁美洲的債務從一九七九年的一千五百九十億美元，增加到一九八二年的三千兩百七十億美元，增加了一倍有餘。到了一九八二年底，這些貸款平均是美國前八大銀行總資本額的兩倍[28]。其他幾家外國大銀行的情況，也相去不遠。

在早期階段，這種「油元循環」（petrodollar recycling）很受歡迎，因為這是建設性自由市場對高油價和融資發展需求的反應。然而，這個階段其實是在為一場大規模的國際債務危機埋下伏筆。不管是借款人或貸款人，都承受了破產的風險。

危機起於墨西哥。

一九八一年，墨西哥激進的左翼總統何塞・洛佩斯・波蒂略（José López Portillo）收到當時的財政部長警告，墨西哥的財政正在過度擴張，而輕易取得的借款隨時可能停止。波蒂略派兒子和朋友去銀行了解情況，他們向總統回報，銀行的放貸意願仍然很高。於是，財政部長立刻被革職。太早出現的先知，總是無法避免被凡人丟石頭。

在接下來的幾個月裡，墨西哥新任財政部長耶穌・席爾瓦・赫爾佐格（Jesús Silva Herzog）和中央銀行行長米格爾・曼塞拉（Miguel Mancera）對局勢越來越擔心。他們決定不採取以往的做法，反而和聯準會、美國財政部以及國際貨幣基金組織總裁雅克・戴拉赫榭保持密切聯繫，預示著危機即將來臨。

來開「檸檬蛋白派午餐會」囉！

席爾瓦・赫爾佐格是耶魯大學的經濟碩士，英語流利[29]，他將我們在聯準會餐廳舉行的每月例會稱為「檸檬蛋白派午餐會」，以我介紹給他、他為之瘋狂的甜點命名。

一九八二年初，幾家原本借錢給墨西哥的銀行削減新增貸款，壓力開始形成。依照慣例，墨西哥並不常公布它的國際儲備金額，但一九八二年五月卻是它非公布不可的一次。墨西哥請求美國幫忙增加儲備金額，聯準會同意借給它六億美元一天，作為既定「互換」安排的一部分。事實上，那本來就是個預先安排好的短期借款。後來，我們同意提供更多幫助，借給墨西哥持續一整個夏天的真正貸款。因為美國預期反資本主義的左翼總統洛佩斯．波蒂略將會在九月初下臺，新上任的米格爾．德拉馬德里（Miguel de la Madrid）比較保守、和企業關係良好、支持席爾瓦．赫爾佐格和曼塞拉，而且已經做好充分的準備，要和即將到來的危機對戰。

不幸的是，我們的時間沒有算準。墨西哥在八月就用光了所有資金，比預期早了一個月。如果沒有外援，它根本無力還債。非常不湊巧的是，同一天下午有人通知我，大陸伊利諾斯銀行董事長要到我可以俯視鱒魚的蛇河小屋來見我。我在陽臺上打電話安排緊急會議，收拾我的釣竿，返回華盛頓。

國際貨幣基金組織（ＩＭＦ）總裁雅克．戴拉赫榭和墨西哥官員碰面，警告他們完全違約將導致不可接受的後果，會引發整個拉丁美洲、甚至更廣的銀行危機。美國財政部意識到墨西哥如果違約，將會重創美國的銀行系統，於是立刻著手調度馬上可以動用的政府資金[30]。最後美國將進口墨西哥石油的預付款，以及對其農業出口的融資支援，先拿給墨西哥應急。聯準會則聯絡歐洲和日本的中央銀行，說服他們在墨西哥新政府向ＩＭＦ取得接下來的融資之前，加入我們的臨時安排才符合他們的利益。

我利用週末和紐約聯邦準備銀行的行長托尼・所羅門（Tony Solomon）、聯準會工作人員泰德・杜魯門（Ted Truman）及麥可・布拉德菲爾德，還有最重要的財政部副部長麥克納馬（R. T. McNamar），跟墨西哥財政部長席爾瓦・赫爾佐格和ＩＭＦ一起擬定可行策略。

雖然借款主要集中在四十多家國際銀行，但墨西哥卻從一開始就邀請一百多家債權銀行參加在紐約聯邦準備銀行舉行的會議。選擇這個地點是為了看起來更慎重，除了托尼・所羅門致歡迎詞外，沒有任何聯準會或財政部官員出席。根據報導，席爾瓦・赫爾佐格在會議開始時，就向債權人保證他們一切都會安然無恙：「我叫耶穌，而我的首席助手名為天使。」（「天使」・古里亞〔Angel Gurría〕現在是世界經濟合作暨發展組織派駐巴黎的長期負責人。）

他開誠布公地說明情況：墨西哥沒錢償還到期的貸款；違約並不符合墨西哥的利益，而且應該也不符合銀行的利益；墨西哥需要新的貸款，才能償還到期債務和支付利息。他要求銀行組織債權人委員會協議出一個可行的計畫，並表示ＩＭＦ將會接手。

據報導，他說完後會場一片沉默，只有零星幾個人提問。

席爾瓦・赫爾佐格照著他的劇本演下去。他向記者表示，銀行接受了設立協調委員會處理貸款的建議[31]。畢竟，沒有人抗議或反對。

關鍵在美國花旗銀行，其董事長沃爾特・里斯頓長期以來一直鼓吹放貸給低度開發國家是安全的。他說：「國家不會破產。」現在他的銀行蒙受的損失可能比誰都大。很快的，他就推薦花旗銀行經驗豐富但相對年輕的拉丁美洲銀行家威廉．羅德斯（William Rhodes），來領導債權人委員會。

整個拉丁美洲，像保齡球瓶般倒成一片

這是個幸運的選擇。事實證明，威廉和官方團體——政府、央行和ＩＭＦ——合作愉快，很少有銀行家擁有這種才能。

接下來幾年裡，威廉花了很多時間在我的辦公室，也經常拜訪ＩＭＦ。後來，只要有發展中國家發生破壞性金融危機時，他便成了不二人選。雖然這無法讓他在花旗銀行的同事間更受歡迎，但在應對接二連三的危機時，卻非常重要。

就在那些討論開始時，迫近的墨西哥危機卻因總統洛佩斯．波蒂略的卸任演說而進一步惡化。在ＩＭＦ於多倫多舉行年會的同一時間，他宣布墨西哥銀行將被國有化，所有對國外銀行的支付將被凍結。毫無疑問的，這一定會破壞援救進度。墨西哥中央銀行行長米格爾．曼塞拉被迫辭職，財政部長席爾瓦．赫爾佐格也想辭職，但被說服留到十二月新總統德拉馬德里上任後才走。

我們透過國際結算銀行（Bank for International Settlements），在多倫多很快的開了一場央行行長會議。幸運的是，備受尊敬的英格蘭銀行行長戈登．理查森（Gordon Richardson）和瑞士國家銀

行行長弗里茨．洛伊特維勒（Fritz Leutwiler），對於繼續支持國際結算銀行和中央銀行的要求，表示理解和信任。他們比我更有說服力，更辯才無礙，勸說效果當然比只有我一個人好很多。加上美國聯準會和財政部的換匯額度（swap lines），我們成功地找到爭取時間的辦法。

成功的配方很快出現了，而ＩＭＦ總裁雅克．戴拉赫樹所扮演的角色不可或缺。現有債務重新貸款和其他貸款的展期能否進行，取決於墨西哥新總統是否同意一項嚴格的經濟改革計畫。如果被戴拉赫樹稱為「關鍵群體」的所有重要債權銀行都同意參加，那麼ＩＭＦ就可以提供中期信貸支持墨西哥改革。相對的，ＩＭＦ必須負責監督墨西哥的經濟改革計畫，以確保它的執行效果。

這種做法被一再套用在陷入困境的國家上，一個接著一個，最終延伸至拉丁美洲之外。戴拉赫樹就任ＩＭＦ總裁的時間不算長，但是他的行動迅速，先是說服了保守謹慎的理事會達成協議，再一一克服程序障礙，建立起在複雜的國際機構中被廣泛採用的慣例[32]。這種做法之所以能夠成功，關鍵在於借款國家承諾將會實施令人滿意，並由ＩＭＦ掛保證的改革方案，以及得到幾乎所有放貸銀行的合作。

我有點擔心聯準會積極促使美國政府和ＩＭＦ合作，在其實應該屬於財政部管轄的領域裡進行主導，是否不妥。同樣的問題很可能蔓延到其他拉丁美洲國家，甚至是世界各地。

事實上，也真的發生了。財政部里甘部長全程參與我們的計畫，但我能感覺到他的不安。為了確保美國政府會繼續支持我們的主導地位，我同意和白宮幕僚長詹姆斯．貝克會面。那是我第一次見到他。

我遞給貝克一份簡短的備忘錄，概述了至今為止的做法，並指出拉丁美洲可能出現更多問題。他立刻對我們所做的努力表示支持，這個承諾確保了財政部和聯準會之間充分且積極的合作，尤其是和里甘部長指派的任務負責人麥克納馬的合作。

事實上，在墨西哥危機之後，幾乎所有主要的拉丁美洲國家（除了哥倫比亞以外）全像保齡球瓶般倒成一片*1。各國政府、國際銀行系統和主要經濟體都面臨危機。我們有一大堆事情要處理。

不久之後，詹姆斯・貝克變成了財政部長。一九八五年十月，在IMF於首爾舉行的年會上，他宣布後來被世人稱為「貝克計畫」的共同計畫更新版本[33]。基本做法維持不變，只是加上了合作國家將會取得世界銀行和其他國際機構增加貸款的可能性。

墨西哥、阿根廷、厄瓜多爾和其他國家的領導人在各方壓力下，加上IMF的支持和貸款的雙重刺激，果然在抑制通貨膨脹、控制預算及建立更開放、更具競爭力的經濟方面，都取得了很大的進展。

漸漸的，償債能力恢復了，銀行資本狀況也得到改善。花旗銀行新任董事長約翰・里德（John Reed）上任後，美國主要銀行開始減少貸款金額。我希望拉丁美洲的政策會從原本的鎖國保護主義，走向更穩定、更具競爭力的新局面。

在一九八〇年代結束前，我就已離開聯準會。在老布希總統和新任財政部長尼古拉斯・布雷迪

（Nicholas Brady）的領導下，新政府在危機中畫下了界線。經過巧妙設計的「布雷迪計畫」，規定借款國必須向債權銀行提供可靠的擔保，才能獲得減低利率、減少本金、延長期限的新貸款。大部分的人都同意，比起十年前，借貸雙方都獲得了更好的保障。這場危機到了此時，才可以說是真的結束了。

捲入全球性的政治與經濟風暴

一九八〇年代被稱為拉丁美洲「失落的十年」，但我的看法不同：我認為，這種長期的經濟低迷不過是其中一個錯過的機會罷了。

墨西哥、阿根廷、厄瓜多爾和委內瑞拉都實施了強而有力的改革方案，一度看起來相當成功。經濟成長的確很慢，但在實施多年的半社會主義、半封閉的專制體制後，加上大量的過度借貸，這幾乎是不可避免的結果。在國際共識下，這些國家接受國際貨幣基金組織的政策監督，得到銀行寬限，獲得國際貨幣基金組織、世界銀行和美洲銀行（Inter-American Bank）的中期及長期貸款，其實是一種為了收到真正效果而不得不嚴厲對待問題的切實做法。但在我看來，更重要的是，拉丁美

*1 最終，在那十年裡，九個拉丁美洲國家全透過威廉・羅德斯進行了債務重整。

洲國家反而能藉此擺脫以往高度依賴外國信貸的封閉社會主義經濟體制。

還有其他的可行辦法嗎？有人建議不如從一開始就直接將債務砍掉一〇％或一五％，可能會更好。然而，期待這種砍一刀就好的做法並不實際。持續增加的赤字找不到新的資金彌補，只會讓借款國期待將來得到更多的債務減免，進而嚴重傷害貸款銀行的償債能力，而且直到最後也未能提供借款國一個真正的解決之道。

如果做得更戲劇化一點呢？比如說，把債務削減一半以上？只是如果採取這種做法，誰又該負責對銀行進行資本重組，並確保借款國會真的進行改革呢？

在我寫這本書時，惋惜的不是「失落的十年」，而是拉丁美洲近幾年來政治和經濟的倒退，使得一度充滿希望的國家又再度陷入困境。

天然資源豐富的委內瑞拉，成了經濟動盪不堪的失敗民主國家。

阿根廷的好幾個世代都飽受裴隆主義之苦[*1]，繼裴隆之後的歷屆政府雖然有誠意維護改革和貨幣穩定，但他們的努力仍舊以失敗告終。未來的阿根廷還是得通過許多考驗。

巴西是南美洲面積最大的國家，具有極大的潛力，但腐敗的政治拖垮了整個國家，曾經一度看似光明的改革措施，似乎無以為繼。

墨西哥的經濟與美國息息相關，而且從北美自由貿易協定中獲利豐厚。它的實力近年來確實增進不少，但仍未達到應有的水平。諷刺的是，在兩任總統都致力改革並獲得國際的廣泛讚譽和支持後不久，它居然在一九九四年連有效管理一個簡單的匯率調整都做不到。雖然引發的危機在範圍上相對較小，但已經足夠引起九〇年代末亞洲的金融風暴，讓泰國一場表面上看似控制住的匯率危機，最後演變為威脅整個亞洲經濟發展的颶風[*2]。

回顧以往，我認為拉丁美洲的現況，是由對抗債務危機的艱苦奮鬥和有建設性的努力所累積而成，只是結果令人遺憾。長期缺少適當、有紀律的經濟政策，點燃債務危機的星星之火，加上外國銀行的魯莽放貸為它助燃，終至野火燎原，一發不可收拾。經過債務危機，現在拉丁美洲和西方國家發展出更密切的關係，於是不可避免的，也被捲入二戰後全世界大範圍的經濟和政治秩序崩潰的風暴之中。

---

*1　編按：裴隆主義（Peronism），阿根廷前總統胡安．裴隆提出的一種屬於「第三位置」（介於資本主義和社會主義之間）的政治理念，以國家復興和民族解放為主要內容，反對英國和美國，同時主張中央集權。

*2　東南亞國家中，印尼受危機影響最深。我擔任過印尼的正式和非正式顧問，有段時間幾乎都在那裡幫忙處理。當時和我一起的，還有被稱為新加坡國父的李光耀等人。

第10章

在聯準會的最後時光

嚴峻挑戰仍等在前方

一九八四年，擊退通貨膨脹和恢復經濟成長這兩大主要挑戰，似乎已勝利在望。然而，大大小小的金融危機一再發生，卻傳達出不同的訊息。美國和國際金融結構長期被忽略的問題，必須趕緊修正。與此同時，蒸蒸日上的國際貿易和貸款，讓跨國資金流通變得更豐沛而頻繁，也再次引發貨幣流動問題。

消費者物價指數一度下降了幾個月。如今較為穩定的物價與成長中的經濟，吸引了海外資金流入美國，為我們龐大的預算及國際收支赤字提供融資。美元長期疲軟，似乎已成過去式。

然而，歐洲和日本的情況卻沒那麼樂觀。即使我一再懇求，德國還是無法降低利率，助經濟成長一臂之力。

各國財長和中央銀行行長曾經就聯合干預外匯市場的效果，進行積極的討論，但沒有採取具體行動。在一九八四年九月國際貨幣基金組織的年會之前，德國聯邦銀行（即德國央行）卻突然進行了大規模干預，拋售「超級美鈔」，購買低迷的西德馬克，以推動馬克升值。一些分析師將德國這種做法，拿來和一九七八年卡特政府援救美元相提並論[1]。儘管我請求財政部長唐納德．里甘也加入干預，但美國仍袖手旁觀。

沒徵求我意見，反而和英法日德組成「五國集團」

決定和執行匯率政策，會遇上許多微妙的難題。美國和大多數國家一樣，通常由財政部主導匯率政策，但是央行在執行貨幣政策的過程中，不可避免地會對匯率產生影響，有時甚至是巨大的影響。除此之外，中央銀行才有能力為大規模的外匯操作提供資金。

根據我的經驗，美國實際上只是和各國進行了意見交流，並沒有出手干預。因此，德國央行孤立無援，先前操作的影響逐漸消失。

一九八五年二月上任的財政部長詹姆斯．貝克要積極得多，尤其對干預市場的潛在價值更有信心。這一點早在財政部回應英國首相柴契爾夫人向雷根總統提出「一英鎊的價格不能低於一美元」的請求時，就可看出端倪了[2]。這對英國來說是個敏感的政治關卡，畢竟在二次大戰前的一整個世紀裡，一英鎊通常都可換到四．八美元。

簡單來說，貝克顯然認為美元匯率過高。大量湧入的進口貨物威脅到美國企業及就業機會，貿易保護主義的壓力越來越大。貝克心中只有政治算計，不像政府中的其他人會受制於激進的自由市場和自由放任的經濟主張。

是否該為主要貨幣建立「匯率目標區」，把匯率的波動限定在一定範圍，成為當時爭論不休的熱門話題。我感覺得出貝克部長和他雄心勃勃的副手李察．達爾曼（Richard Darman），對此頗感興趣[3]。我的恩師羅伯特．魯薩也支持這個做法，認為這可使主要貨幣維持相對穩定，同時也符合競爭平衡。

初春時，合作干預確實對降低美元匯率有幫助，但隨著干預結束，匯率在夏季再次上升。貝克顯然擔心美元走強後，美國企業怨聲載道所產生的政治後果。他沒有徵求我的意見，反而和英、法、日、西德的財政部長組成「五國集團」，開始討論一項明確的協議，積極促使美元貶值。

考慮到目前和預期的經濟狀況，我個人認為美元匯率已經過了高峰，將會在秋季開始下跌。退一步講，我並不想讓政府冒著引發投機性加速下滑的風險，強行將匯率往下拉，於是我們進行了內部協商。

貝克完全理解貨幣政策對匯率的潛在影響，以及在進行市場干預時，將更多的聯準會資源納入的必要性。在我的堅持之下，他同意停止干預，但不對外公開，並做好防止投機反應導致匯率如「自由落體」般下跌的準備。

狡猾的貝克先生，拍照時把我推到最前面

九月底，貝克的五國集團在紐約廣場飯店召開會議。據我所知，之所以選擇這個地點，是為了不讓外界聯想到總部在華盛頓的聯準會和它的領導人。

精心安排的會議進行得很順利，但在隨後拍照時，我莫名地被推到最前面[4]。顯然，狡猾的貝克先生認為他有必要掌控我，讓我表態支持他們的計畫。

一如預期，美元匯率立刻下跌。最初的干預，其實在很短的一段時間後就可以住手了。匯率斷斷續續下滑，到了年底，我認為跌幅已經夠了，但貝克不這樣想。我們兩個在各自對國會作證時各執一詞，觀點分歧，不過沒有激烈到引發嚴重衝突。

如今回想起來，當時的分歧可能已經產生了比表面上看來更嚴重的後果。

一九八六年一月，五國集團再次在倫敦開會，我收到一份各國財政部長前一晚在貝克主導的非公開會議中達成協議的公報草稿。文中強烈暗示將放鬆貨幣政策，但這明顯是聯準會的職責。我提出抗議，並表示最好不要簽署任何聲明，其實五國集團在廣場飯店會議之前，向來都是這麼做的。德國央行行長卡爾．奧托．波爾（Karl Otto Pöhl）也同樣強烈反對，最後這一項內容遭到刪除。

隔天的頭版報導引用一位「不願透露姓名」的財政部高官的話，指出五國集團成員同意降低利率[5]。我大概知道那位不願透露姓名的高官可能是誰。

他們毫無預警的，提議調降聯準會的貼現率

我拒絕接受公報草案時說的話，或許會讓貝克部長覺得在其他財長面前顏面盡失。我無法知道真正的答案，但不久之後，我在自己的理事會裡，也遭遇到了一次背叛。

普雷斯頓．馬丁（Preston Martin）曾任聯邦住宅貸款銀行委員會主席，和當時擔任加州州長的雷根交往密切。一九八二年，他在接替弗雷德里克．舒茲擔任聯準會副主席時，我其實不怎麼認識他。雖然我支持的是布希副總統推薦的另一位候選人，但在他上任時，我只是以為身邊又多了一位經驗豐富的同事。不過，馬丁自然是躊躇滿志，野心勃勃。

接下來兩年，我們配合得很好。然後我開始注意到他一些不尋常的舉動：沒有事先告知我的各種國內外旅行；不先知會一聲，就在聯準會的公開市場委員會上投反對票；最後，在一九八五年六月的演講中，公開批評我和聯準會全體堅決支持的拉丁美洲債務計畫。我想他公開譴責我們，應該有他自己的道理吧[6]！（我最近才知道，在我發布聲明後，聯準會內部幫理事們理髮的理髮師萊尼告訴馬丁：「你和我有個共同點──我們在聯準會都已經到『頂』了。」馬丁大笑。嗯，至少別人是這麼告訴我的。）

按照慣例，每週一的理事會議是讓員工上臺報告，並處理瑣碎行政事務的時間。但是有一次，馬丁卻毫無預警的在週一開會時，建議調降聯準會的貼現率。我立即提議等到週四「政策日」時再

討論，他們卻故意忽視我的請求。兩位新來的理事韋恩・安格爾（Wayne Angell）和曼紐爾・約翰遜（Manuel Johnson）*1，以及經常和我意見不同的瑪莎・西格（Martha Seger）都和馬丁同一鼻孔出氣，聯合起來要求立刻做出降息決定，連辯論都省了。

我顯然被突擊了。我轉身離開會議室，打電話給芭芭拉，告訴她我會回家吃晚飯。

巧合的是，我原本就約好當天要和財政部長貝克及墨西哥財政部長席爾瓦・赫爾佐格，在聯準會餐廳共進午餐。吃完飯後，我把貝克拉到一旁，告訴他我回辦公室後，就會將辭職信送進白宮。畢竟，那時已是一九八六年二月，也差不多到了我向妻子承諾並向總統預告要走的時間了。

我忠實的助理凱瑟琳・馬拉爾迪一臉愁容地開始準備我的辭職信之前告訴我，新來的理事韋恩・安格爾想見我。他提議進行第二次投票。馬丁很快出現，並表示同意。我告訴其他理事，我一直努力在和德、日兩國協商，只要我能說服德國央行行長卡爾・奧托・波爾和日本央行行長澄田智一起行動，我們就可以降低貼現率。在我的保證下，投票結果逆轉了。

兩週後，也就是三月初，這事成真了[7]。各國央行之間的成功協調，不但反映出我們之間的相互信任，也反映出我們各自的擔憂。事實上，我一直在懇求卡爾・奧托・波爾降低德國的利率（效果將會擴散至全歐洲）。不難理解他為什麼一直不願單獨去做這件事。

不久後，外界就知道了聯準會在鬧內鬨。三月底普雷斯頓・馬丁辭職[8]，離他企圖「叛變」還不到一個月。陸續上任的新理事們，和我的關係比先前的夥伴更加穩固。當然，我們相互尊重，只不過再也找不回以前唇齒相依的感覺了。

在這種情勢下，一轉眼我的任期只剩十八個月，如果還提辭呈，怎麼說都很奇怪，因此我一直做到任期結束。所幸不管是白宮，還是我妻子，都沒有公開表示過不滿。畢竟，當時的雷根總統正在為軍售伊朗的醜聞焦頭爛額[9]，而芭芭拉想必也已經認命當個公僕妻子了。

羅浮宮名畫旁的勾心鬥角

匯率目標區的構想，以及央行合作的潛在需求，都超出了當初廣場飯店的協議內容。因此，我們必須擬定更遠大的計畫。

顯然對一九八六年底的美元匯率感到滿意的貝克部長，開始和日本等五國集團的財政部長討論建立一個架構將匯率穩定維持在當時水準的可能性；而聯準會的立場，將會再一次決定達成的協議是否可行。

這個目標完全符合我的想法。事實上，我一直在演講中呼籲重視匯率穩定。簡單來說，我認為

*1　約翰遜之前就曾通知我，他答應過貝克，在進入聯準會後一有機會就會投票支持貨幣寬鬆政策。由於沒有預料到這次意外的表決，我一直沒將他的警告放在心上。後來，約翰遜成為聯準會相當重要且負責的副主席。

在經濟開放的世界裡，資金可以自由流動、貿易能夠自由進行，穩定或甚至固定的匯率才是合乎邏輯的要素。我通常的結論都是，也許在我有生之年看不到，但創建歐元這種統一貨幣可能是往前邁出了正確的一大步。

這種想法和諾貝爾經濟學獎得主勞勃・孟岱爾（Robert Bob Mundell）的主張不謀而合[*1]，但和早期雷根政府反對國際貨幣改革的自由市場及反干預主義卻背道而馳。財政部長貝克自然也沒採取任何行動，來幫助聯準會進行新計畫。

相反的，一九八七年初，美國財政部在法國財政部辦公室（位於舉世聞名的巴黎羅浮宮左翼，達文西的《蒙娜麗莎》和《勝利女神》就在不遠處的右翼展出）召開五國集團會議[10]。根據史料記載，義大利財政部長聽到這次會議的消息後，出現在會場門口要求進入。經過長時間的談判，他拒絕了等會議結束後再為他做簡報的提議，生氣的離開了。然後加拿大部長也來了，不同的是，他接受了會後簡報的提議，五國集團瞬間變成了六國集團。不久後舉行的下次會議，參加的國家又增加為七個。

我們花在討論如何挽回顏面的時間，比討論實質內容的時間要多許多。貝克部長有備而來，五個國家就狹窄且不切實際的匯率區間（最初加減二・五％）達成未公開的協議，並承諾加強五國財政和貨幣政策方面的合作，以支持這個協議。我記得特別清楚的是，美國對預算紀律的承諾。我向貝克指出，以預算平衡為目標，顯然超出了我們的意願和能力，而他的回答則讓我想起十五年前財政部長康納利第一次在重要國際會議演講的堅定聲明。貝克的預算「承諾」，果然和康納利的「我們不會貶值、不會改變黃金價格」，一樣短命。

短期內，市場表現良好，少數干預就讓匯率保持在指定區間附近，但是大家約定的做法野心太大了。美元匯率在三月時便已跌出區間[11]。當時國內經濟強勁，聯準會大可提高貼現率，不過我決定按兵不動，保留彈藥以便日後採取更有力的措施。因此，我們只是稍微約束市場。這是我在八月十一日任期結束前，所做的最後一次政策行動，只不過動作微小到幾乎看不見。

到了此時，羅浮宮協議裡的狹窄匯率區間，基本上已經沒有作用了。財政和貨幣政策的合作只是口頭承諾，並沒有白紙黑字的證據。國際貨幣改革的關鍵問題，仍然懸而未決。

儘管如此，我仍抱持真正改革終有一天會來臨的希望。

一九九五年，我在倫敦大學發表了著名的斯坦普演講（Stamp Lecture），呼籲人們更加關注匯率[12]，並明確指出當時一百日元兌換一美元的匯率很合理，近乎平衡，大家應該努力將匯率維持在這個區間。歐洲可以在晚些再進行改革，等全歐洲統一貨幣之後，我猜它的價值應該和美元差不多。我講完回到座位，英格蘭銀行行長埃迪・喬治（Eddie George）傾身對我耳語：「講得不錯，

---

*1 孟岱爾因為在「最適貨幣區」（optimum currency area）的前瞻性成果，經常被稱為「歐元之父」。他同時也為「供給面經濟學派」（supply-side economics）的研究奠定了基礎。

可惜這事不會發生。」他說對了。

隔了很久，在發生全球金融危機之後，我最後一次參加制定全面性貨幣改革綱要的會議。這份被稱為「皇宮倡議」（Palais-Royal Initiative）的綱要，由國際貨幣基金組織前常務董事米歇爾・康德蘇（Michel Camdessus）、亞歷山大・拉姆法呂西（Alexandre Lamfalussy）和托馬索・帕多阿－斯基奧帕（Tomasso Padoa-Schioppa）主導*1，三人都是備受尊敬的歐洲改革支持者。可惜的是，當時所有的新聞版面都在報導迫在眉睫的歐洲債務危機，二〇一一年的皇宮倡議終究未能引起世人關注。

聯準會新任主席的「建議」？不用理他

一九七〇至八〇年代，國際金融市場擺脫許多法規限制，擴張迅速，主要的國際銀行之間競爭激烈。美國各大銀行除了跟隨客戶去到海外，提供更傳統的貸款服務之外，在歐洲和亞洲的金融中心也發展出極其活躍的貿易活動。規模不亞於美國境內銀行的國外銀行，也開始在美國積極布局。美國銀行自然備感壓力，認為自己的處境非常不利，於是要求國外銀行也必須接受同樣的資本及監管要求。

各國態度的分歧以及缺乏共同的統計定義，導致要比較國內外銀行十分困難。即使如此，還是一眼就能看到某些離群值。

最醒目的，莫過於日本巨型銀行極低的資本—資產比率（capital asset ratio），此外，其計算出來的比率還包括大量持有的股票，潛在波動性超級高。

當時的銀行界認為，資本決策和差異反映的是不同商業模式和競爭因素，而不是風險管理的關鍵要素。當時規模最大的美國花旗銀行，其董事長沃爾特．里斯頓就曾說過，花旗銀行沒有任何資本需求。一九八〇年，我和芝加哥銀行高階主管短暫會面時，他們也表現出同樣的態度。顯然的，這是第一次有監管單位懷疑他們的資本是否充足。他們認為沒必要將聯準會新任主席的「建議」放在心上，畢竟我對他們沒有明確的監管權

賓州第一公司和大陸伊利諾斯銀行所帶來的痛苦、拉丁美洲危機造成的巨大威脅，以及儲蓄貸款協會明顯的資本壓力，引發人們開始思考。但由於缺乏國際共識，加上害怕削弱競爭力和政治介入，沒有國家真的提出什麼有效措施。

總部設在瑞士巴塞爾（Basel）的國際結算銀行[*2]，召集十國的央行行長開會，希望能找到對症下藥的方法。會中決議將成立新的巴塞爾委員會，對現有標準和做法進行評估，以便分析並理解問題。

進展非常緩慢，連聯準會內部都不願單方面採取行動，可以看出要讓美國不同的監管機關達成

---

*1 帕多阿—斯基奧帕在二〇一〇年十二月十八日突然過世，是我非常珍惜的朋友及同事。

*2 創立於一九三〇年的國際結算銀行，有時也被稱為「中央銀行的中央銀行」。

共識有多困難。每個機構都自掃門前雪，長期的問題依然懸而未決。

最後，我越過巴塞爾委員會，成功促使參加國際結算銀行會議的央行行長們採取行動。雖然當時巴塞爾委員會嘗試著制定出全球一致的統計方法，卻受到很大的阻礙。不管是制定或是執行統一的標準，巴塞爾委員會都是力有未逮。

問題不會自行消失，拉丁美洲債務危機讓世人看見有多少放款銀行的資本嚴重不足，而各國做法的明顯分歧更突顯出這個問題的重要性。許多美國銀行和監管機構也表態支持，他們對「不公平」競爭感到憂心，尤其當對手是資本更不足的日本銀行時。歐洲銀行界最後終於表現出了一點興趣，但由於計算方法上的巨大差異，讓事情很難有進展。

美國以前評估資本適足率的方法，就只是一個簡單的「槓桿」比率計算。換句話說，就是能用來吸收任何資產損失的自有資本，除以銀行總資產而得出的比率（歷史上，在一九三一年銀行業崩潰之前，資本適足率有一〇%就被視為正常了）。

歐洲央行則集體堅持採取一種「風險基礎」的評量方法，因為是根據資產的風險程度來計算，看起來似乎比較優越。他們認為，以常識而言，像國內政府債券、住宅抵押貸款和其他主權債務之類的資產，不需要太多資本。相比之下，不管信用評級如何，商業貸款需要的資金要求都相對較高且嚴格。

兩種方法各有優缺點。該怎麼做，才能打破僵局呢？

沒人想採用「美國製造」的方法

我在一九八六年九月的歐洲之行結束前，在倫敦稍作停留，和當時的英格蘭銀行行長羅賓・利—彭伯頓（Robin Leigh-Pemberton）共進一頓非正式的晚餐[13]。

在舒適的環境下，我沒有想太多，就向他提議，如果非這麼做才能達成協議，我願意試著把風險基礎的計算方法推薦給我的美國同事。

他在其他歐洲央行行長那兒，遭遇很現實的政治難題，其中一些人對制定全球標準漠不關心，而且沒人想採用「美國製造」的方法。因此，羅賓不得不否決彼得・庫克（Peter Cooke）的提議，庫克是他在英格蘭銀行的下屬，是當時巴塞爾委員會的主席。

儘管如此，他還是勇敢地決定繼續推進。聯準會和英格蘭銀行終於在一九八七年初達成雙邊協議，就在我任期期滿的七個月前[14]。這樣的時間點，剛好足夠讓當時的紐約聯邦準備銀行行長，也就是我的前任助理傑瑞・科里根接下挑戰，促成與日本的協議。之後，歐洲大陸的國家別無選擇，只能同意在協議上簽名。原先擺出不願合作姿態而被繞過的巴塞爾委員會，在那年稍晚接受委託，編寫最後的規則[15]，也就是日後外界所謂的《巴塞爾協議》（*Basel Agreement*）；後來幾次的修訂版，也都使用同一個名字。

一段時間後，風險基礎計算法先天不良的問題變得越來越明顯。主權信貸和住宅抵押貸款這一類風險最低的資產，其資本要求低或甚至沒有要求，卻能得到最多的政治支持。諷刺的是，正是這兩類資產的損失，引發了二〇〇八年的全球危機，以及之後二〇一一年的歐洲危機。然而，在重視資本報酬率的銀行股東和高階主管眼中，美國的「整體槓桿」方法也有缺點。因為它並不鼓勵持有最安全的資產，尤其是報酬率較低的美國政府債券。

《巴塞爾協議》幾乎一直處在要求修訂的壓力之下。全球監管機構在二〇一七年十二月完成了第三次修訂[16]；與此同時，美國也制定了自己的法規。近年來，出現了一種合理的折衷辦法，既採用風險基礎的衡量方法，又採用簡單的槓桿比率，有效抵銷兩種方法的缺點。但衝突依舊存在，原因不只是這兩種方法在本質上就不同，要求規模不同、業務不同的國內外銀行遵守特定的標準，早晚也會出問題。可惜的是，在二〇〇八年的危機發生後還不到十年，美國和其他地區本該強化的資本要求，就已經被逐漸放鬆了[17]。

誰來接任？我推薦了兩個人……

達成《巴塞爾協議》時，早就過了我當初承諾會離職的日子。只是剛經歷過短暫的背叛事件和副主席辭職，總覺得我不該就這麼撒手不管。更何況聯準會和總統、財政部長，似乎也恢復了平穩的正常關係。

顯然，還有很多事情尚未完成。例如，在放寬跨州銀行過時的法令限制方面，只取得了有限的進展。更重要的是，陳舊的《銀行法》對交易和投資銀行的限制已經不合時宜，是要進行部分修訂或是乾脆完全廢除呢？而聯準會本身，也開始為銀行分行的交易行為鬆綁。我先後曾和唐納德．里甘、詹姆斯．貝克就改革問題進行長時間的討論，但在立法方面卻沒有任何進展。

然而，這些未竟之事還是無法動搖我離開的決心。五月底，我在《紐約時報》招待會上，遇到雷根的新任幕僚長霍華德．貝克（Howard Baker）。我建議我們開個會，第二天一大早，他上班前就先來我的辦公室報到。

我告訴他，我不想再連任，差不多是該宣布接班人的時候了。他語氣堅決的表示不同意，想說服我留下。但到最後，他還是屈服了，問我有什麼推薦人選。

我推薦了兩個人。約翰．懷海德（John Whitehead），備受尊敬的高盛前聯合主席，經驗豐富、性格溫和，當然符合聯準會主席的資格。當時的高盛仍是合夥人制度，我認為這是一家原則性強、以客戶為導向的投資銀行。前財政部長亨利．福勒是合夥人之一，深以公司文化為榮。懷海德當時是財政部長喬治．舒茲的副手，在華盛頓人緣極好（後來他和我聊到他在華盛頓的那幾年，儘管時間不長，但他在那兒結識了他的妻子——記者南希．迪克森〔Nancy Dickerson〕。他說那是他一生中最快樂的時光之一）。

艾倫．葛林斯潘是更具優勢的另一個人選。我們從年輕在紐約工作時就相識，只不過沒有深交。他是傑出的金融專家，很早以前就加入了共和黨，強烈主張自由市場。

和霍華德．貝克碰面後幾天，詹姆斯．貝克也來了。他告訴我，就事論事，我有責任留下來。他要我利用週末重新考慮，他會負責安排讓我在六月一日星期一和總統開個會。我的整體感覺是，他不會因為我的離開而感到難過。事實上，根據後來的一份報告，他認為我若留任，將會拖慢修訂《格拉斯—斯蒂格爾法案》對銀行的鬆綁，而這在政治上是個相當敏感的議題[18]。

以多數派領袖鮑勃．杜爾（Bob Dole）為首的幾位資深參議員，主動支持我連任，我非常感激他們。但我也想起多年前亨利．福勒給我的建議：想卸下高級官員的身分，那就寫辭呈，交出去。這樣別人就無法說服你留下。

於是我認真把不接受第三次連任的決定寫下來，和總統會面時交上去。此後再也沒人提出反對。

苦惱的中央銀行，全面勝利了嗎？

隔天，艾倫和我出面舉行記者會。兩週後，美國國務院辦了一場晚宴向我致敬，由詹姆斯．貝克、喬治．舒茲和約翰．康納利共同主持，道格拉斯．狄龍、亨利．福勒、雷根總統及夫人都出席了。這是我所尊敬的人以及和我同甘共苦的同事們，為我舉辦的送別派對。

艾倫．葛林斯潘的知名度很高，受人尊敬，而且政治直覺敏銳。他熱愛這份工作，也因穩定物價和促進經濟成長而廣受愛戴。他的妻子也來自華盛頓——努力不懈的電視記者安德里亞・米切爾（Andrea Mitchell）。艾倫連任了五次，歷任聯準會主席中只有威廉・馬丁在位時間比他更久。

我當然會想，如果我在最後一次和總統開會時說：「總統先生，與霍華德、詹姆斯談過後，我改變主意了，我願意再連任一次。」又會發生什麼事。

當然，他們關心的不只是我的去留，而是更重要的：如何避免外界以為我是被迫辭職而引起市場波動。在卸任消息發布後，股票市場一開始確實大幅下滑，但不久後便穩定下來。艾倫在我們召開的記者會明確表示，他將繼續維護我們在對抗通貨膨脹方面得來不易的成果。

他們確實做到了。

國際貨幣基金組織一九九〇年的年會，邀請我擔任皮爾—傑科普森講座的主講人，我選擇的題目是「中央銀行全面勝利了嗎？」。對央行官員控制通膨的能力及魄力，我的結論和十一年前亞瑟・伯恩斯在同一講座的演講「中央銀行的苦惱」中，令人窒息的悲觀結論截然不同。在我離開時，我可以心滿意足的說，聯準會已經是一個備受尊敬的機構，足以領導美國為實現和維持金融穩定持續不懈的奮鬥。

我們對抗通膨所做的努力，無疑幫助全世界的央行恢復了公信力，同時也為可能遭遇的黨派政治攻擊，建立起一堵堅固的防護牆。

這篇講稿標題末尾的問號，其實有很深的含意。因為我很清楚，嚴峻的挑戰仍然等在前方。

第11章

沙烏地王子與索羅斯

離開聯準會後的日子

離開聯準會時，我對重返私人生活後要怎麼過，並沒有具體的想法。

我六十歲了，離當時被視為正常的退休年齡不遠。至於芭芭拉，與她糾纏一輩子的糖尿病和類風濕性關節炎也越發嚴重了。

不過，我也知道自己有很多選擇。家庭經濟拮据的問題，在我數次到歐洲和日本演講後得到紓解，所以我可以慢慢來。

許多企業邀請我加入董事會，其中《華盛頓郵報》公司和《華爾街日報》的母公司道瓊公司真的很吸引我。我和這兩家公司的關係都很密切，因此不管加入哪一家，感情上都對另一家有點過意不去。最後，我同意在兩家大型外商公司的董事會任職：瑞士食品巨頭雀巢公司及英國帝國化學工業（ＩＣＩ），既能帶給它們一些有趣的國際曝光度，同時心裡也不用再覺得對誰抱歉。

普林斯頓大學校長威廉・鮑恩（William Bowen）催促我回伍德羅・威爾遜學院任教（我曾短暫在他的董事會裡任職）。他提議給我終身教授的職位，兼職也沒關係，沒有必要的博士學位也無所謂。而且他打算給我的教職，是由我在聯準會時忠誠的副主席兼好友弗雷德里克・舒茲設立的，這點更讓它吸引力大增。

我無意以董事身分加入金融公司，也不想尸位素餐的充當公司門面招牌（明智的是，沒人找我去當執行長）。所以，我再次拖延了決定。

我的遲遲未決讓芭芭拉十分擔心，為了緩解她的憂慮，我甚至開始考慮掛一塊像「保羅・伏克爾諮詢服務」之類的招牌。然後，我碰巧遇到了在澳洲出生的投資銀行家詹姆斯・沃爾芬森（James Wolfensohn）。他風度翩翩、人脈廣闊，在倫敦和紐約都有豐富的閱歷。我們相識在拯救克萊斯勒的那段時間，他是所羅門兄弟公司的資深合夥人，在該公司被指定協助談判時，就是由他負責。

幾年前，詹姆斯離開了主要業務仍是大型交易而非傳統投資銀行業務的所羅門兄弟公司，另外成立了一家商業模式與眾不同的「精品」公司，專門為企業提供合併與收購，以及策略方面的諮詢服務。這種模式沒有實質交易、沒有承銷、沒有投機，簡單來說，就是沒有任何會和客戶發生利益衝突的可能。我們一邊閒聊，不知是碰巧或是被刻意誘導，我開始覺得我可以加入沃爾芬森的公司，分擔他的領導責任。

為什麼要費勁去開自己的小公司呢？我可以每週五到週一在普林斯頓大學教課，剩下的三天就在沃爾芬森公司上班，豈不是很完美嗎？

保羅，你真的不需要司機和車子嗎？

我的律師朋友們要求我一定要和詹姆斯討論合約細節，雖然他對這些事興趣缺缺，但這的確讓我能直接否決公司的決策和某些特殊待遇，比如原本要比照政府為我提供的司機和座車。諸如此類的事，我幾乎都要求他們略過不提了。我記得去上班的第一天，詹姆斯還很不放心的問我：「保羅，你真的不需要司機和車子嗎？」事實上，不僅那時候我不需要，現在的我也還是不需要。

沃爾芬森公司的基本策略，就是和為數不多的大型跨國公司合作。他們支付年費，換取在進行合併與收購及其他策略交易時，有世界一流的顧問提供最優秀的建議。

我剛進公司時，除了詹姆斯，還有兩個信譽良好的投資銀行家和一小群年輕的潛在合夥人。桑迪・懷特（Sandy White）是懷特・韋爾德公司（White Weld）的老將，而來自所羅門兄弟公司的雷・戈爾登（Ray Golden）則是個憂鬱小生。格倫・萊維（Glen Lewy）、傑佛瑞・戈爾茨坦（Jeffrey Goldstein）和埃利奧特・斯萊德（Elliot Slade）很快就負起領導團隊的責任，成為公司的資深合夥人。直接從美國國務院來加入我們的史蒂芬・奧克斯曼（Stephen Oxman）帶來了國際化的視野，而以前在美國證券交易委員會任職時就和我熟識的貝維斯・朗斯特雷斯（Bevis Longstreth），則提供專業的法律支持。與此同時，公司也成功的吸引了好幾個堪稱華爾街菁英的初級分析師和高階經理人。我加入之後，公司也在東京和巴黎與當地人合作，成立小型聯合顧問公司。在詹姆斯早期成功的基礎上，我們擁有相當堅實的客戶基礎。自然而然的，我的客戶群大都來自跨國大銀行，比如我的老東家大通曼哈頓銀行、野心勃勃的眾國銀行（NationsBank，一九九八年收購美國銀行後，將合併後的銀行更名為美國銀行）、荷蘭國際集團（ＩＮＧ），以及詹姆斯創業之初就跟著他跑的舊客戶之一：英國匯豐銀行。

詹姆斯後來開始追求另一個目標：競逐世界銀行的行長。一九九五年他在接任世界銀行行長後，就離開了公司。我心滿意足的搬進他留在角落的那間大辦公室。我的夥伴認真負責，工作品質有目共睹。我永遠不會忘記一件事，雖然它被認為不過是理所當然的小事，但我卻認為它非常能代表我們公司的精神，和華爾街的尋常做法有天壤之別。

升為資深合夥人不久的格倫．萊維走進我的辦公室，報告他剛接到一通很特別的電話——一位之前的客戶告訴他，自己換工作了，正在代表新公司祕密協商一個極具開創性的合併案，打算在幾天內對外公布。他願意付錢給沃爾芬森公司，請我們開立一份「公平意見書」。所謂的公平意見書其實是華爾街的樣板文件，基本上就是向合併的兩家公司投資人保證該交易是公平的，沒有任何一方吃虧。

格倫告訴這位潛在客戶，沃爾芬森公司沒有足夠的時間好好調查這筆交易，不可能在一兩天內就開立公平意見書。「好的，」這位可能的客戶回答，「我可以從其他地方拿到公平意見書，不過我希望在達成協議前的最後幾天，你可以陪在我身邊提供意見。」

交易完成。格倫掙了一大筆顧問費，我們也守住了自己的原則。

先生，沙烏地王子要投資花旗銀行

在拉丁美洲危機中倖存下來的花旗銀行，自然不會尋求我的意見。然而，到了一九九〇年代初，花旗銀行發現他們這回快被房地產業的不良貸款搞死了。

當時，花旗銀行正受到傑瑞．科里根領導的紐約聯邦準備銀行及威廉．泰勒（William Taylor）領導的美國聯邦存款保險公司的密切監控。我擔任聯準會主席期間，泰勒一直是監管負責人。有一天，他來到我在沃爾芬森與花旗銀行隔街相望的辦公室，告訴我銀行監管機關正在考慮要讓曾在拉丁美洲債務危機最後階段和我交過手的花旗首席執行長約翰．里德辭職。

「你想把誰放在他的位子上？」我問。

他伸手指了指我。我想他應該是在開玩笑。

差不多那個時間，有個中東男人來拜訪我，自稱代表一名沙烏地阿拉伯的投資者。他們想對花旗銀行進行大規模投資，問我們能否給予建議。

我們很快就聽說，他代表的是沙國王子瓦利德（Sheikh Al-Waleed）。後來瓦利德王子成了花旗銀行歷年來最大的個人投資者，提供的充裕資金幫助花旗度過那次及以後的多次危機。諷刺的是，儘管花旗銀行前董事長沃爾特・里斯頓之前一直告訴我，他的銀行不需要資本，但約翰・里德對接受瓦利德王子投資的說法卻是：「我們希望市場認為花旗資本雄厚。」[1]

多年後，曾經提供瓦利德王子投資建議的顧問告訴我，王子不大聽他們的意見，而且他們得到的報酬也不高。

請索羅斯來演講：想在市場上賺錢，你要學會上車和下車

在普林斯頓大學的工作安排很適合我們家，至少前幾年確實如此。學校提供一棟建於美國革命前的小屋當我的宿舍，前院面臨主要道路拿騷街，後面則和校園接壤，離我的教授辦公室僅有兩百多公尺。房子牆壁沒裝隔熱層，地板上有裂縫，地下室是泥土地面，但有一個巨型大壁爐。在門口掛上一塊「喬治・華盛頓故居」的牌子，相信沒有人會懷疑。畢竟，美國獨立戰爭的普林斯頓勝利一役的戰場，就在兩三公里之外。

房子小小的，芭芭拉操持家務不會太勞累。一樓有浴室。孩子們和孫子們可以時常來訪，在有精緻壁爐的餐廳舉行小型派對，也很舒適愜意。

可惜，住在這裡直到安穩退休，成了無法實現的夢想。芭芭拉的健康狀況日益惡化，頻繁往返紐約和普林斯頓之間，顯然會增加她身體和精神上的負擔。加上我在沃爾芬森公司的責任越來越重，終究不得不結束這個不切實際的美夢。

在普林斯頓大學，我負責兩項性質相當不同的教學任務：上學期我要帶研究生研討會，而下學期則換成伍德羅．威爾遜學院大學部討論會或「專案小組」。還好我有幾個博士班學生充當助理，也能邀請朋友和以前的同事來學校，為我的學生提供各種角度的分析與看法。

日本財政部副部長行天豐雄退休後，也來普林斯頓當了一年的客座教授。我們以幾次在我的研究生研討會演講的內容為基礎，合寫了一本書《時運變遷：國際貨幣及對美國領導地位的挑戰》（*Changing Fortunes: The World's Money and the Threat to American Leadership*，我才又讀了一遍，非常推薦大家去找來看）[2]。

赫爾穆特．施萊辛格（Helmut Schlesinger）一九九三年從德國央行行長的位子上退下來，愉快的和我一起在普林斯頓教了一年書。赫爾穆特和學生建立良好關係的獨門方法是：德國香腸、德國酸菜，以及啤酒派對。

有個晚上讓我印象特別深刻。研討會的研究生懇求我邀請一位貨真價實的投機客，而聞名全球的投機大師喬治．索羅斯（George Soros）也答應了我的請求。

當聞風而來的一大群經濟系教授出現時，會議室裡頭的人數已經是我平時研討會的兩倍。我不記得後來接替葛林斯潘成為聯準會主席的班・柏南克（Ben Bernanke）教授，是否也在其中。我很清楚，普林斯頓大學教授的名望，是建立在理論檢驗和研究上，而不是下場參與市場及機構的活動。我看過普林斯頓大學以「學術理論地位不足」，斷然拒絕一位頗有聲望的國際金融年輕教授。即使普林斯頓其實很缺乏國際金融方面的人才，也不肯降低標準。幾十年後，這位被拒絕的年輕人卻成了西岸國際貨幣分析領域的學術巨擘。

喬治・索羅斯的公開演講，內容十分詳盡。他反覆強調在真正的金融市場裡，經濟學的「平衡」概念並不適用。相反的，市場通常都是從一個極端衝向另一個極端，直接跳過任何想像中的平衡、穩定狀態。如果想在市場上賺到錢，你就必須觀察發展趨勢，及時地跳上車和下車。經濟理論完全幫不上忙。

身為主要對話者的我，只能卯足全力的主張，儘管市場可能會超乎預期或低於預期，但是能夠判斷出可持續性的平衡還是有其價值的。在座的知名經濟理論學家沒人對我伸出援手，他們似乎不願和這位聰明過人的投資者辯論，抓住機會來檢驗自己的理論，何況索羅斯完全沒有任何理論。

當晚結束前，我的首席研究助理暗示了索羅斯先生，說他可能還沒有完全意識到目前學術界對「混沌理論」的貢獻。聽著他的話，我回想起曾經有多少次被迫處理現實世界混亂的金融市場危機，而那還是在二〇〇八年的金融海嘯發生之前。

對於在普林斯頓大學那幾年，我和學生以及一些不那麼理論派的教師之間的互動，我感到非常滿意。專案小組的討論會為大學部學生提供了獨特的體驗。每次的討論會都要做詳盡的研究，整合出一篇綜合所有人意見的報告，還要學習如何分派工作，並就現實問題達成共識。藉由每一個專題，學生都能接觸到負責相關業務的官員或其他相關人士，並且必須就他們正在研究的議題向這些人提出報告。

我們曾被邀請訪問波多黎各，讓學生以波多黎各政府管理體系的議題進行研究後公開報告。可惜的是，在我們做完研究報告後，問題至今依然存在。還有一次，當時的大聯盟主席巴德・塞利格（Bud Selig）在聽完學生對美國職棒大聯盟的經濟結構和競爭結構應該如何改變的建議後，直接表現出他的不悅（說來也巧，身為兩個相關獨立委員會的成員，我也被要求就職棒未來可能的商業做法提供意見）。我知道這是一個很情緒化的題目。

雖然精神上獲得了滿足，但有時還是擺脫不了現實的紛擾。不是每一個普林斯頓大學的三或四年級學生都能寫出簡潔扼要、文法正確的論文，我還注意到，這些討論會如何完美重現我在財政部和其他政府部門看到的官僚文化。聚在一起做一份報告，同時尊重每個人的觀點，不是件容易的事。說到底，校園也會有「政治性」考量。雖然現在很流行學期結束時，讓學生給教授評分，但是老實說，我不怎麼喜歡這樣的做法。

維持「哲學和自由風氣」，不淪為「經理人或官僚」訓練學校

我在伍德羅．威爾遜學院當教授的經驗，讓我不禁對於學院的使命以及更廣泛的公共服務教育，越來越擔心。

在這方面，我真的覺得普林斯頓大學失去了一個重要的機會。一九六一年，A&P雜貨店繼承人查爾斯．羅伯遜（Charles Robertson）和瑪麗．羅伯遜（Marie Robertson）捐了三千五百萬美元（相當於今天的三億美元）給普林斯頓大學[3]，以支持一個新的研究計畫，而這項目最終催生了伍德羅．威爾遜學院[4]。這筆資金存放在一個單獨的帳戶裡，專門用於培訓學生從事公共服務，尤其是國際事務領域。我想，這倒是與普林斯頓的校訓「為國服務」十分吻合。

普林斯頓大學那時新任的年輕校長羅伯特．戈欣（Robert Goheen）曾在公開場合表示，希望這份禮物「能使普林斯頓大學建立可與美國最好的醫學院和法律學院相提並論的公共服務專業教育學院，畢竟這是普林斯頓大學和其他大學長久以來一直想做、卻沒有資源做的事」[5]。

我不知道他當時到底在想什麼，因為他接下來居然說，普林斯頓還是需要維持它「固有的哲學和自由風氣」，不會淪為「經理人或官僚齒輪」的訓練學校[6]。如果前任校長、公共管理學教授哈洛德．多茲聽到這個傲慢年輕人的話，一定會默默搖頭。

最後，不管校長的想法有多矛盾，普林斯頓大學還是接受了捐款。隨著時間推移，專門帳戶裡

的錢已增加成數億美元，成為該校捐贈基金中很重要的一部分。

頭幾年，為了表示對捐款人意願的尊重，普林斯頓大學做了一些努力，聘用了幾位資深教授，而第一屆的院長也確實很有使命感。然而，到了一九七〇年，查爾斯．羅伯遜就曾對只有極少數的普林斯頓畢業生選擇公職表示失望[7]。唐納德．斯托克斯（Donald Stokes）是我第一次回母校教書時的院長，他拜託我幫忙為基本上都是被大筆獎助學金吸引來的少數幾個研究生，設計一套新學制和新課程。我未能完成任務。直到今天，我一直還在想這件事，並把規畫這樣的課程當成伏克爾聯盟的使命。

到了後來，除了大學管理特別基金賺來的收入之外，越來越多的資金也被用在經濟學院和政治學院。不少經濟、政治學院的教授成為伍德羅．威爾遜學院的聯合教師。雖然其中有些人對公共政策產生了持續性的興趣，但鮮少有人會特別去關心公共服務人才的培訓。斯托克斯在一九九七年去世後，伍德羅．威爾遜學院的院長便開始由聲望卓著的經濟學院和政治學院的教授輪流擔任。

在我任教期間，確實有少數幾位伍德羅．威爾遜學院的教授把公共管理視為一門學科，同時也視為一種專業。然而，他們漸漸明白，普林斯頓大學並不重視這件事。理查德．內森（Richard Nathan）曾任職於尼克森政府的管理和預算辦公室，並在布魯金斯學會（Brookings Institution）擔任研究員。他離開普林斯頓後去了紐約州立大學奧爾巴尼分校（SUNY-Albany），擔任洛克菲勒政府研究所（Rockefeller Institute of Government）所長。由伍德羅．威爾遜學院和政治學院共同聘請的約翰・迪尤利奧（John DiIulio）是年輕的哈佛博士，滿腔熱情的教授公共管理的核心課程。當他意識到學校缺乏使命感時，便拒絕了續聘。迪尤利奧後來與公共管理學大師唐納德・凱特爾（Donald Kettl）聯手，一起發展布魯金斯學會的公共管理效率中心。

二十年後，據我所知，普林斯頓大學並沒有聘用任何一名致力於公共行政研究和公共服務培訓的學者。

我還記得有一位新院長，他是普林斯頓從另一所大學挖角來的經濟學家，相當有名望。他知道了我的研究興趣後，到紐約來見我，問了一個簡單的問題：「什麼是公共行政？」接著又問：「我們應該要聘心理學家嗎？」（我可不認為他想到的是現在最熱門的行為經濟學）。顯然這位新院長若不是沒有使命感，就是真的太在乎我的憂心了。

一九八八年，哈羅德・夏皮羅（Harold Shapiro）接替比爾・鮑恩出任普林斯頓大學校長。我寫了一份備忘錄給他，強烈抗議學校不重視公共事務和管理的核心使命。不知是不是巧合，我後來得知教務長親自委託由三個校外專家組成的特別委員會，對學校進行一次審查，而不是由尋常的教育認證機構進行；而他們的報告也只是用禮貌的學術語言，再次強調我向校長提出的觀點——學校缺乏強烈使命感。普林斯頓大學擁有全部的資源，卻無法提供羅伯遜夫婦期望的領導力，而且為數不多的伍德羅・威爾遜學院專職教授不是即將退休，就是要離職了，更證明了普林斯頓大學的失敗。

二十一世紀初期，我再次寫信給新任校長雪莉・蒂爾曼（Shirley Tilghman），篇幅很長，措辭更為有力。前財政部長麥可・布魯門塔爾同樣畢業於伍德羅・威爾遜學院，他與其他人也加入了我的行列。與此同時，羅伯遜家族的繼承人提起訴訟，指稱仍被分開管理且增至九億多美元的資金遭到濫用。紐澤西州法官沒有不當一回事或等待開庭，反而合宜地敦促雙方和解。

蒂爾曼校長注意到了，而且很清楚這是個真正的問題。她找到我這個「著名」（但仍然安靜）的批評者，答應會做出改變。她扛住了教師的抵制，從哈佛大學法學院請來安—瑪麗・史勞特（Anne-Marie Slaughter）擔任新院長。新院長的研究專長為外交事務，剛好是羅伯遜一家最重視的領域。新校長和新院長開始採取一些有用的措施，以找回當初的使命感，卻還是無法提出符合羅伯遜一家想要的明確方向。在訴訟懸而未決的情況下，毫無疑問的，校方的律師反對任何改變，連建設性的改變都不行，因為那有可能在法庭上被解釋為學校承認過去沒有尊重捐贈者的意願。

經過幾年的爭議，二〇〇八年雙方代表在法院前的臺階上宣布達成和解。羅伯遜一家是迫於經濟壓力；而普林斯頓大學則可能不希望就捐贈者權利展開公開辯論，也不希望將此事交給由默瑟郡居民組成的陪審團判決，因為傳統上他們對這所「富有」的大學相當反感。我知道的是，基金會為羅伯遜家族支付了大約四千萬美元的律師費，並分七年將五千萬美元攤還給羅伯遜家族，讓他們用這筆錢成立一個新的基金會，為學生進入政府工作做準備。普林斯頓大學保有如何使用剩下數億美元所產生的收入，以及如何應用在伍德羅・威爾遜學院研究生課程上的自由[8]。

資金聚集之處，也是人才聚集之處

在普林斯頓大學，為公共服務提供專業培訓的目標與「政策」教育的吸引力，這兩者之間的衝突雖然極端，卻一點都不罕見。

政治學和經濟學院的教授向來都是聲望卓著、受人仰重，他們強調「理論」，是「人文學科」的驕傲捍衛者。培養畢業生去從事有效管理這種平凡、世俗的工作，不符合他們對學術的定義。諷刺的是，比起我當學生的時代，現在普林斯頓大學和其他地方有更多的實習機會。不過，這類實習機會大都落在工學院。雖然在我那個時代，工學院不算是熱門科系，但是現在它為華爾街和矽谷培養出大量的金融工程師和資料處理天才，獲得了豐厚的回報。資金聚集之處，自然也是人才聚集之處，我的兩個孫子就是最好的例子。

有天晚上，我和一位年輕的經濟學教授一起走向伍德羅．威爾遜學院時，突然想到這一點，於是我以閒聊的口吻說：「這所大學不夠重視公共管理。」

「為什麼它要重視？」他回答道，「公共管理不像經濟學，稱不上是一門真正的學科。」

基於禮貌，我克制自己不去提醒他，經濟學科「真正」的精髓，應該是做出可靠的預測，以及預測並理解我們當時正在經歷的金融風暴，但是經濟學家在這些方面卻失敗得灰頭土臉。然而，我還是忍不住告訴他，我以前之所以選擇普林斯頓大學就讀，主要原因就是當時的校長是一位受人尊敬的公共管理學教授。

「我不相信，」他回答，「這所偉大的大學，才不會讓一個公共管理學教授當校長。」

我不禁想起曾是普林斯頓大學校長和美國總統的公共行政學大師伍德羅・威爾遜，他要是聽到這段對話，大概會氣得在墳墓裡輾轉難眠。一所偉大的大學，卻不願接受挑戰，去為公共服務提供良好的教育。

總是不在家的我，家庭全靠芭芭拉

一九九〇年代中期，芭芭拉的健康狀況已經惡化到需要全職看護的地步。幸運的是，我們請到年輕的梅塞德斯・道林（Mercedes Dowling），她能幹又善良，做事有條有理，什麼家務都難不倒她，一個人就能把全家照料得很好。

珍妮絲早就從喬治城大學畢業，拿到了護理學位，並在一九八一年結婚了。她從未離開醫學界，也一直住在華盛頓地區，這對當時還是聯準會主席的我，倒是十分方便。我住在簡陋的小公寓裡，經常拜託她把要洗的衣服拿回家。

接連生了三個兒子中輟了珍妮絲的職涯（我幾乎沒幫她看顧過小孩），但之後她又回到醫學界，拿到護理學博士學位。我的幾個孫子從事不同的職業，其中兩個住在舊金山，做的是大數據和美酒方面的工作；另一個比較傳統，在華爾街上班。

現代受過高等教育的年輕人，除了華爾街，還能去別的什麼地方呢？我兒子的故事很能鼓舞人心。他克服了早期不能走路、不能安全開車的問題，從紐約大學拿到學士和碩士學位，在一家商業銀行接受一段時間的培訓後結婚，搬到波士頓，從事的是為醫學研究提供融資的工作。他和妻子瑪莎從中國領養了一名女嬰。如今，我的孫女珍妮佛已經是個大學生，在滑冰和學業上表現優異。終於，我在這個重視女權的世界裡，也算是後繼有人了。

所有功勞都應該歸於芭芭拉。四十多年來，她盡職地撫養我們的孩子，而我不是在家裡忙著別的事，就是不在家地忙著別的事。她總是堅定的以身作則，讓吉米和他身邊的人知道，腦性麻痺不是依賴他人的藉口。

她一輩子都在和第一型糖尿病奮戰。即使必須天天注射胰島素，她還是克服了重重困難，在一九五〇年代賭上性命生了兩個孩子。她活到了六十八歲，以那時的糖尿病患者來說，實屬罕見，也因此才能看到珍妮絲和吉米幸福的婚姻和家庭生活。

站在「禁止吸菸」的牌子前，手裡拿著廉價雪茄

擔任聯準會主席的那些年，新聞報導中常常可以看到我在國會作證時，站在「禁止吸菸」的牌

子前，手裡拿著廉價雪茄，周圍煙霧繚繞。

我父親抽菸斗，偶爾奢侈一下抽根雪茄。事實上，在他擔任提內克市執政官期間，唯一允許自己收下的禮物就是雪茄。我年輕時抽紙菸，但發現抽香菸會讓我頭痛，改抽雪茄後還能幫我緩解緊張的情緒，而且會議中還可充當有用的道具。總之，我對雪茄上了癮。

隨著時間流逝，我對於讓同事、朋友和家人忍受我的二手菸越來越內疚。學護理的珍妮絲有三個年幼的兒子，時常不留情面的提醒我抽菸的壞處。然而，直到我在自己擔任董事的梅約診所（Mayo Clinic）檢查身體、受到嚴厲警告時，才意識到我真的非戒菸不可了。即使後來得知那個警告只是虛驚一場，我還是決定在聯準會的最後幾個月戒除這個習慣。畢竟卸職後，我幾乎沒有什麼工作壓力了。到現在，我已經有三十多年沒再抽過雪茄了，即使釣鱒魚有很多蚊子在頭上嗡嗡飛時也一樣。

釣魚，是上天恩賜予我的大特權

隨著芭芭拉的健康狀況逐漸惡化，我晚上待在家的時間也越來越多，於是我開始了一個新嗜好：學怎麼綁釣鱒魚的餌。孩子們離家後，我將其中一個房間改成我的釣魚總部。

很多年前，我犯過一個嚴重的錯誤：蜜月時，帶芭芭拉去緬因州的野外釣魚。對我來說釣魚很家常，對她卻很陌生——結果她不喜歡。當時還有熊在附近的小村子裡翻垃圾，顯然這沒有什麼加分效果。最後，我們只好匆忙撤退到高爾夫球度假中心。

有很長一段時間，我幾乎不釣魚，也不打高爾夫球了，理由是我個子太高，很難把球打直。芭芭拉的父母退休後搬到紐約州北部，我們的生活也跟著改變。他們住的地區盛產鱒魚，我因此有機會加入兩個釣鱒魚俱樂部，然後又被邀請加入雷斯蒂古其鮭魚俱樂部（Restigouche Salmon Club）。事實上，我現在正一邊編輯這本書稿，一邊坐在印第安式住宅寬闊的前廊，滿懷希望地尋找浮出水面的鮭魚。可惜運氣不大好。總之，這三十年來，我已經很少再釣魚了，但我一直視它為上天賦予的極大特權，即使我不能再靠雪茄的煙霧來驅趕蚊子。

親愛的安可，我的新老闆

一九八八年，我同意加入沃爾芬森公司後不久，辦公室突然響起意外的敲門聲。一個四十多歲的漂亮女人站在門外，說話時帶著輕微的德國口音。

我以前在紐約聯邦準備銀行的助理安·波尼亞托夫斯基（Ann Poniatowski）暫時抽身來沃爾芬森公司幫忙，協助我在新工作安定下來。她是安推薦的接任人選。她是在看到《紐約時報》關於我重回紐約的消息後，主動和安聯絡。她對原本的工作感到厭倦了，於是問安，伏克爾先生會需要新助理嗎？

這是我認識安可・德寧（Anke Dening）的過程。她生長在一個德國專業人士的家庭，曾經在義大利和法國工作，並完成她的正規教育。然後她來到紐約，很快找到了工作，最終在華盛頓郵報—新聞週刊（Washington Post–Newsweek）公司和哥倫比亞廣播公司擔任高階主管祕書助理。她精通英語、德語、法語，和義大利語。

難得有一次，我當機立斷。三十年後，她仍然和我在一起。她在二〇一〇年成為我的妻子，然後我們角色互換，現在她才是我的老闆。

| 第12章 |

在危機「發生前」採取行動

身為主席先生的角色

在詹姆斯留下我執掌沃爾芬森公司後幾個月，一家英國銀行宣布將以一．三五億美元收購我們的強敵——紐約格林齊爾公司（Gleacher & Company）[1]。我的合夥人們立刻意識到，這起收購事件對我們公司的市值代表了什麼意思——畢竟，我們自認沃爾芬森可比紐約格林齊爾強多了。

我很滿意沃爾芬森當時的營運，也沒有把公司賣掉的念頭，但我還是同意讓同事去接洽適合的買主，只要出價高於市場的開價就行。

沒多久，一九九六年五月，公司出售給信孚銀行[2]。信孚剛上任的首席執行長法蘭克．紐曼（Frank Newman）非常急於在投資銀行界打出自己的名號。

我當時已快七十歲，無意在大銀行擔任行政管理工作，甚至連當顧問都不想。只是根據收購協議，我必須在信孚銀行董事會任職一段時間。

你可以發問，但請別問太困難的問題

接著過沒多久，我突然發現自己成了多家公司、慈善機構和「政策性」金融機關的董事會成員。對我而言，這倒不失為一個學習管理的好機會。

身為中央銀行家兼投資銀行家，對於商業銀行和其他金融機構高階主管面對危機時所暴露的弱點，我已經見多了。更大、更困難的挑戰，其實是如何看到「潛在」的問題，並在危機「發生前」採取行動。

無能的執行長、虛有其表的內部控管、鬆散的稽核，都是很多組織常見的老毛病，只是外人難以察覺，董事會成員也常常後知後覺。

這就是為什麼我覺得目前正在發展、可是又還沒完全落實的美式管理方式——讓董事長和首席執行長的職責涇渭分明，前者確保董事會運作順利、資訊及時，後者則負責發展及執行公司政策——是還不錯的方式。

現在越來越多公司縮小董事會規模，我十分贊成。在我待過的大型董事會裡，個別董事通常都不會想要有強烈的影響力或責任感。而且，我認為退休年齡雖然可以合理地比傳統標準的七十到七十二歲更往後延一些，但到七十五歲大概也差不多了。如果沒有設限，有時在「老前輩」已經沒有貢獻能力的時候，很難開口請他們讓賢。

董事會成員往往被視為閒差，是一種對以往貢獻的獎勵，只需要全力支持執行長就夠了（說不定他就是提名你的人呢）。然而，不管董事是什麼年紀、什麼背景，都該擁有真正的責任感，而不僅是向公司提供策略性願景或行銷、科技方面的見解，因為這些事公司顧問都能做，董事該做的是強烈要求公司在營運、會計和道德標準上做全面的提升。

雀巢公司是經營良好的食品業巨頭，我曾在它的大型董事會任職多年[3]。董事會主席非常優秀、稱職，經常就策略問題諮詢幾位瑞士籍董事，我的好友、瑞士央行前行長弗里茨・洛伊特維勒就是其中之一。在我第一次參加董事會會議後，他把我拉到一旁。

「保羅，你可以發問，但問太困難的問題，就是你的不對了。」他半開玩笑的告誡我。

卸任一個主席，變成三個主席

三十年後，我感覺到世界真的變了。

毫無疑問，我也有過失敗的經驗：人在董事會裡，卻完全看不出公司有危機，也未能堅持行政監督之責。我在擔任原本商譽極佳、分占銀行業和人壽保險業領先地位的美國信孚銀行和保德信人壽的董事時，就經歷了這樣的慘痛教訓。突然爆發的管理失誤，和未能及時處理的道德問題，讓我和其他經驗豐富的董事措手不及。當時這兩家公司的董事會行動不夠早、力度不夠大，讓公司差點就被以刑法起訴[4]。

幸好，最後運氣不錯，勉強閃過。但我認為，指出這兩家公司的危機，應該是董事會的主要責任，想要依賴監督機關發現問題，是不切實際的期待。諷刺的是，現在很多企業明文寫下對道德標準的要求，結果卻反而做不到，報紙上幾乎天天都有企業管理階層違法失德的新聞。

至於慈善機構的董事會，情況有點不同。首先，董事資格不可避免的一定和過去或將來預期的捐款，以及個人的公眾形象有關。聲望越高的慈善機構，董事會就越容易尾大不掉，真正負責的往往只有一小群董事，其他人都只是掛名而已。這是一貫的默契，所以這群人的投入和經驗，就成了一切的關鍵。

離開沃爾芬森公司後的「退休」期間，我同意擔任三個符合我個人和專業興趣的非營利機構的董事會主席。雖然每個機構使命不同，但目標卻是一致的。

紐約國際學舍（International House in New York）大約可容納七百人，為來自世界各地的研究生提供住宿及多元的文化體驗。在小約翰・戴維森・洛克菲勒（John D. Rockefeller Jr.）及克利夫蘭・道奇（Cleveland H. Dodge）聯手創立後，他們的家族積極參與學舍運作將近百年，延續它的使命感並持續管理，讓它聲譽卓著，美國其他地方、歐洲及日本在設立國際學生公寓時，無不以它為樣本。

相較於一九二〇年代，如今的國際教育非常普遍，每年都有數十萬外國學生湧入美國各地大學[5]。然而，國際學舍依然扮演著特殊的角色，不僅是留學生的第二個家，也給予外國學生和美國學生每天接觸多元文化和各種專業的機會。

以紐約國際學舍為例，三十名董事擁有共同的願景及長期合作的關係[6]，其營運資金大部分都能由房租收入自給自足。多年來，由唐・庫內奧（Don Cuneo）帶領的內部管理團隊，規模小，但極有紀律。不過以我這個外聘的董事會主席來看，他們對學生有點保護過頭了。

國際經濟和貨幣事務協商小組（Consultative Group on International Economic and Monetary Affairs）的規模更小，而且自視甚高，很有一點為所欲為的味道。外界多半以「三十人小組」或「G30」稱之。它成立於布列頓森林體系解體之後，成員大部分是退休的資深央行行長和財政部官員，加上少數幾個活躍在金融市場、國際商務和學術界的人士。每半年一次的會議為前任和某些現任的高級財政官員，提供了進行非正式辯論和討論的寶貴機會。

也許更重要的是，G30 不時會資助當前議題的研究。我在一九九三年接任主席，幾個月後，G30 就發表了一份決定性報告[7]，報告的主角就是當時還依附在其他基礎資產之下、在金融契約產品世界裡尚處於萌芽階段的衍生性金融商品。

公正獨立，就該從自己做起

二〇〇八年七月，我和兩名同事一起成立 G30 指導委員會，任務是研究長期、全面的金融改革建議。由我擔任主席，史蒂芬·席克（Stephen Thieke）擔任專案經理。史蒂芬十分勤奮，擁有中央銀行和商業銀行風險管理的專業經驗。二〇〇九年一月，我們成功發表了報告[8]，發表時間夠早，才能對國際金融危機後的金融改革，產生及時的影響力。

我們在報告中建議，將所有監管和法規整合在單一機構之下，以管理那些最大、最複雜的金融公司，並且調高資本標準、強化風險控制（包括受益於存款保險和聯準會融資的金融機構自營業務），同時我們也強調必須對所有金融市場進行有效監督。我在後面章節會講到，在和新上任的歐巴馬總統會面時，我也提出相同的建議。

就像其他獨立的專家團體一樣，G30在表達公開立場時，必須確保報告不失獨立性，而且不偏袒本身成員的特定利益——華盛頓的專業說客已經太多了。為了負起上述責任，G30推動金融機構的領袖出面支持並承諾，加強內部控制和企業文化價值。雖然企業的價值觀通常會寫成書面聲明，但這裡的要求顯然更上一層樓。我推薦二〇一五年的研究報告〈銀行文化與行為：持續全面改革的呼籲〉（Banking Culture and Conduct: A Call for Sustained and Comprehensive Reform）[9]，由威廉·羅德斯和羅傑·弗格森（Roger Ferguson）共同領導的團隊執筆完成。儘管銀行文化和行為的相關性很明顯，但真要強制落實卻很困難。

富國銀行就是一個很好的例子。它一度還被譽為「以客戶為導向」的典範，但如今卻因為無法抵賴的詐欺商業行為，而受到嚴厲抨擊。這是一個再明顯不過的例子：現有的績效獎金制度缺陷，導致上自管理階層、下至普通員工，全將自己的利益置於道德之上。

富國銀行員工的不道德行為，牽涉的範圍之大，在美國是史無前例的，甚至連櫃檯人員都涉入其中。然而，扭曲的績效獎金制度已經在各行各業普遍流行。

現在大型銀行（或者其他金融機構）執行長薪資大幅成長，但他們對銀行的貢獻，真的比四十年前的執行長高五到十倍嗎？我很懷疑，至少從經濟成長率上看不出來。當然，他們的貢獻也沒反映在一般員工的薪資上，金融危機發生時，他們也沒有帶領銀行遠離風暴的能力。

發放個人獎金，毀了銀行將顧客擺在第一位的理念

我一直想不通，以達成某項特別「指標」為誘因的高額績效獎金制度，與改善管理有什麼關係？但我知道這麼做，絕對會造成和客戶之間的利益衝突。

無論是好是壞，這種做法和我以前在大通曼哈頓銀行工作時學到的完全不同。當時一位資深銀行家教導我，一旦發放個人獎金，將會毀掉商業銀行將顧客擺在第一位的經營理念。

事實證明，他是對的。

不同於規模小、只關心特定議題的 G30，日漸壯大的三邊委員會，是我在非營利組織的另一個極端經驗。一九七〇年代早期由大衛．洛克菲勒創立的三邊委員會，由卡特總統的國家安全顧問布

里辛斯基（Zbigniew Brzezinski）教授帶入深厚的學術和政策知識，其首要目標是促成日本和西方民主政體展開更緊密的政經合作。

三邊委員會很快就引起學術界、智庫的注意，北美、歐洲和日本商界領導人也同感興趣，這些全都反映出在開放、自由社會的背景下，國際市場的快速擴張。

受邀加入的成員很快擴增到兩百多個。年度會議（以及後來的區域會議）吸引不少位高權重的政策制定者，因為他們急於利用這個機會向有影響力的成員發表談話。三邊委員會還贊助了許多具有國際重要性的地緣政治、經濟和環境議題的重大研究。

一九九一年，我受邀和德國自民黨主席奧托・格拉夫・蘭布斯多夫（Otto Graf Lambsdorff）、日本索尼公司共同創始人兼主席盛田昭夫一同擔任三邊委員會的領袖。在盛田昭夫之後，亞洲主席的位子則由宮澤喜一接任。在我長達十年的主席生涯中，最滿意的是在最後幾年我們成功的將墨西哥納入會員。在猶豫很久之後，日本終於邀請南韓和其他亞洲民主國家加入。有時，委員會也會邀請來自俄羅斯和中國具有政策影響力的人士與會。

這帶來一個清楚而明確的訊息：自由民主和開放市場已經成為世界主流，蘇聯的最終解體和東歐民主化似乎更證實了這一點。中國在一九八〇到九〇年代也朝著更加資本化、市場化的方向改革開放，證實了美國在二次大戰後的領導地位，已確實在重建世界新秩序這方面取得了成功。

遺憾的是，對於開放民主社會及自由貿易的價值，當初所形成的共識如今卻已搖搖欲墜。違反常理的民粹主義猖獗；歐洲邊緣、亞洲和部分拉丁美洲的威權政體，讓世人不得不關注。像三邊委員會這類的組織，在當今世界的作用毫無疑問受到了挑戰。

顯而易見的是，儘管三邊委員會的規模和範圍都在成長，但它的關注度和影響力卻似乎在逐漸萎縮。由於必須顧及其他職責，積極的企業參與已經變得越來越難以維持。

只要一說「問題出在政府」，就會響起如雷掌聲

貫穿我職涯的主線，是來自公務生涯的挑戰和滿足感。

我非常了解美國各級政府機關的低效率、浪費和短視的政治花招，而人民對政府的質疑自然也已內建在集體意識之中。難怪雷根總統每次演講時只要一說「問題出在政府」，就會立刻響起如雷的掌聲。

是的，在某些方面，確實是這樣。政府是國家組成的必要條件，也是成功社會不可或缺的部分，我們當然得盡力讓政府有效率的運轉。

這也是為什麼在正式離開聯準會的前兩週，我會答應出任剛成立不久、由民間資助的國家公共服務委員會（National Commission on the Public Service）主席。

主席沒有薪水可拿，所以這和錢或權都沒有關係。儘管我當時沒想那麼多，但我的動機其實更

偏向私人因素。公共服務很重要，每當聽到有人詆毀公共服務時，我沒說出口的內心反應通常是：「閉嘴！我父親是公務員，他領的薪水雖然不高，但他可是廣受愛戴。」

委員會的理念和專業工作人員的領導風格，反映出我對聯邦公共服務日漸下滑的能力和越來越不受尊重的擔憂。最近退休的資深外交官布魯斯・萊根（Bruce Laingen）就是個最好的例子。一九七九年，身為美國駐伊朗大使館代辦，他在人質危機中被抓並隔離監禁了好幾個月。當時這個事件緊緊牽動了美國民眾的心，也影響了卡特的連任之路。

布魯斯並未因此而對為國服務的價值感到失望。相反的，他長期的外交經驗似乎更加強他對改善政府效率的責任感。招募、適當培訓、合理獎勵有天分的年輕男女建立公共服務的能力，尤其是在他最注重的外交方面。

三十年前，我們將遍及政府所有部門、越來越嚴重的運作弱點，稱為「無聲的危機」。它已經逐漸惡化了許多年，只不過社會大眾和大部分的政治領袖對此所知甚少。

在我加入委員會之前，布魯斯和早期支持者已經吸引來一批有能力且經驗豐富的領導者。他們來自各行各業，使得政府、商業、勞工和學術界等領域的廣泛政治觀點都得以表達，其中還包括前總統傑拉德・福特（Gerald Ford）以及兩黨傑出的前內閣官員。當然，商業和工會的經驗也都派上了用場。

我們人數不多，但全心投入，在雙管齊下地整合個人經驗及廣泛研究後，我們完成了一份有說服力的報告：「美國的領導力：重建公共服務」[*1][10]。

一九八九年三月，我們在白宮內閣會議室自豪的將報告遞交給老布希總統。老布希一生幾乎都在政府服務，既接觸過國會的政治面，也在領導中央情報局和擔任副總統期間，明白提高行政效率的必要性。身為總統，他認同我們的目標[11]。但我清楚，所有人也都很清楚，就像我們在報告中指出的，建設性的改革需要「兩黨持續且一致的承諾」。

我們為此說服國會授權一個新的小組，專門負責每年審查改革的進展。備受尊敬的賓州前州長兼國會議員威廉・斯克蘭頓（William Scranton）同意帶領這個小組，這讓我感覺事情真的有了進展。

柯林頓總統就任不久，便向國會發表了首次的聯合演講，報告他打算進行的優先事項。在演講中，他為了表明提高政府效率和削減開支的決心，提議削減數千個聯邦工作職位，並凍結薪酬[12]。這剛好和我們報告中擴大公共服務投資的提議背道而馳。他還說，他計畫削減一百五十項具體開支。結果他提議的項目裡，除了像建國兩百週年委員會這類不必要的項目[13]，我們提議（而且非常必要）的獨立顧問委員會（Independent Advisory Council）竟也名列其中。好笑的是，該委員會根本還沒開始運作，而且基本上不會花政府一毛錢。

[*1] 傑出的公共行政學者查爾斯・萊文（Charles Levine）是我們委員會的副主任，在一九八八年九月猝死，得年四十九歲。所幸另一位有奉獻精神的年輕學者保羅・萊特（Paul Light）願意加入，幫助我們完成報告。

儘管如此，看似漠視我們努力的柯林頓政府，其實推行了一項重要改革：由副總統高爾主導的「政府再造運動」。這項改革有助於讓社會注意到這類的挑戰，只不過效果有限。到最後它總是會不斷受到其他優先政策的干擾。

我們的努力確實產生了一個直接相關的成果：成立一個專注於州政府和地方政府的新委員會，由密西西比州前任州長威廉・溫特（William Winter）擔任主席[14]。新委員會提出的結論，為我們遞交白宮的報告做了很好的補充。這兩份報告雖然引起公共管理和政治學院的注意，但是我從在伍德羅・威爾遜學院有限的工作經驗中觀察到，學術界對有效公共管理的挑戰，其興趣和支持度似乎都在持續下降。

幾年後，我非常固執地重新加入另一個也叫國家公共服務委員會的組織。它的規模小許多，但成員同樣優秀。它的建議範圍更廣[15]，呼籲對聯邦管理架構進行全面審查，必要時合併或取消某些內閣部門和其他機構。國家需要強大的政治領導力，但同時也應該強調並鼓勵專業管理的能力。

據說在小布希政府時期合併了原有的二十二個聯邦部門和機構，新設立的全新國土安全部，就是援用這個報告所建議的模式。

願意嘗試是好事，可惜執行得很差。

國土安全部既沒有強大的政治領導力，也缺乏必要的實際行政能力。二〇〇五年卡崔娜颶風時，它的緊急應變有多失敗，就是最戲劇化的一次展示了。

第13章

大屠殺，六百八十萬個帳戶

一段悲傷的歷史

一九九六年，在我即將離開沃爾芬森公司時，代表世界猶太人大會（World Jewish Congress）和瑞士銀行家協會（Swiss Bankers Association）的調解人柯蒂斯·霍克斯特（Curtis Hoxter）來找我，問我是否願意針對瑞士各銀行如何處理納粹大屠殺受害者存放資金一案，領頭進行調查。

顯然，這是一個在情感上和政治上都很敏感的問題。前人所做過的努力都沒能成功。在我力爭之後，雙方終於都肯給我某種程度的承諾，因為無可避免的，這次調查不但代價高昂、爭議不休，而且結果還很可能令人感到不安。

德高望重的瑞士國家銀行前行長弗里茨·洛伊特維勒，曾跟我在雀巢董事會共事過，他勸我不要再猶豫。他強調得到公平調查對瑞士人民十分重要；猶太社區砲火猛烈地攻擊瑞士銀行的不道德行為，不僅有辱瑞士的國家名譽，也傷害到銀行本身的信譽。如果有公平可信的調查，雙方都能受益。

弗里茨是我很親密的好友。他不止一次在爭取歐洲銀行支持拉丁美洲債務危機處理時，扮演關鍵角色。他告訴我，調查不會讓我損失什麼。畢竟五、六十年前開設的長期靜止帳戶，不會有什麼可用的銀行紀錄。再說雙方都信任我，我可以很快釐清爭論的焦點，協商賠償金額，只要幾個月就能大功告成。

他錯了，而且錯得很離譜。

釐清事實和正義，恢復國家榮譽

布魯克林的美國聯邦法院收到好幾宗控訴瑞士銀行的不同集體訴訟，讓事情變得更複雜。控方為大屠殺受害者家屬索求數十億美元的現金賠償，卻提不出關於個別索賠人或瑞士銀行做法的決定性證據。

法官愛德華．科曼（Edward Korman）合併這些案件，但暫不宣判，而是等待協調結果以及名人獨立委員會（Independent Committee of Eminent Persons）的最後調查報告出來再說[1]。

這讓我很擔心，但還是同意擔任獨立委員會的主席。命中注定，法官和我非攜手合作不可[*1]。

不久之後，世界猶太人賠償組織（World Jewish Restitution Organization）和世界猶太人大會共同選出三名代表和兩名候補，加上瑞士銀行家協會選出的同樣人數代表，組成一個叫「伏克爾委員會」（Volcker Commission）的小組[2]。可以理解的是，雙方都有很深的不信任與互相猜疑。然而，當我們開始調查時，瑞士政府和瑞士銀行家協會顯然都很堅持要找出真相，無論調查結果有多麼難堪。瑞士銀行監管機構提供法律授權，我們得以拿到銀行紀錄，為調查提供關鍵的幫助。一九九六年十二月，瑞士國會成立了一個平行的獨立專家委員會，成員來自各個國家。這個稱為「貝爾吉委員會」（Bergier Commission）的組織，負責更深入調查瑞士—納粹—猶太的三方關係，並擁有法律權限可以調閱包括銀行在內的所有證據。

雖然投入的時間、成本和不確定性，以及最後的現金賠償都很可觀，但大家最重視的其實不是錢。對猶太人來說，他們要的是澄清事實和正義；而對瑞士來說，直截了當的承認長期否認的罪行，以及恢復國家榮譽才是重點。

靜止戶後十年就能銷毀資料，怎麼查？

即使雙方都願意合作，名人獨立委員會的調查仍是舉步維艱。

*1 直到寫這本書時，我才知道集體訴訟中要付給大屠殺受害者的賠款有好幾千筆，而最後一筆支付已在近日完成。

我們最初求助的一流會計師事務所，都因潛在聲譽和法律風險而卻步。最後，五大事務所終於被說服以團隊方式來降低商業風險，避免利益衝突，同時也激勵競爭、追求卓越[*1]。

由於瑞士的法律允許帳戶在變成靜止戶十年後就能銷毀資料，因此瑞士銀行非常篤定的認為，應該找不到什麼紀錄。然而，在名人獨立委員會工作人員的努力下，出乎大家預料的，居然找到了數百萬筆零散的紀錄，有些甚至是放在高山的洞穴裡，早就被銀行忘在腦後，或根本就希望它們不存在[*2]。

不可否認的，找到的紀錄大都殘破不堪，有的寫了名字和日期，卻找不到地址，可能只存了開戶的金額，有的在開戶幾年後就幾乎沒再交易過。

不過，後來我們發現，大屠殺時期在瑞士銀行開立的六百八十萬個帳戶中，有四百一十萬個帳戶仍然有紀錄可查[*3]，而且不是所有紀錄都是殘缺不全的。事實上，基於銀行的資料和其他研究（包括受害者名單），我們初步推定這些帳戶中至少有五萬四千個帳戶，「可能」、「或許」屬於大屠殺的受害者。

最後，經過再一輪的審查後，我們終於對外公布了兩萬一千個可能屬於受害者的帳戶。另外一萬五千個帳戶不在公布的名單上，但允許它們被用在索賠分析上。可以確定的是，許多可能的索賠人都已經死了，我們必須確認他們的家人和繼承人的身分。在缺乏更精確證據的情況下，我們只能推估帳戶規模和損失的收入。調查一結束，我們就會在蘇黎世成立一個由瑞士和美國律師組成的團隊，處理個人索賠事務。

悄悄把靜止戶的存款，從報表上抹去

由於個人帳戶的證據零碎、時間久遠，以及索賠人數眾多且年歲已大等因素，瑞士銀行針對大屠殺受害者及其家屬的調查，無法完全令人滿意。

我們找不到確切的證據，證實瑞士銀行明知故犯，聯合抵制大屠殺倖存者和繼承人查閱帳戶。然而，毫無疑問的，確實有許多銀行故意阻止或實質上拒絕潛在索賠人查閱資料。這些銀行既沒有保留足夠的紀錄，也懶得回應被害者親人的查詢。

我們找到幾家可疑的銀行，甚至有些還有詐欺行為的明確證據。在某些情況下，瑞士銀行家協

---

*1 這五家事務所為安達信（Arthur Andersen）、永道（Coopers & Lybrand）、德勤（Deloitte）、KPMG及普華（Price Waterhouse）。普華和永道於一九九八年七月合併，但在調查過程中這兩家事務所一直維持各自的身分。

*2 在一次有趣、尷尬的意外事件中，一名銀行保安「拯救」了差點被扔進碎紙機的相關紀錄。銀行顯然已經違反了禁止銷毀戰時紀錄的禁令。再怎麼委婉，銀行高層都很難對此提出合理的解釋。

*3 一九三三到一九四五年間的兩百五十四家銀行經過合併和收購後，到我們調查時已減少至五十九家。事實上，瑞士最大的兩家商業銀行就合併了其中的一百四十一家。

會似乎也只做出有限的、實質上是誤導的回應。有人為瑞士銀行辯解，認為他們是因為保密法和時間太過久遠，所以才不採取行動，但這種說法根本站不住腳，因為銀行歷年公布的資產負債表中，屬於那些靜止戶的金額顯然刻意被從負債項目裡抹去。

當初我們未能證實並揭露的銀行間聯合抵制的共同協議，在多年後還是被找到了。貝爾吉委員會利用瑞士政府更全面的授權，終於證明瑞士銀行之間確有合謀，也證明了幾家大銀行達成過誤導被害者親人查詢的協議[3]。

如今回想，我必須承認我不敢肯定由我們設計、用來計算被核准求償帳戶的償付公式是否百分百合理。因為，帳戶餘額通常都是估計值。

我們所用的方法是這樣的：索賠人有權以當時瑞士利率計算來獲得複利賠償。但依照國際標準來說，這些數目其實偏低。我們本來可以，或許也應該，對受害者更慷慨一點，因為理論上，他們大可將這些錢投資在其他地方。當然，這些都只是猜測。我們和貝爾吉委員會曾經努力想查明借用瑞士人名義所開設的帳戶，可惜沒能成功，儘管所牽涉的數額可能非常龐大。

雖然我們只得到有限的授權，但在報告中，我們還是指出一個非常重要的結論：瑞士法律對於如何處理長期靜止、無人認領的帳戶缺乏統一的規定，導致銀行做法不一，只要銀行有意就能利用這點來提升自身盈利。因此，瑞士有必要制定統一的財產充公法。

其實早在十多年前，我直接參與調查的任務已經結束了。除了一九九九年十二月的調查結案報告外，我們還為評估個人索賠和授權付款的流程制定了嚴格的綱要。所有一切都在布魯克林的科曼法官眼下進行，畢竟他手上的獨立集體訴訟尚未結案。原則上，他從這筆十二億五千萬美元的和解金中預留了部分資金，以確保個人索賠會得到足額支付。

總而言之，這是一段悲傷的歷史。更令我難過的是，我聽說瑞士後來出現一場政治運動，試圖否決伏克爾委員會和貝爾吉委員會報告結論的有效性。早已離世的弗里茨·洛伊特維勒地下有知，絕對會不開心。

我必須慎重感謝麥可·布拉德菲爾德在調查大屠殺時的幫助。他自始至終扮演著舉足輕重的角色，沒有他，我不可能完成這件大事。我們從一九七〇年代在財政部共事時就相識，他既是我的同事，也是我親密的好友。

從一開始，麥可就不相信瑞士銀行關於個人帳戶紀錄已經丟失或完全毀損的說法，並強勢地帶領銀行和會計師尋找真相。他設計並執行確定索賠人家屬身分的程序。在我離開之後，他仍留下來以「指派特別主管」的身分幫科曼法官工作了好幾年。

麥可在二〇一七年過世。在他的努力下，集體訴訟獲得了將近十二億九千萬美元的賠償，其中的七億兩千萬美元由瑞士銀行賠給大屠殺受害者及他們的繼承人。麥可下定決心找出每個帳戶和帳戶主人到底發生什麼事的毅力，是他給世人的永久餽贈[4]。

聯合國、IMF、世界銀行、WTO，都是美國主導的產物

我相信國際組織在當今世界扮演了不可或缺的角色。一個簡單的事實是，許多機構——聯合國、國際貨幣基金組織、世界貿易組織、世界銀行等等——都是美國主導的產物。整體來說，在維持國際法治、維護和平、救助自然災害、處理難民危機、鼓勵發展等方面，這些組織都發揮了重要的協調作用。

我也認為每個國際機構都有自己獨特的文化，它們就像一個繭，包裹著來自世界各地的員工，將他們隔離於各國的習俗、法律和程序之外，卻對組織內部的政治極端敏感。這些機構通常都不注重效率，而且不管從外部或內部都缺乏有效的監督。以上是我進入二十一世紀後，花了十年在兩個國際組織管理問題的獨立調查上，親身體驗的感想。第一個是關於聯合國對伊拉克「石油換糧食計畫」全面貪腐的指控。這些指控牽連甚廣，甚至連廣受歡迎的聯合國祕書長科菲·安南（Kofi Annan）也身陷流言蜚語之中。

第二個是關於世界銀行的內部衝突，還有該如何解決越來越嚴重的貪腐問題。看來，這兩者似乎已經威脅到整個組織的效率了，而被逼下臺的新行長只不過是代罪羔羊。

拿你的石油，來換我的糧食，結果……都被汙走了

從今以後，聯合國有史以來最嚴厲的強制性經濟制裁，就被聯合國史上規模最大的人道救援給淡化了[5]。

——荷蘭駐聯合國大使彼得・凡・瓦森（Peter Van Walsum）

聯合國在一九九六年啟動的石油換糧食計畫，立意良善：確保聯合國為了打擊腐敗和具威脅性的海珊政權而採取的貿易制裁措施，不會導致伊拉克人民遭受飢荒和其他人道上的威脅。實施以油換糧的計畫，需要監督伊拉克和數千個進口商、出口商之間的交易。在計畫實施的七年間，交易金額超過六百四十億美元，至少涉及八十八個國家。成千上萬筆批准的「人道救援交易」所牽涉的價錢和運輸，為貪官汙吏提供了可乘之機。一貫管理鬆散的聯合國，必須面對極為複雜的監控挑戰；而聯合國安理會幾乎將所有監督的力氣，都用在確保伊拉克沒有鑽漏洞，拿這些錢購買軍事裝備和核子原料。

聯合國祕書長花了很大力氣，才說動我主導調查任務。他最有力的論點是，他已經說服兩位極佳人選同意加入即將成立的三人獨立調查委員會。一位是南非大法官理查德・戈德斯通（Richard Goldstone），他在南非種族隔離制度結束時，因為負責調查南非警察和軍隊的腐敗、暴行而聞名。

另一位是瑞士律師馬克．皮埃斯（Mark Pieth），專精政府及企業的跨境貪腐和洗錢，一直都是世界經濟合作暨發展組織遏止國際貿易和投資貪腐行為的中堅力量。

為了調查成功，我要求我們需要足夠的人手工作一年或甚至更久，還要保證撥給我們數百萬美元的經費，並得到安理會完全的支持。而且，我們調查的結論和分析必須對全世界公開。

這件事攸關科菲．安南的清譽，因此他同意了所有條件。於是，我在二〇〇四年成為調查委員會的主席。很快的，各界便開始以「伏克爾委員會」，代替正式的官方名稱「聯合國獨立調查委員會」（Independent Inquiry Committee (IIC) of the United Nations）。

既不能發傳票，又沒有國家授權，成功是天方夜譚

本質上，我們的任務是調查聯合國對石油換糧食計畫的管理失誤或管理不善的指控。但說得更全面些，我們要調查的是聯合國承包商、伊拉克石油購買者及人道援助的提供者，是否涉及任何非法或貪贓舞弊的行為。

大體上，這對我來說是一段令人滿意的特殊經驗。委員會成立之後，我們輕而易舉的就招募到非常能幹的調查員。他們大都來自美國律師事務所，也有其他國家的資深律師。經驗豐富的會計師也跟著加入，其中有幾個曾經和我一起在瑞士銀行一案調查過納粹大屠殺的猶太人受難者帳戶。能

幹又熱情的基層職員熱切地想貢獻一己之力，在鼎盛時期，獨立調查委員會擁有來自二十八個國家的八十多名工作人員。

然而，要找到一位受人尊敬的傑出領導來處理複雜的國際關係，並帶領這支熱忱有餘但結構欠佳的團隊，卻是一大挑戰。幾位即將退休的美國資深律師，都婉拒了參加這項可能有潛在爭議的調查。幸好，我在機緣巧合之下，解決了這個難題。

前加拿大駐美國大使艾倫·戈特利布（Allan Gotlieb）是我的好朋友，猜想我正在為找不到人發愁，於是打了電話給我，告訴我里德·莫登（Reid Morden）正好有空。里德曾是加拿大外交部的高級行政人員和副部長，後來成了加拿大安全情報局局長（相當於美國情報和原子能辦公室機構負責人，只是規模沒那麼大），曾在職涯早期被派到聯合國工作。里德有充分的意願並做好了準備，樂於以豐富的經驗和技術管理一群精力和能力都處於顛峰的年輕人。

這次的經驗真是讓我大開眼界。許多旁觀者嘲笑我們，既不能發傳票，又沒有國家授權，想要成功根本是天方夜譚。事實證明，這兩個障礙並不是不能克服的。

正如委員會裡經驗豐富的調查員所預料的，那些受到指控的或擔心受到指控的人，會想和我們對話。銀行也很配合，甚至連在之前調查時很不合作的瑞士銀行也不例外。瑞士政府也竭盡所能地做好保密法的解釋工作，使其不成為阻礙（我猜測瑞士政府之所以這麼配合，是為了努力展現它身為聯合國新成員的價值，因為瑞士在二〇〇二年才加入聯合國）。我們可以從伊拉克拿到幾乎全部的資料，雖然我們一開始不信任這個國家，後來更明白指出它的非法行為，但伊拉克給我們的資料卻始終準確可靠。毫無疑問的，伊拉克的辦事員和低階官員顯然很想把上級批准的每一筆交易都記錄下來。

即使有足夠的理由懷疑回扣、違法定價及其他脫序行為，我們仍然不可能對數以萬計的交易逐一展開調查。不同政府的配合度，也不相同。

出乎意料的是，英國政府一點忙都不肯幫，即便總部位於蘇格蘭的工程公司偉爾集團（Weir Group）在二〇〇四年七月自願揭露公司的違法行為[6]。英國重大詐欺犯罪偵查署（Serious Fraud Office）在認定石油換糧食計畫有貪贓舞弊之嫌後，也不將它當成重大罪案來看，這樣的態度讓我們的團隊深感困惑。

英國早在二〇〇一年便已認定海外賄賂違法，卻在二〇〇六年迫使重大詐欺犯罪偵查署停止調查出售英製飛機給沙烏地阿拉伯的大規模行賄案[7]。總檢察長戈德史密斯勳爵（Lord Goldsmith）在國會解釋這個決定時表示，終止調查只不過反映了國家和國際安全高於法治的事實而已[8]。在「議會之母」的英國國會發表這樣的聲明，立場很清楚，卻令人意外。無論如何，後來英國亡羊補牢地給了重大詐欺犯罪偵查署更多經費，讓他們開始調查石油換糧食計畫。問題是時間有點晚了，而且經費還是不夠多。

相反的，法國有位法官似乎認為可能有政治高層涉入（後來證實他的懷疑是對的），主動找我們交換調查情報。不出意料的，俄羅斯和中國拒絕合作，但伊拉克的紀錄清楚證實了中俄兩國官方的參與。每週從莫斯科運到巴格達的伊拉克外交郵袋，裡頭所裝的大量美元現鈔，顯然就是用於不法行賄。

澳洲小麥局給了海珊兩億兩千萬美元回扣

委員會只能對少數幾家從事非法活動的公司展開調查，其餘的只能寄望相關國家能夠根據明確的涉案線索，進一步往下追查。調查結果顯示，最大的單一違規者是當時得到澳洲政府資助、壟斷澳洲所有小麥出口的澳洲小麥局（Australian Wheat Board）。我們發現，做為石油換糧食計畫最大的人道救援提供者，澳洲小麥局以運費名義付給海珊政府超過兩億兩千一百萬美元的回扣，大肆抬高小麥的價格。

澳洲確實積極展開內部調查，基本上證實且擴大我們的調查結果。然而不知何故，調查最後卻無疾而終。據傳有人指控，行賄其實是澳洲政府暗中鼓勵的。我們僅知道，壟斷小麥銷售的澳洲小麥局，後來就被解散了。

我們調查到的其中一件事，卻在印度掀起了意想不到的瘋狂好評。在最終報告中，我們指出許多可能的非法貿易受益者[9]，其中就有一個名為納特瓦爾．辛格（Natwar Singh）的人。但我們不知道的是，這位辛格先生卻是印度民望極差的外交部長。辛格一下臺，所有的印度媒體無不拍手叫好，紛紛以頭條新聞盛讚「伏克爾效應」[10]和「伏克爾報告」[11]。讓我在印度當了一天的英雄！

對聯合國的貪腐指控，不可避免的挑動了美國國會的政治神經。曾經有段時間，國會有五個委員會將以油換糧計畫的問題放進他們的議事日程。美國國會的調查顯然帶有偏見，勢必會使我們的工作更複雜。我以保持獨立和客觀為理由，拒絕向國會正式作證。還好我尚能說服國會的關鍵領袖，讓他們認同緊張的壓力和競爭只會為彼此的工作帶來負面影響。為了確保我們能專心調查並維持政治中立，我最後同意向美國和其他聯合國會員做非正式的簡報。

聯合國副祕書長收賄東窗事發，逃回塞浦路斯……

美國和聯合國最關心的政治核心問題，自然是祕書長科菲・安南是否對石油換糧食計畫有過不適當的影響力，或者至少有嚴重的利益衝突。伏克爾委員會確實花了很大的力氣在這個問題上面。我們努力尋找線索，經驗豐富的調查員全心全力的投入，但是未能發現任何證據證明祕書長從中牟利，不當影響石油換糧食計畫的交易或決策。比較有問題的，倒是他是否知道他兒子科喬（Kojo）所任職的公司，也是該計畫的供應商？科喬曾跟著祕書長在紐約住過一段時間，所以自然對石油換糧食計畫有些了解。

不過，我們後來還是找到了聯合國官員從分配石油銷售合約裡間接收取金錢的證據，當事人是當時的副祕書長貝隆．塞萬（Benon Sevan）。他長期被聯合國委以重任，特別是在管理範圍極大的聯合國維和行動方面。他的職位越升越高，那時已經貴為副祕書長。

令人遺憾的是，他沒能抵抗誘惑，透過朋友收取回扣。塞萬向聯合國請假，逃回故鄉塞浦路斯（Cyprus）；塞浦路斯拒絕將他引渡到美國受審，這件事至今仍是聯合國的一大汙點。

我們在結案報告中指出，在石油換糧食計畫期間，伊拉克政權從中獲得約十八億美元的回扣和賄賂。另外，從一九九一年到二〇〇三年，估計有一百億美元的伊拉克石油被走私到約旦、土耳其和敘利亞，直接違反了聯合國的經濟制裁。美國和其他安理會成員肯定知道這些非法銷售，卻未採取任何行動。這讓人們不禁懷疑，違反經濟制裁的情節如此嚴重，都能輕輕放過，那麼更輕微的違反行為呢？

調查中，我們無意發現聯合國內部還有另一個貪腐來源，不是在石油換糧食計畫裡，而是在採購部門。當然不能因為這兩個例子就說聯合國的管理核心普遍腐敗，但其內部控管和調查員缺乏能力的弱點卻昭然若揭。報告中，我們砲火猛烈地批評祕書長對行政管理和反貪腐的控制太掉以輕心。安南也承認問題確實存在，但辯稱他既要履行外交職責，又要對行政監督嚴加控管，實在分身乏術。

委員會強力建議聯合國，可以任命一個由信譽良好的會計師和調查專家組成的獨立監督委員會，審查聯合國加強內部控管和反貪控制的進度。在我的印象中，這個獨立監督委員會有效運作了好多年，在強化控管方面取得了顯著的進展。然而一段時間後，不管是監督委員會或對採購部門的後續內部調查，全都半途而廢。聯合國的管理部門和工作人員本來就認為這種監督太過蠻橫，而會員國也沒有持續支持到底。

同時，委員會也建議由聯合國大會任命一位有能力的「首席營運長」，直接向聯合國大會負責。因為之前加強控管的手段，總會隨著時間逐漸消失。然而，這個關鍵建議卻沒得到支持。聯合國似乎對嚴格的管理紀律非常抗拒，到了最後，這種懈怠只會削弱他們所仰賴的政治和道德支持。

二〇一八年初，伏克爾委員會的工作人員曾在紐約聚會。出席率非常高，許多人千里迢迢的趕來參加。想起大家曾有過共同的使命感、緊密的並肩合作，以及成功而專業的努力，深深撫慰了我九十歲的靈魂。雖然我們在推動聯合國迫切需要的有效管理監督上沒能成功，但這次上天總算給了我一個小小的補償。

世界銀行：錢花了，卻成了貪腐溫床

世界銀行的正式名稱，其實是「國際復興開發銀行」（International Bank for Reconstruction and Development），它所面臨的貪腐危機，源頭不在辦公室內，而在資金流出門後的計畫上。

一直以來，世界銀行的專案負責人能力都很強，身分往往是成員國的卸任高官。世界銀行向來講究專業精神和組織獨立，專案是否成功的衡量標準是進展和支出，以及客戶國的看法。

有個現在看起來很明顯，但一貫被長期忽視的問題：專案有了，錢也花了，卻無法繼續有效執行。問題就在於，缺乏防範貪腐的機制。不知何故，監管一事被視為客戶國政府的責任，與世界銀行無關。

我在處理一個差點惡化為管理危機的失敗專案時，看到了這個問題。詹姆斯．沃爾芬森剛接任世界銀行行長一年多，他勇敢地把這個問題判定為可怕的「貪腐之癌」[12]，認為必須正視問題，立刻解決。

為什麼我會用「勇敢」來形容？因為詹姆斯在國際貨幣基金組織及世界銀行的年會上，在照例應該細數成就、鼓勵人心的長篇演講中，一反常態的呼籲大家關注這個長期以來刻意被忽視的問題。世界銀行的高階主管對此相當不悅，畢竟他們故意忽略這個問題，甚至已經到了只要在正式報告裡見到「貪腐」二字，就立刻刪除的地步。他們的說法是，貪腐是政府的問題，責任不在於這個致力於經濟發展的機構。詹姆斯不顧反對，堅定地成立了由專業人員主導的廉政部（Department of Institutional Integrity）。然而，我可以感覺到阻力從一開始就很大，而推動力道卻遠遠不足。

詹姆斯任期只到二〇〇五年，保羅．伍佛維茲（Paul Wolfowitz）繼任後，情況很快改變。保羅被視為布希政府強硬派的知識領袖，力挺入侵伊拉克，很不受世界銀行老員工待見。當保羅採用更積極的做法對抗貪腐，並任命精力充沛、恪盡職責的助手蘇珊娜・里奇・福爾瑟姆（Suzanne Rich Folsom）負責主導時，他們就更擔心了。

反對政策及反對個人的兩股勢力很快結合，而且越來越嚴重。世界銀行的調查人員發現，資助印度的一項大型醫療計畫因為貪腐嚴重，幾乎停擺，而主事者卻處理不當。他們沒有及時通知印度政府，導致世界銀行以及它的最大客戶印度都非常尷尬。

世界銀行董事會要求對廉政部及其計畫進行審查。我不記得原因了，反正我再次受邀擔任審查委員會的主席。董事會推薦的其他五位審查人員都非常優秀，於是我接受了邀請。世界銀行集團廉政部的獨立審查小組，成了另一個「伏克爾小組」[13]。

我很快就發現，世界銀行內部的管理人員都很直率敢言，他們顯然對伍佛維茲和他所任命的人不滿，並且敢公開抨擊。他們指控伍佛維茲不當參與女友（也在世界銀行任職）爭取升職加薪的談判。很快的，他便因此被迫離職。取代他的是美國前副國務卿羅伯特・佐利克（Robert Zoellick），為人保守卻備受尊敬，上任後立刻採取行動平息這場風波。

在成員相互尊重的和諧氣氛下，我們的審查順利展開了。奇異公司（General Electric）經驗豐富的法務部長班・海涅曼（Ben Heineman）提出必要且成熟的架構，為這次成功的反貪腐行動奠立基礎。約翰・維里克（John Vereker）子爵是英國高官，曾擔任百慕達總督，對我們報告的內容和簡明扼要的闡述貢獻良多，成功扭轉了我因為重大詐欺犯罪偵查署而對英國官場的負面評價。來自哥倫比亞的古斯塔沃・加維里亞（Gustavo Gaviria）和來自肯亞的約翰・吉松戈（John Githongo），針對發展中國家的貪腐問題，提出鞭辟入裡的看法。傑出的法學教授沃爾特・凡・格文（Walter Van Gerven）以歐盟角度，提出權威性的觀點。

我們和世界銀行所有的高級官員逐一面談，有些人顯然抗拒改變，有些人則表示支持。一位新來的法務長特別熱心，或許是因為她發現世界銀行的內部組織很「怪異」（她的原話）。佐利克行長在事前曾直截了當的告訴我，因為世界銀行內部的動盪和分裂的氛圍，他只能完完全全地接受委員會的建議。後來，他也確實做到了。

我覺得（也許有失公正）我們所設計的制度安排，不僅世界銀行適用，也適用於所有管理複雜、費用龐大、政治敏感的國際組織。這是因為我的同事們不但擁有相關方面的經驗，而且目標一致。

我在報告上簽名，接下來就是得為廉政部找一位受人尊敬的新領袖，並確保世界銀行會授予這個人合適且夠高的層級。這個新部長必須能平等地和世界銀行其他高階主管打交道，並且能隨時見到行長，以表明世界銀行打擊貪腐的決心。

合適的人選出現了。倫納德・麥卡錫（Leonard McCarthy）曾經在南非領導反貪腐運動，一般咸認為相當成功，但也遭遇過頑強的對抗。他已經做好了準備，可以接受國外的新挑戰。在佐利克和金墉（Jim Yong Kim）博士擔任行長期間，世界銀行的反貪腐工作終於受到重視。

八十歲的我，該結束「主席先生」生涯了……

二〇〇六年，反貪腐出現了重大突破。

德國執法單位突擊搜查實力雄厚的跨國工程大企業西門子公司，發現該公司在國際業務中行賄多年，牽涉金額高達數億美元。長期以來，德國政府在追查和防止國際賄賂上都非常被動（一九九九年之前，賄賂在德國是可以抵稅的合法支出），現在終於無法再坐視不管了[14]。

西門子與國際組織的大規模和解及內部管理混亂，使得國際發展機構和各國政府都意識到了這個問題的迫切性。最後，西門子向世界銀行支付了一億美元的和解費[15]，而其中一家子公司更被世界銀行列入黑名單長達四年之久。

二〇一二年，世界銀行決定退出國際對孟加拉建造帕德瑪大橋（Padma Bridge）的援助計畫，這是另一個打擊貪腐的明確信號[16]。該計畫太過龐大，世界銀行的工作人員認為很有可能引發非常多的賄賂和收取回扣的不法行為。世界銀行無疑是在對外表示，它已經不再容忍被動性的方案管理了。

在佐利克行長、倫納德．麥卡錫部長及其得力助手史蒂夫．齊默爾曼（Steve Zimmerman）的領導下，世界銀行的改革促使其他發展機構更能以嚴明紀律展開反貪腐行動，華盛頓的泛美開發銀行（Inter-American Development Bank）也是其中之一。

問題是，能維持多久？

金墉博士多次表達他個人對反貪腐的強烈支持，一些有力的貪腐預防措施，早早就被納入還在早期階段的方案設計中，並與其他機構共同合作，以確保目標的一致性。毫無疑問的，成功之路將會一直不斷的接受挑戰。

我從過去經驗學到，只靠偶爾的演講和內部分析報告絕對不夠。成功追查到的非法行為，其實有昭告天下的必要。各發展機構必須同心協力，定下一致的標準，持續追查任何棘手的大小案件。反貪腐應該是放進各種委員會議事日程的重大議題，而成功的反貪腐案例必須加強力道宣傳，讓世人知道。

我們建議的監督委員會在世界銀行運行了五年，十分成功。遺憾的是，世界銀行未能堅持下去。倫納德．麥卡錫已經離開世界銀行，創立自己的顧問公司。在董事會和行長的全力支持下，他的接班人是否能樹立威信，將會是未來成敗的關鍵。

反貪腐絕非易事，而且往往沒有回報。對於一個機構而言，除了紀律和權力，還要能同等重視會員國提供的資源並納入更廣泛的道德標準，這才是重中之重。

總之，我對我們的工作表現還算滿意，至少我們取得了某種程度的成功。同事們合送我一隻絨毛鸚鵡，表達對我擔任主席的敬意。

二〇〇七年，我八十歲了，這似乎是結束我「主席先生」生涯的合理時候了。至少，我當時是這麼想的。

第14章

踏入黑暗會計世界

沒有負責任的會計，就不可能追究責任

在當今複雜的世界裡，不管是個人、企業或國際，都很難避免會計問題。

我對這三個領域都有所涉獵，但在各領域中，我也看到了對審計專業的信任受到一定程度的侵蝕。而信任，是審計的核心、存在的價值。

我尊敬許多會計業的領袖人物，有些在民間企業，有些在美國審計總署（Government Accountability Office），在調查大屠殺受害者對瑞士銀行的指控、聯合國石油換糧食計畫中的貪腐行為時，鑑識會計師都扮演了關鍵性的角色，我也因此才發現鑑識會計師的重要性。

在這兩項調查中，國際知名的鑑識會計師法蘭克・海多斯基（Frank Hydoski）和他的同事們，充分展示了經驗和專業技能，有能力挖掘出被隱藏的許多鐵證。

遺憾的是，在會計的其他領域，有太多值得懷疑

和擔憂的理由，也有太多便宜行事的動機，以及太多的利益衝突。

太多便宜行事的動機，太多的利益衝突

二〇〇〇年年中，我接到了美國證券交易委員會主席亞瑟・李維特（Arthur Levitt）的電話。他一直和國家證券監管機構特別小組合作，希望建立一套專業且精密的國際適用會計準則。

這個概念我從以前就很認同，所以我無法拒絕落實這個理念的邀請。來自世界各地的商業界、會計界和財經界的傑出領袖將組成一個新團體，成為開路先鋒。

這個新團體就是專業會計師組成的「國際會計準則理事會」（International Accounting Standards Board），是由總部設在倫敦的「國際會計準則委員會基金會」的十九位理事受託人負責任命及監督[1]。規模最大的幾家會計師事務所同意提供所需的三分之一資金，剩下的三分之二（至少在一開始時）是由改制後應該因此獲益的國際企業、投資集團、金融機構和各國央行自願捐助。

為專業理事會選擇一位合適的主席，有足夠的能力帶領世界各地經驗豐富的會計師，是這個理事會能否成功的關鍵。英國會計準則理事會是英國財務匯報局（Financial Reporting Council）的前身，其退休的前主席大衛・特威迪爵士（Sir David Tweedie）幾乎是所有人心中的最佳人選。一直以來，建立高品質的國際會計準則就是他的夢想，所以他點頭接受挑戰。

在我心中，事實上其他理事也這麼想，當務之急就是需要美國的加入。依法，美國會計界的監管上級為美國證券交易委員會（以下簡稱證管會）。長期以來，證管會、會計專業人士、多數美國企業和美國財務會計準則委員會（Financial Accounting Standards Board）都認為，美國的一般公認會計原則（GAAP）就是金科玉律。統一國際會計的唯一合理途徑，就是全世界都採用美國的會計準則。

然而，即使在美國國內，這種觀點也被認為過分誇大 GAAP 的特殊學術價值和政治神聖性，在其他國家肯定更不會被輕易接受。

美國不積極參與，怎麼說得通？

說到底，會計準則並非美國人的發明。美國的會計準則手冊長達數千頁，其他國家不免覺得條文太過細瑣。這是美國監管機構和受監管機構偏好將所有狀況都寫進規定的另一個例子。反觀會計的發源地蘇格蘭（或更廣泛地說是整個英國），卻只制定原則，而將解釋權和應用權留給會計專業人士負責。

儘管美國證管會認為，美國企業短期內不大可能採用國際會計準則，但或許是受到亞瑟・李維特的熱誠影響，似乎也有意願去探索國際共同準則的優點。

有美國證管會前主席和多名美國商界領袖加入理事會，當然不無幫助。許多跨國企業都很感興趣，美國會計師公會（American Institute of Chartered Professional Accountants）也是如此。不管是在我的監督委員會（國際會計準則委員會基金會）或是決策委員會（國際會計準則理事會），美國成員都占了很大比重。

擔任基金會主席，至少一開始確實很愉快。我認識了從世界各地趕來的理事和美國的會員，大家志同道合，有共同的願景。湯姆・塞登斯坦（Tom Seidenstein）是我在普林斯頓教過的學生，在我偶然遇見他時，他正想轉換跑道，於是成了倫敦理事會的營運總監，讓我可以隨時得知理事會面對的挑戰、進展或不足。

事實上，我們很快就取得了相當大的進展。雖然還需經過審查，也對少數金融機構提供有限的「選擇不參與」的特殊待遇，但是歐盟法律至少已經制定出採用國際會計準則的程序。隨後，澳大利亞和紐西蘭等制定會計準則已有悠久歷史且資本市場強勁的國家，也紛紛效尤。

美國證管會主席克里斯多福・考克斯（Christopher Cox）和他的首席會計師有意願採納，日本及好幾個發展中國家對此也表示興趣。在三、四年內，有一百多個國家原則同意採納新的國際會計準則，或至少允許國內企業多一個選項。

雖然美國曾經嘗試要求企業將股票選擇權列入成本，最後遭到政治性的強烈反對而以失敗告終，但國際會計準則理事會是獨立機構，仍要求將股票選擇權列入企業成本。

然而，不管這個主張有多合理，都無法改變人們的思維模式。美國證管會的領袖因此有些退縮，幾個有影響力的美國審計機構和維權團體（以及美國財務會計準則委員會的監督機構），則對新興國家或甚至已開發國家是否能夠嚴格遵守國際會計準則的意願和能力表示懷疑。更重要的是，大衛．特威迪和國際會計準則理事會多數成員所堅持的原則性會計準則，很難和美國 GAAP 的詳細規則合併。

一些不大願意參加國際會計準則的人提出異議，認為國際理事會的管理不周全，而且缺少官方參與。為了回應這一點，我們邀請了五個最相關的國際經濟機構的領導人（而且他們也同意了），來審查受託人理事會的組成。

在我五年主席任期即將結束的二〇〇五年，一些阻礙國際會計準則落實的因素，看似逐漸消失。我對取得某種程度的成功充滿希望，認為至少對活躍於國際舞臺的美國企業來說，國際會計準則能成為他們的選項之一。

事實上，有越來越多的國家表示，他們將會簽署國際會計準則。美國和國際理事會也同意，將會在一些複雜的新領域共同努力。二〇〇七年，美國證管會不再要求在美國註冊的外國公司將他們符合國際財務報導準則（International Financial Reporting Standards）的報表，依照美國公認的一般會計原則加以調節。這是所有人期待已久的結果。

可惜的是，到目前為止，進展非常緩慢。原本最初支持統一會計標準的美國跨國企業，在明白全面實行的機會不大之後，也逐漸失去了興趣。

要實現真正的全球標準化，就必須得到美國官員、企業和會計師事務所更大的支持。畢竟，即使有衰退的趨勢，美國在全球資本市場還是處於主導地位。如果美國不積極參與，反而放手讓其他國家來制定未來要遵守的國際規則，怎麼說得通？但是就目前情況來看，不管是監督委員會或決策制定委員會，美國的參與程度都比之前要少。

不過，我們的努力還是有效的。據我所知，美國和國際會計準則理事會仍定期開會，並在一些共同項目上取得進展，包括和美國證管會的合作。我仍然相信在他們的堅持下，總有一天僵局得以終結。

安隆案爆發，絕望中的安達信請我當「主席」……

我從來沒料到，踏入會計世界後沒多久，就見識到它的黑暗面。

我認識安隆公司（Enron）的董事長肯尼斯．雷（Kenneth Lay），也很欽佩他。他曾經是沃爾芬森公司的客戶，雖然時間不長。他帶領安隆從瓦斯和電力的供應商，轉型成一家科技導向的領先公司，差一點就讓全世界的公用事業起了翻天覆地的變化。安隆是麥肯錫顧問公司（McKinsey & Company）海報上的廣告金童，甚至連他公司的首席執行長傑佛瑞．史基林（Jeffrey Skilling）都是從麥肯錫挖角來的。

確實是翻天覆地。經過十年的瘋狂擴張，安隆華麗的外表終於開始出現了裂縫。巨額虧損隱藏在精心設計的特殊子公司帳目裡，而這樣的做法卻得到安達信這家老字號會計師事務所的幫助和慫恿——因為安隆的財報一直都是由安達信負責查核簽證。

史基林在二〇〇一年夏天突然辭職，讓人更加懷疑安隆公司財務的穩定性。還好當時肯尼斯·雷沒有要求我幫忙。當年年底，安隆申請破產，成為美國歷史上最大的公司破產案。

這件事很令人遺憾。美國國會、證管會和檢方調查出一系列的詐欺行為，包括史基林在內的高階主管都被起訴入獄。肯尼斯在法院判決前，便因心臟病過世。總之，安隆是現代管理學研究誘因和現實做法失控的最佳案例。

安達信之前被視為美國數一數二的會計師事務所，它也一直標榜自己是中西部商業道德的典範。一九一三年在芝加哥創立之後，安達信在世界各地都有分部。公司創立者亞瑟·安達信（Arthur Andersen）和其繼任者倫納德·史帕塞克（Leonard Spacek）都是道德標準極高的全球知名會計領袖。他們主張嚴守會計準則，將衝突降到最低。

然而，時過境遷，激進的年輕合夥人不停挑戰傳統合夥人，想向企業界提供各式各樣的顧問服務，擴大獲利豐厚的業務。十年前，安達信爆發一場激烈的內部鬥爭，沃爾芬森公司和其他顧問公司都無法幫助他們和解。最終，日益壯大、利潤豐厚的顧問業務從安達信分拆出去，另設埃森哲

（Accenture）顧問公司。

剩下的安達信事務所，隨之犯下一個策略上的錯誤。它計畫重建內部顧問業務，即使成本極高也在所不惜。

在安隆大災難發生之前，安達信的業務就已因其他的審計失敗而蒙羞。二〇〇一年中，安達信同意支付創下全美會計師事務所最高罰款金額的七百萬美元，以平息證管會對它在美國廢棄物管理公司（Waste Management Inc.）查核失敗所提起的訴訟[2]。

安隆一敗塗地，使得安達信很有可能必須接受另一次調查，至少官方正式的譴責一定躲不掉。在絕望中——這時的處境確實令人絕望——安達信事務所在二〇〇二年二月初，請求我擔任獨立監督委員會的主席。

我可以選擇兩個夥伴來幫我，而且至少在文件上，我們擁有控制事務所政策和人事的完全授權。我相信這份由專業（且自願的）瓦赫特爾・利普頓律師事務所（Wachtell Lipton）寫下的文件，肯定是美國商業史上最全面的行政授權之一。我的兩個夥伴，一位是美國審計總署前負責人查克・巴舍爾（Chuck Bowsher），也是安達信的前合夥人；另一位則是德高望重的默克公司（Merck & Company）前首席執行長羅伊・瓦傑洛斯（Roy Vagelos）。我認為我們能有所作為，發揮作用。

然而，事情的進展卻不如預期。安達信的主要合夥人約瑟夫・貝拉迪諾（Joseph Berardino）傾全力幫助我們，配合度非常高，他知道事務所面對的是什麼樣的困境。但是，當我們需要整個事務所的全力支持時，很快就發現安達信沒有一個準備好、能立刻介入的內部小組。安達信正式的管理委員會成員分散在世界各地，彼此很少見面，而個別合夥人只能得到有限的授權，在美國之外的合夥人則各有各的做事方法。

我記得在早期的一次會議上，拿到以安達信獨特的豔橙色為封面的行銷手冊時，自己有多吃驚。手冊第一頁列出事務所的服務項目，而審計居然不是列在清單的頭幾項。歷經過去十年的衝突，付出重建顧問業務的沉重代價之後，安達信內部的壓力依舊沒有散去。說得誇張一點，審計似乎已經成為顧問業務之外的雞肋了。

然後，我們遇到一個新的外在威脅：司法部很可能起訴安達信。在之前的討論裡，他們一再向我保證這種可能性非常小。起訴全美五大會計師事務所之一，搞到它破產，怎麼會符合公眾利益呢？出於個人的傲慢，我說服自己，安達信或至少它的一部分，可以在我們的獨立顧問委員會善意的監督下，被改造成會計界的模範生。

大多數較年輕的一群合夥人願意保留安達信的名字，並試著重塑為只接審計業務的事務所。如此一來，不可避免地將會失去許多老客戶。重塑後的事務所規模會小很多，主要合夥人也將以有經驗的查核會計師為核心。雖然這基本上，就是回復成最初的安達信，不過以這種新方式繼續似乎可行。問題在於，合夥人之間無法達到共識，共同利益的意識不足，內部也找不出一個強而有力的人選來扛起領導的重責大任。

唉！敗部復活的最後一絲希望也破滅了。

司法部後來確實起訴了安達信，理由是他們發現有一名律師指示合夥人銷毀與調查有關的文件。我不想監督一家被起訴的公司。這個事件讓美國失去了五大會計事務所中的一個，但諷刺的是，隨後的定罪又在再審時被推翻。我認為司法部可以起訴個別合夥人，起訴整個事務所是個錯誤的決定。

直到我受邀到亞瑟・安達信的母校發表關於安達信事件的演講時，才深刻意識到這個商業悲劇。西北大學經濟系為了向倫納德・史帕塞克致敬，請我在安達信大樓以呼籲改革國際會計準則、加強審計責任為題發表演講[3]。整件事情感覺像在拍什麼黑色喜劇片，實在是太超現實了。

曾經崇高的職業，為什麼紛紛爆發危機

千禧年前後出現一連串企業和會計的醜聞浪潮，安隆—安達信事件只是最令人震撼的高峰，但其實泰科國際（Tyco International）和世界通訊（WorldCom），才是其中規模最大、知名度最高的兩家。而且除了這兩家大企業，牽涉的公司其實還很多。

我和大衛・特威迪爵士在二〇〇二年初，到參議院銀行委員會作證，過程花了很長的時間，我向國會議員強調我們需要透過立法，明確規範審計機構的職責，提高其獨立性。剛好兩黨都已經受

夠了美國財務報告的現狀，於是國會便真的開始採取行動，加強對企業管理和會計方面的要求[4]。

二〇〇二年年中，《薩班斯—奧克斯利法案》（*Sarbanes-Oxley Act*，簡稱沙賓法案）以近乎一致通過的高票數過關。小布希總統簽署了該法案，稱它為「自羅斯福總統以來，對美國商業行為影響最深遠的改革法案」[5]。他的說法或許誇張了點，可是沙賓法案確實讓大家注意到我在國會作證時所說的「曾經崇高的職業爆發了危機」所迫切需要的回應[6]。

沙賓法案明文規定，禁止會計師事務所向審計客戶提供大部分的顧問服務。因為這兩者會引起嚴重的利益衝突，讓事務所容易在查核時，睜一隻眼閉一隻眼，安隆—安達信事件就是最好的例子。會計師事務所依舊可以提供審計客戶利潤豐厚的稅務諮詢服務，但是全面的諮詢業務只能針對非審計客戶開發及推銷。然而，強制會計師事務所只做審計的理想，並未能實現。被查核公司的管理階層選擇並支付查核人員報酬的事實，是怎麼都無法避免的利益衝突。英國國會在最近的一份報告裡提議，強制分拆數家最大型的會計師事務所[7]。顯然的，這個問題不會從此消失。

隸屬美國證管會的準公共事務監督機構「上市公司會計監督委員會」（Public Company Accounting Oversight Board，簡稱 PCAOB）的成立，或許更重要。PCAOB 有權可以設立標準、檢驗特定的審計案件，並對違規行為施以懲處。看起來似乎很能直搗問題核心。

理論上，沙賓法案很重要，也獲得了廣泛的支持。就連一直反對增加新監管規定的《華爾街日報》也以安達信的崩毀為例，表態支持沙賓法案。PCAOB 成立之前曾邀請我出任主席，但這次我終於學會說「不」了。不過，他們任命了一個十分有力的委員會，因此我同意擔任委員一段時間。

遺憾的是，對於 PCAOB 能否得到足夠資金和全力支持去執行紀律監控，仍然令人擔憂。最讓大家放心不下的，莫過於 PCAOB 在檢查和執行方面是否夠嚴格、證管會是否會對它事事干涉而非有效監督，以及是否太容易成為監管對象強力遊說的目標。

當我寫下這些文字時，一直在關注《金融時報》因為某家大企業突然倒閉所做的英國審計業危機的相關系列報導[8]。這一切是多麼似曾相識啊！

最近我在參加老友普林斯頓大學著名經濟學教授任赫德（Uwe Reinhardt）的追悼會時，突然想通了一件事。任赫德沒有迷失在抽象理論或高深的數學裡，他最引以為傲的教學時刻，是他引導大學部學生明白真實世界如何運作，其中也包括企業財報用來遮掩或甚至模糊真相的各種手段。

追悼會上人山人海，現場分發的紀念小冊子上寫了一段他對選修他會計課學生的臨別提醒：「我之所以教授會計學，是因為民主必須問責制。沒有負責任的會計，就不可能追究責任。」

第15章

不應該拿公眾的錢賭博

金融世界的崩潰與改革

在我即將卸任聯準會主席前，管理銀行和金融市場的法律需要大幅修改的態勢已十分明顯。投資銀行從以前盡量避免風險的小型合夥組織，轉變為勇猛無懼的上市公司；而以前專注在為企業提供諮詢和承銷證券的公司，也逐漸建立起自己的交易能力。避險基金（hedge fund）和後來被稱為「私募股權基金」（private equity fund）的槓桿收購基金（leveraged buy-out fund）也開始出現了。

甚至在傳統的聯準會內部，我們也曾討論過部分取消廣泛的銀行限制。我們要求放寬對跨州銀行業務過時的法令限制，因為聯準會接受業界對一九三三年《銀行法》（又稱《格拉斯－斯蒂格爾法案》）某些條款較寬鬆的解釋，導致商業銀行和投資銀行的分野開始受到侵蝕。說得具體一點，在數個案例裡，我們允許銀行控股公司的子公司買賣並承銷公司證券，只要這些子公司不是「主要從事」（法律用語）此類活動就行了。

有一度，我還以為我們和當時的財政部長唐納德．里甘就快達成協議，同意立法擴大銀行的權限，讓銀行從事不會對資本造成風險的房地產和保險經紀業務。但是邁出的那半步，並沒有引發後續行動。

一九九〇年代和二十一世紀初期，在科技的推波助瀾下，改變的腳步越來越快。自營交易成為投資銀行的經濟引擎，已是時勢所趨。新的衍生性金融商品似乎以降低風險為名，打開了機會大門。績效獎金制度和豐厚的年終分紅，誘使從業人員採取極端激進的冒險行為；而私募股權公司和避險基金則成倍數成長。這些都讓商業銀行感到自己被這一波賺錢機會排除在外。

小鎮上小商店，要如何和銀行支持的對手競爭？

在我離開聯準會十年後，金融業的改變走到了關鍵時刻。一九九八年四月，約翰．里德的花旗銀行同意和桑迪．韋爾（Sandy Weill）的旅行者公司（Travelers Company）合併。旅行者公司不但有廣泛的保險承銷業務，還擁有美邦投資銀行（Smith Barney）。對當時仍有法律效力的《格拉斯—斯蒂格爾法案》來說，這筆交易簡直就是直接反抗它所設下的障礙。但是在聯準會的支持下，顯然再過不久，就會推翻《格拉斯—斯蒂格爾法案》重新修法。

當時我有兩個主要顧慮。第一個是如何維持銀行和非金融商業的區別。當時這條界線正遭受猛烈攻擊，零售商西爾斯百貨（Sears Roebuck）全力帶頭進攻。一九八〇年代早期，西爾斯收購了添惠證券（Dean Witter Reynolds），被戲稱為「襪子和股票」結盟，之後便開始在加州經營小型的儲蓄和貸款業務。西爾斯想建立一家連鎖銀行，我清楚地記得，西爾斯曾邀請國會議員到它芝加哥的總部進行週末遊說訪問。

我到國會作證，舉出所有我知道的關於維持銀行和商業區別的理論。主要問題包括：不可避免的利益衝突、地方經濟資源的不當集中，以及過度的經濟實力。舉例來說，小鎮裡的個人商店要如何和銀行支持的對手競爭？即使是在大城市，大型銀行的自家企業也會和客戶發生利益衝突，在過程中很難發現所造成的新風險。奇異公司做法激進、一度獲利豐厚的奇異融資公司（GE Capital），於二〇一八年一月揭露了一百五十億美元的保險責任準備金短缺，就是最好的佐證[1]。

銀行和其他商業的區分得以在法律上繼續維持，愛荷華州眾議員詹姆斯·李奇（Jim Leach）的努力不懈是一大關鍵。以詹姆斯·李奇、德州參議員菲爾·格雷姆（Phil Gramm）和維吉尼亞州眾議員湯姆·比利雷（Tom Bliley）姓氏命名的《格雷姆—李奇—比利雷法案》（即《金融服務業現代化法案》〔*Financial Services Modernization Act*〕），廢除了《格拉斯—斯蒂格爾法案》對商業銀行從事交易和其他金融活動的限制，但也同時確保了我認為絕對必要的銀行和商業之間的區別。這種區別至今依然存在，雖然偶爾在牽涉到大宗商品交易時，還是難免有人想方設法的鑽漏洞。

第二個令我擔憂的是，在《金融服務業現代化法案》之後，聯準會對新定義的「銀行」或「金融」控股公司，是否還能保有以往強力的監控權。那時規模最大的是剛創立的花旗集團，旗下有一家銀行（花旗銀行）、一家經紀交易商（所羅門兄弟公司）和一家保險公司（旅行者公司）。由於子公司仍需接受其他監管機構（如國家保險監管機構和美國證管會）的管理，對控股公司內部特定活動的最終監管權到底應該屬於哪個機構，肯定會出現混亂。事實上，也確實如此。在確保立法維持聯準會作為整個銀行控股公司的主要監管者方面，詹姆斯·李奇並未獲得全面成功。十年後金融危機爆發時，他懊悔地告訴我，他當初實在不該支持廢除《格拉斯—斯蒂格爾法案》。

新金融工具對經濟成長有多大貢獻？零

對快速發展和應用的「金融工程」，我不能說自己是專家，甚至連熟悉也談不上。二十多年前，在義大利科莫湖（Lake Como）千泉宮（Villa d'Este）舉行的高層商業會議上，一位年輕倫敦投資銀行家的熱情演講，讓我和其他同輩的人深受震撼。他在結論時提出強烈警告：對新的金融工具，既沒有充分認識，也沒有能力使用的企業，尤其是金融業，將來只有失敗一途。

當時坐在我旁邊的，是一九九〇年諾貝爾經濟學獎得主威廉·夏普（William Sharpe），他的「夏普比率」已經是被廣泛接受的基金績效風險調整後報酬率的衡量指標。我用手肘輕輕撞了他一下，問他若用國民生產毛額來衡量，這種新的金融工程對經濟成長會有多大貢獻？

「零。」他低聲回答我。

這答案完全出乎我的預料。

「那麼，它有什麼作用？」我再問。

「它只是將經濟租（Economic rents）在金融體系內移來移去[*1]。除此之外，它還很有趣。」

之後在我們用餐時，他提到也許可以通過一些方法來利用金融工程，以提高經濟福利。不過，我覺得自己已經抓住他的重點了。

金融工程中的一個分支很快就一飛沖天。信用違約交換（Credit Default Swap）的設計初衷，是為了讓銀行能有效率地把放貸出去的錢買個保險，但現在卻變成一種常見的交易工具。可交易衍生性商品的出現，推動了所謂的「貸款證券化」，包括將不同公司、高風險的「次級」貸款組合成商品，再依風險程度細分後出售給投資者。只有少數有智慧的人或「守舊的老古板」，才敢質疑這一類的金融商品。二〇〇二年，華倫．巴菲特（Warren Buffett）就曾在寫給股東的信中表示，衍生性金融商品是「大規模的毀滅性金融武器[2]。它的危險性，雖然現在還很難看出來，卻可能致命」。

一開始，我只是個旁觀者，不確定自己真的弄懂了所有的陷阱。由經驗豐富的政策制定者和商

---

*1 經濟租是指非勞動所得，例如人口密度增加時，土地價格的上漲。

界領袖組成的G30（國際經濟和貨幣事務協商小組）成立於一九七八年，我在接任主席之後面臨了一個重大的決定。我在前面章節提過[3]，G30研究小組遞交了一份衍生性金融商品的長篇報告草稿給我，反映出重要銀行和其顧問群對衍生性金融商品的積極參與及觀點。報告中對風險管理出現新工具和其正面潛力感到興奮，但同時提醒大家它的潛在危險性，以及它所需要的強力內部控管和充足的資本。

G30研究小組交給我的報告，無論是簡介或整篇文章，都抱持了超級正面的樂觀態度。我們正進入一個全新的金融時代。新科技可將信用切割成塊，讓風險因素有效轉移到那些最有能力、最願意承擔風險的人身上。然而，我不免覺得這些話看似新鮮，卻似曾相識。

我堅持調整用字，將報告改得中性一點，讓高昂的情緒調降下來。但對有些人來說，還是太輕易就陷入了金融工程的魔法可以驅散風險的幻覺之中。相反的，事實是大大小小的金融機構正將我們引到危機四伏的路上，他們所忽視的風險，確實從他們的視線中消失了，但很快就以另一種型態出現。將「經濟租」移來移去的最終成本，龐大到令人難以想像。

七成五的可能性，五年內會爆發金融危機

不少團體因為擔心長期聯邦赤字和悲慘的財政狀況，時不時都要召開正式和非正式的會議，這

是華盛頓的生活常態。我記得在二十一世紀剛開始時，我也開過一次這樣的會議。當時在我起身離開時，有人從背後問我：「保羅，到底還有多久我們才會面臨一場真正的金融海嘯？」

「七成五的可能，不出五年會爆發金融危機。」我一邊走出房門，一邊閒聊似地回答。顯然當時至少有一名記者在場[4]。

隔年在為史丹佛大學一場聽眾極多的演講做準備時，我的態度變得很嚴謹，和閒聊心情截然不同。演講題目「薄冰上的經濟」緊緊抓住聽眾的情緒[5]。

物價穩定，經濟持續成長。但情況卻是嚴重失衡：消費過多，儲蓄太少，政府財政赤字過大；最糟糕的是，美國的國際收支淨流出的赤字，大得出人意料，竟然高達國內生產總值的六％。顯然我們花錢的速度比賺錢速度快多了，因為我們輕易就能利用國外的大筆資金週轉。當時呈現出的是「我記憶中最危險、最棘手的情況，而且我的記憶可不是普通的長」。我繼續警告，「現在支持世界經濟成長的，是人們對資本市場的信心，但總有一天，這種信心很可能就突然消失了。」不幸的是，最終迫使我們「調整」的，很可能是金融危機，而不是政策改變。

班・柏南奇在二〇〇六年二月接任聯準會主席後，我在第一次碰到他時，半開玩笑地提到了我的五年預測。我對他說，只剩兩年了！他禮貌的微笑。

又過了兩年，紐約聯邦準備銀行行長、前財政部副部長提摩西・蓋特納（Timothy Geithner）來我的公寓拜訪。貝爾斯登公司（Bear Stearns）瀕臨破產，由於市場對次級抵押貸款的價值越來越懷疑，貝爾斯登找不到需要的資金。貝爾斯登是華爾街五大投資銀行之一，如果破產，絕對會造成嚴重的影響。我給他的唯一建議，顯而易見的，就是最好盡快找到一個合併夥伴。

提摩西、班和財政部長亨利・鮑爾森（Henry Paulson）忙了一整個週末，總算敲定摩根大通收購貝爾斯登的複雜交易。成交的關鍵因素是，聯準會做了一個非比尋常的承諾——為貝爾斯登抵押貸款部的三百億美元資產提供擔保。根據美國《聯邦準備法》（*Federal Reserve Act*）第十三條之三的規定，提供緊急貸款給非銀行機構，必須由理事會成員投票表決，同意票必須是絕對多數才可通過。然而，這一條款長期以來都形同虛設。我記得非常清楚，瀕臨破產的紐約市在一九七五年申請使用此一條款貸款被拒絕了。聯準會當時給的理由是，聯準會不應被視為除了銀行體系之外的最後貸款來源。

貝爾斯登獲救幾週後，我在紐約經濟俱樂部（Economic Club of New York）演講。最引人注意（尤其是坐在我旁邊的提摩西）的一段是，我明白地指出聯準會在拯救貝爾斯登的行動中，「不管是合法性或默示授權上，都已經踩線。」無論是當時或現在，我都不鼓勵濫用這類非傳統授權。之後，我甚至還草擬了一些必要的體制改革提議。

貝爾斯登事件後，金融市場再次平靜下來，我卻越來越感到不安。鑒於過去的合作經驗，我和布希政府的前財政部長尼古拉斯・布雷迪不時會聚在一起討論，集思廣益。我們都擔心貝爾斯登可能只是一場即將發生的危機前兆。兩大抵押貸款機構房利美和房地美都面臨巨大壓力。貨幣市場基金似乎相當脆弱，而衍生性金融商品市場的數量又高得離奇。我和美國貨幣監理署前署長吉恩・路德維格（Gene Ludwig）一起擬定一個應變計畫：設立一個聯準會之外的政府機構，有能力購買資產和為瀕臨破產的機構注資，採用美國資產重組託管公司（Resolution Trust Corporation，簡稱RTC）的模式運作，RTC曾幫助清理一九八〇年代末和九〇年代初的儲蓄和貸款。話說回來，其實RTC也是抄襲自復興金融公司（Reconstruction Finance Corporation），後者由保守的共和黨胡佛總統成立於一九三二年。

我們將提議對外公布時，雷曼兄弟（Lehman Brothers）的破產已將單一金融機構的問題加速升級為全面系統性崩塌。這給聯準會和財政部使用特殊權限提供了正當的理由，也為高達七千億美元的「問題資產紓困計畫」（Troubled Asset Relief Program）提供了雖有政治爭議，卻迫切需要的立法支持。

無論是因為精通複雜的金融工具，或者只是之前有遇過金融危機的經驗，我們都意識到，我們正處在一場將導致二〇〇八年全球經濟大衰退的金融崩潰中心。又矮又胖的金融「蛋頭先生」（Humpty Dumpty）已經從牆上摔下來[*1]，現有的政府機構沒有一個有能力將系統重組回去。要重

*1 編按：Humpty Dumpty這種擬蛋人的角色最早出現於英國童謠中，因為本身是「蛋」，一旦從牆頭摔下來就再也拼不回去了。

建安全的營運秩序需要多年的努力，不只是在美國，在歐洲也是如此。

同樣可以預見的是，為保護新秩序而引進的改革，不久之後也會逐漸失效。危機過去十年後的今天，行色匆匆的遊說集團以效率和簡化（本身是好的）為名，花栗鼠似的一點一點吃掉國會議員的堅持，以達到他們最終的目的——削弱新的保護措施。

我八十一歲了，要當財政部長嗎？

我和許多人一樣，在二〇〇七年底和二〇〇八年初，對美國要走的路和領導者都感到挫折無力。就在這時候，政治舞臺上突然出現了年輕的歐巴馬，讓我們重燃起對未來的希望。

擁有黑人血統的歐巴馬參加美國總統競選，似乎終於實現了美國多年來種族平等的夢想，這是一九五五年民權運動之母羅莎．帕克斯（Rosa Parks）在阿拉巴馬州公車上拒絕讓座給白人，以及馬丁．路德．金恩（Martin Luther King）博士在林肯紀念堂的著名演講「我有一個夢」裡所描繪的理想。然而，有可能當上總統的歐巴馬面對的不只是種族議題，似乎還有因為金融危機而變得極為關鍵的實際治國問題。

我同意參加歐巴馬競選團隊在華盛頓舉辦的一場小型晚宴，與會者多是感興趣卻又抱持懷疑態度的華爾街人士。在晚宴上，我對歐巴馬的印象極佳，所以離開前，我告訴歐巴馬參議員，雖然我無法立刻決定是否要公開支持他，但我可能會再跟他聯繫。

後來，我很快找機會去了芝加哥，和曾經擔任歐巴馬非正式經濟顧問的芝加哥大學教授奧斯坦・古爾斯比（Austan Goolsbee）進行了一次長談。

我經常看到報導說我是民主黨人，六十年前我確實因為阿德萊・史蒂文森的魅力而加入了民主黨。但是我開始在財政部或聯準會任職之後，就一直試著（雖然不是很成功）避免被貼上政治標籤，畢竟這就像瘟疫，兩黨都避之唯恐不及。唯一的例外是在二〇〇〇年比爾・布拉德利（Bill Bradley）和高爾短暫的總統初選中，我盡最大努力為布拉德利助選。畢竟，我也是一直在敦促這個不情不願的人出來競選總統的眾多推手之一。布拉德利不僅擁有優秀的政治才能，還是忠誠的普林斯頓校友，籃球也打得比我好太多（儘管他還比我矮了五公分）。

總之，我在二〇〇八年一月發表了一份力挺歐巴馬參議員競選總統的聲明，隨後又出席了幾次他的競選活動。

選舉結束後不久，我在家裡接到總統當選人歐巴馬的電話。他有兩個問題。一是我願意擔任財政部長嗎？嗯，我想，八十一歲的部長想必可以創下最高齡紀錄。不過我覺得自己已經做夠了，而且我問自己真的想接受挑戰嗎？我回答他，我自然無法做滿四年，但如果只做一、兩年，又不大合理。我想他也猜到我會這麼回答，沒再繼續說服我。他真正想問我的，其實是我對另外兩個人選的看法：誰該當財政部長、誰該當白宮經濟顧問（顯然也只有這兩個候選人）。雖然兩位我都認識，但我並不知道他們在處理危機時實際上的做法。我知道的是，他們的個性和領導方法南轅北轍，歐巴馬總統應該以這點為考量重心去決定最終的選擇。後來，提摩西．蓋特納被任命為財政部長，勞倫斯．桑默斯（Lawrence Summers）被任命為美國國家經濟委員會（National Economic Council）主任，就我來看，算是知人善任的合理安排。

報告主席先生，二十年前我選修過您的課

我參加了新經濟團隊的幾場計畫會議，和奧斯坦．古爾斯比、經濟顧問委員會新任主席克里斯蒂娜．羅默（Christina Romer），以及桑默斯和蓋特納一起開會。其中最重要的一場，是為了確定新財政計畫規模的會議，管理和預算辦公室新上任的主任拉開椅子在我身邊坐下，對我說：「您好，我是彼得．歐薩格（Peter Orszag），二十年前我選修過老師在普林斯頓大學的研討課。」

下一個世代已經上場。

就職前不久，歐巴馬先生告訴我，他將設立「白宮經濟復甦顧問委員會」（President's Economic Recovery Advisory Board），為獨立、無黨派的經濟學家提供一條給政府建議的捷徑。他問我是否願意擔任主席？

於是，我又一次成了「主席先生」。

我對這樣一個委員會能有多少影響力並不抱持任何幻想，尤其是當我得知會議必須公開舉行，而且成員間各自著重不同的政治利益後，更是如此。與內閣官員、總統顧問可能發生的競爭和衝突，讓這個職位充滿了挑戰，不過我也因此又開始和一些原來就認識的國會議員恢復聯繫。同時，藉由這個委員會，我才得以將沃爾芬森公司的同事安東尼．多德（Anthony Dowd）引進華盛頓的政治世界。他畢業於西點軍校，如今已成為私募基金和中小企業管理領域的專家，是我不可或缺的左右手。除了組織會議、研究政策問題，以及寫數篇有關企業稅收、抵押貸款融資和基礎設施重建等極有幫助的報告之外，安東尼證明了他還是一位頑強的倡導者和談判高手。他讓我積極參與立法過程，並在此過程中，展現了他高超的判斷力和效率。

在討論金融法規改革時，白宮經濟復甦顧問委員會主席必定受邀參與。對我來說，這也讓我的影響力得以延伸至總統辦公室。

快修法，別讓它們大到不能倒！

我確信如果我消失了，提摩西．蓋特納和勞倫斯．桑默斯一定很滿意。我先前預料有關政策方向的潛在衝突，終於發生了。

但對我來說，時機正好。就在新總統就職前，G30發表了一套相當完整的建議，名為〈金融改革：金融穩定架構〉（Financial Reform: A Framework for Financial Stability）。這份報告如實反應了我這個主要撰稿人的想法，也得到來自不同國家多位學者的認同。報告的內容在改革會議的辯論上，引起廣泛討論。

討論的焦點在於，無論是跨國營運的大銀行，或是所有「具有系統重要性的金融機構」，都需要全面提高資本標準。文中也呼籲解決在監管複雜又龐大的金融市場時，有些部分好幾個機構授權重疊，有些部分卻又一片空白的問題，此一亂象尤其以美國最為嚴重。報告強調中央銀行在維持金融穩定上的重要性。這也是行政當局的共同立場。然而，即使一致同意，如此廣泛的概括性說法並不足以促成具體的立法提案。

總統不耐煩了，他要求新任財政部長公開發表如何對付金融危機的策略。我相信總統應該是無心的，但他確實忽略了所有提議都還未經過內部充分討論和審查的事實。結果就是，蓋特納部長只能痛苦而努力地規畫出一個相當模糊的遏制金融危機的計畫大綱。人們不相信這些計畫的實施效果，股市暴跌[6]。

提摩西能夠在幾週內默默地重建他的權威，以及他在內部和外在的影響力，看在我和其他人眼中，就是他個性和能力的最好證明。

事實上，他個人對改革的最大貢獻，已經被全世界廣泛接受並應用。基本上，他要求具有系統重要性的金融機構必須定期進行壓力測試，以衡量銀行的恢復力。因為在面臨難以預料的極端惡劣狀況，例如經濟長期衰退或二〇〇八年金融危機時，具有系統重要性的金融機構很有可能產生風險，危害到整個金融系統。如今這種壓力測試被普遍納入各地的管理法規和監管制度，不只在美國，世界其他國家也紛紛採用。

眾議院金融服務委員會主席巴尼・法蘭克（Barney Frank），以及參議院銀行委員會主席克里斯多夫・陶德（Christopher Dodd），也將金融改革列入他們的優先待辦事項。某種意義來說，已經忙著努力恢復金融市場穩定、刺激經濟發展，還要處理政治上極為敏感的消費者權益保護、醫療健保立法，加上通用汽車和克萊斯勒紓困案的歐巴馬政府，是在焦頭爛額、迫不得已的情況下，被逼著加快腳步趕上金融改革的[*1]。

身為白宮經濟復甦顧問委員會主席，我參加了許多內部討論，也漸漸明白某些參議院委員會成員的看法。我們推動了一些我在G30報告裡指出的關鍵點，包括管理結構、「大到不能倒」的問題，以及削減受益於聯邦安全網的銀行機構從事投機性交易和其他自營交易，以免帶來不當的風險。

我們一直以非正式、非公開的方式，將白宮經濟復甦顧問委員會的金融改革建議提交給總統，

*1 二〇〇九年初，社會普遍瀰漫著不確定性和絕望。我深刻感受到這一點，是在某些國會議員建議應該稱我為「經濟沙皇」，並請求我暫時擔任被聯準會搶救下來的保險巨頭美國國際集團（AIG）主席時。我對兩者都不感興趣，白宮經濟復甦顧問委員會的主席職位已經為我提供了適當的平臺。

以避免與財政部和白宮自己的提議產生檯面上的衝突。

歐巴馬總統在六月提議對美國金融監管體系進行全面檢修[7]，改革對象包括剛成立且備受關注的消費者金融保護局（Consumer Financial Protection Bureau）。他還強調，聯準會有必要加強對主要金融機構的監管，各政府機構之間也應該進行更有效的互動。

我認為還有幾個關鍵問題沒有解決，包括監管結構真正有效的重組、貨幣市場基金的適當角色，以及最重要的，限制受政府保護的商業銀行進行投機交易。畢竟現在的商業銀行，還包括許多家在金融危機時期被允許在聯準會監督和支持下，轉為商業銀行的主要投資銀行。

每一次危機爆發，總有人問：監管者在哪兒？

我這輩子經歷過的金融危機已經夠多了，也擔任了夠久的聯準會和其他委員會的主席，因此我知道，人們會一再忽視對金融穩定的潛在威脅。

聯準會不是銀行的唯一監管機關，也不該是出事時唯一的箭靶。然而，聯準會負責的範圍極廣，還可能是唯一在乎能否實行有效監管的機關。更糟糕的是，每天、每月、每年的風險偵查和必要的紀律執行，也的確沒有得到應有的重視。至少到目前為止，我也沒看到其他銀行監管機構有什麼作為。畢竟這項工作不僅在技術上很困難，在政治上也相當敏感。

此外，從千禧年之前，就有太多的金融活動開始轉移到銀行之外，不受任何銀行監管機構直接監督，和這些銀行監管機構的政策利益似乎也毫不相干。金融穩定監督委員會（Financial Stability Oversight Council）是《陶德—法蘭克法案》的一部分，就是因為這個問題才成立的。然而，每個監管機構都有自己的勢力範圍和政治優先考量，想要協調所有監管機構，不僅找不到施力點，也會帶來許多政治麻煩。

在缺乏更全面改革的情況下，我傾盡全力堅持聯準會必須保持且集中注意力在監管上，同時補強它的監管負荷量。在法制上則指定一名聯準會理事為副主席，負責聯準會本身的監督功能，並定期向國會報告現有政策和方法的充分性。

有人懷疑把這種責任交給單一理事是否恰當，萬一這人和主席意見相左怎麼辦？然而，根據我的經驗，聯準會理事看法分歧，雖然可能極具破壞性，但是也有可能促成健康而全面的討論。

這個新職位，雖然是二〇一〇年立法的《陶德—法蘭克法案》的一部分，卻等了好幾年才得到正式任命。在這段過渡期，監管功能主要由強硬派的理事丹尼爾．塔魯洛（Daniel Tarullo）負責。直到二〇一七年十月，川普總統任命聯準會理事蘭德爾．奎爾斯（Randal Quarles）宣誓就職後，才有了第一位正式負責金融監管的副主席。附帶一提，奎爾斯延續了猶他州艾寇斯家族和聯準會之間的歷史淵源：他的妻子霍普．艾寇斯（Hope Eccles）是非常關心監管程序的聯準會前主席馬里納．艾寇斯的親戚。我相信這些淵源，將會讓他對高度優先的金融監管更有使命感。雖然非理性繁榮威脅金融體系的穩定是老生常談了，但是回顧以往，每一次的金融危機，總有人問：「監管者在哪裡？」至今都沒有一個好答案。

龐大的《陶德－法蘭克法案》未能妥善解決更基本的監管結構雜亂無章的問題。參眾兩院的委員會在立法過程中，面對這個看似更迫切需要的部分，因為問題太過複雜、牽涉太多政治利益，而判斷無法於短時間內解決，只好先擱置一旁。

我明白他們的苦衷。然而，現存架構中的重疊、不一致和盲點，不僅是監管機關心知肚明，連被監管的金融機構和國會各委員會的領導人也都十分清楚。我目前正忙著找出政府效率低、成效差的領域，這顯然也是一個極需注意的重災區。只不過，結果很可能還是會被擱置一旁，直到下一次金融危機再次完全暴露出它的弱點[*1]。

在複雜的《陶德－法蘭克法案》中，另一個備受爭議但被廣為宣傳的，就是冠上我姓氏的《伏克爾法則》。《伏克爾法則》的目標在改善自營交易裡的利益衝突和不當的員工獎金制度，以及商業銀行的私募基金和避險基金在所有權和管理方面的問題。即使每家金融機構的聲明，都強調客戶關係和道德文化，但是複雜到難以理解的新金融技術，加上現在流行的要求員工完成特定交易才拿得到錢的績效獎金制度，讓瀆職在現實世界裡變得異常容易發生。事實上，雖然自營交易的本質多為投機性，且時常和客戶利益衝突，但是成功的自營交易，其回報往往會影響銀行整體的氣氛和報酬系統，而且並不只局限在交易室內。

我曾經多次公開表示，任何從聯邦「安全網」獲益（舉例來說，利用聯準會的流動性、享有聯邦存款保險公司的保險和其他無形的好處）的金融機構，都不應從事會帶來風險且和銀行基本業務不相干的活動。至於銀行的基本功能就是吸收存款、放款和服務客戶，並與客戶共享一個操作安全、有效率、必要的支付系統。

我提出禁止商業銀行從事自營交易後的好幾個月，不管是在歐巴馬政府的內部或外部，都沒什麼人理我。在缺乏政府支持的情況下，我的得力助手安東尼．多德連著夏秋兩季和國會議員及他們的幕僚會面，總算贏得參議院銀行委員會某些委員的支持。

在二〇〇九年十二月《華爾街日報》主辦的研討會上，我的挫敗感被推到了最高點。整個下午，我都在聽銀行家和交易員警告監管當局絕對不要限制交易和「創新」。我衝動地對他們的評論做出回應，當時脫口而出的話後來被《華爾街日報》完整刊出：「我的意思是：醒醒吧！各位先生。我只能說你們在這兒空口說白話是不夠的。我希望你們之中有人能提出最近的金融創新和經濟成長之間是有關係的任何一點中立證據，哪怕只要一點點也行。」[8] 然後我又說，我預測我提出的將某些投機活動排除在商業銀行系統之外的建議，「最終很可能成功。」

---

*1 伏克爾聯盟在二〇一五年四月發表了《重塑金融監管體系》（*Reshaping the Financial Regulatory System*）的報告，除了分析問題，也提出了可能的改革建議。

其實那時我並沒有任何會成功的證據，但我的預測是準確的。聖誕節前夕，我接到副總統喬・拜登（Joe Biden）的電話。

「關於你自營交易的建議進展如何？」

「這是個好建議，但我沒有推動的資源。」

「別這麼想了。以後，我就是你的資源。」

就這麼簡單。

我後來才知道，在一次歐巴馬警告拜登的經濟團隊金融改革步伐太慢的重要會議上，拜登成功地讓總統支持我的提議。當時拜登在會議上表示，我已經贏得幾位關鍵參議員的支持，包括俄勒岡州的傑夫・默克利（Jeff Merkley）和密西根州的卡爾・萊文（Carl Levin），當然這也有幫助。

二〇一〇年一月二十一日，歐巴馬總統召開記者會，推動改革立法。我和他的兩位官員站在一起。他宣布，政府支持禁止商業銀行內部的投機活動，「我們決定以我身後這位高個子的姓氏，將它命名為《伏克爾法則》」[9]。

嗯，這完全出乎我的意料。無論是好是壞，我都參與了艱難的立法過程。《伏克爾法則》是《陶德—法蘭克法案》最後的關鍵因素，也是遊說團體猛烈攻擊的目標，但在政府內部卻只獲得不慍不火的支持。還好到了最後，只有在為了確保第六十位參議員會投下贊成票時，才做了極為有限的妥協。

如今，我再也不需要為《伏克爾法則》辯白了。民眾似乎已經接受了「不應該拿公眾的錢賭博」的觀念。當初的反對意見，包括它會阻礙借貸、減低交易流動性、擴大「息差」，甚至說《伏克爾法則》會抑制經濟成長等，都已經被證明是遊說團體亂編的。

如今的市場運行平穩，流動性充足，銀行獲利能力已從二〇〇八年的危機中完全恢復。經濟良好，失業率接近歷史低點。每隔一陣子，總有一、兩位銀行家會向我表示，交易室的環境煥然一新——遇到潛在衝突時會懂得住手，也不會急躁地想達成特定交易。然而，我毫不懷疑，只要有機會，交易員遲早還是會去試探底線。

這麼快，我們就遺忘了前車之鑑？

《伏克爾法則》至少有一個缺點，不是遊說團體亂編的。

因為需要協調五個不同政府機關的行動，支持《伏克爾法則》的補充細則推遲了很久才公布，而且異常複雜，充滿各式各樣的細節。就連不怎麼從事重大交易活動的小銀行，在法律上也必須遵循《伏克爾法則》的規定，即使以現實面來看，完全是在浪費人力物力。

過於複雜的監管總是令人擔心，這一點並不限於金融監管。成千上萬頁的聯邦法規，只要這樣的照片一亮相，總會成為競選活動的利器。我和其他人一樣，看了密密麻麻的法條也不免下意識地退縮了一下。不過，每年我在收到八十頁精確解釋我家「簡單的」家庭保險的權利和限制時，也會忍不住退縮一下。

當我成為聯準會主席後，才明白這個問題的關鍵。在紐約聯邦準備銀行任職時，我時常聽到高階主管不停抱怨聯準會《信實貸款法》（*Truth in Lending*）的規定。概念很簡單的法規，想解決的問題在原則上也很合理：銀行必須提供客戶明確且一致的定義，解釋利率、貸款到期日和其他所有在貸款和信用卡文件中的相關要件。《信實貸款法》的規定落落長，因為它試圖在法規中涵蓋每一種可能的情況。利息是每天複利、每月複利、每年複利，或是根本不複利？遇到假期怎麼辦？什麼時候應該發送變更通知才算適當？

《信實貸款法》的規定就是由聯準會負責的，我一接任主席，馬上召集所有工作人員，建議他們（到最後是要求他們）重新檢討法規，將之縮短成一百頁或更少。他們求饒似地說，那是不可能的。但是我很堅持。

過了一段時間，他們帶回一份一百頁的文件。「好，」我說：「發給各家銀行，請他們評論。」每一則銀行發回的評論，幾乎都在要求我們增加內容：可以加上我們的特定計算方法嗎？重新定義可接受的複利方法是哪些？哪種自動轉期是允許的？哪種應該拒絕？很顯然當初抱怨這個法案規定過多的同樣一批銀行，還是在抱怨並要求我們解釋得更「清楚」一點。

考慮到二十一世紀的交易市場，不僅規模比以前大許多，複雜程度更是天壤之別，加上每個行政機構因為角色相異，對於判定監管規則的優先順序也不一樣，因此確實有理由要求簡化《伏克爾法則》。

我相信這不難辦到。最關鍵的，當然是不管做了什麼改變，都必須保護「不應該拿公眾的錢賭博」的核心原則。

地球上沒有任何力量，可以堅強到足以年復一年地去有效對抗試圖影響華盛頓這個大沼澤的立法和選舉過程，那是好幾千名說客加上好幾億美元的戰場。金錢對政治的影響力與日俱增，的確是當今民主理想的一大挑戰。我們一次次地看到，長期的金融穩定和經濟成長往往會導致法規和監管紀律的鬆懈。就在我寫這本書的二〇一八年，我們又看到了降低銀行資本標準的呼籲，也看到超大型的金融機構要求限縮侵入式監控的要求。

難道我們忘了前車之鑑？真的不能記取教訓，做得更好些嗎？

第16章

三個真理

當中國崛起、極端民粹主義再現

一九二七年九月五日，紐澤西州寧靜的開普梅。

二〇一八年九月五日，紐約州喧囂的紐約市。

以距離而言，開普梅和紐約市相距不遠，只隔二百六十公里的高速公路和沒有紅燈的快速道路。

從時間上來說，我九十年的人生之旅曲曲折折，時常繞道而行，遇到許多我至今仍在克服的大挑戰。

當我是孩子時，正值經濟大蕭條，強大而安全的家庭保護著我。

當我是少年時，我看到溫斯頓．邱吉爾幾乎是獨自站出來對抗納粹暴政，聽了小羅斯福總統「四大自由」的演講，目睹美國最終在二戰中獲勝。這些都啟發了我的志向。

當我是學生時，我接受了一流大學提供的最好教育，開始了解政治和經濟世界的不同觀點。

等到我成年了，在財政部和聯準會度過我大半生的公職生涯，並以身為自信、強大、注定領導自由世界的這個國家的一分子而自豪。

我懷念一九六〇年代及七〇年代，和太太、年幼子女在華盛頓共度的美好時光。我們有很多好朋友，大部分是公務員。我們幫助制定經濟政策，為自由民主、開放市場和法律至上的美國理想做出貢獻，對我們的工作引以為傲。

我寫下這本回憶錄的真正原因……

如今的環境和以往截然不同。中國的歷史性崛起、極端民粹主義再現，以及專制政府的強權，讓美國的領導地位和理想都受到挑戰。在國內，意識形態分歧越來越嚴重，甚至在歷史悠久的政黨內部也不例外，呈現的新挑戰是如此的巨大而陌生。

我們開始質疑這個偉大社會的所有特色：公共教育系統和備受尊敬的大學、曾經「可信賴」的免費新聞，甚至是科學專家的意見。我們的法院、國會、總統——所有憲政民主的基本結構，其合法性全受到質疑。

曾經被視為榮耀的「好政府」，現在卻被貶低成反襯修辭，而不再是美國社會公認的目標。對他人動機從根本上就不信任的心態，無處不在。

至少有件事我很肯定，那就是我再也不想去華盛頓了，這裡曾經是讓我很開心地度過大半個職業生涯，被我家人視為故鄉的地方。這個中型城市在不久之前，還居住著中產階級、奉行公共服務道德觀的大多數家庭，現在卻處處充斥著暴發戶和權勢的氣息。華盛頓既不像金融中心的紐約，也不像科技中心的矽谷，它的資金流動就是為了制定出符合特定群體利益的公共政策和法律。呈倍數成長的律師和遊說團體是極大的商機，也因此造成華盛頓的辦公空間、豪華酒店、高價公寓和餐館的需求直線上升，改變了整個城市的面貌。

據報導，目前華盛頓周圍幾個郡的居民，平均個人收入在全國排名數一數二。我不知道這些居民中有多少參議員和眾議員，也不知道他們的收入是多少。我只知道，他們花了非常多的時間在「打電話找錢」以資助昂貴的競選活動，只花很少的時間在華盛頓和同事來往，在折衝、協調中尋求共識。

恢復公眾的使命感和對政府的信任感，是今日美國所面臨的一大挑戰。我們必須徹底改革政策的制定過程，同時也需要一個對的領導人，來帶領我們重建及維持美國偉大民主能夠仰賴的共識。

這是剛踏進政界、精力充沛的年輕人要扛下的挑戰。不過，我這個年事已高的老官員，還是可以從數十年的公職生涯中整理出幾個有用的關鍵心得提供參考。事實上，這才是我決定寫回憶錄的真正原因。我將以我所謂的「三個真理」來為這本書畫下句號。

真理一：穩定的物價

在我連任聯準會主席初期，曾有同事在公開市場委員會的會議上抱怨，我們被指控為「膝跳反射式的通膨鬥士」[1]。我立刻回答，那是「相當不錯的讚譽」，表示我們有所進展。

對我國貨幣的信任是一個好政府和經濟成長的基礎。美元和美國的金融體系在世界上扮演了極重要的角色，所以美元的影響不只限於國境之內。

美國的貨幣體系，與幾乎所有國家的貨幣體系一樣，都依賴著政府發行的法定貨幣。沒有黃金或其他有價值的硬資產可以依固定價格兌換紙幣（或銀行存款）[*1]。我們很容易將貨幣穩定性視為理所當然（或者本應該如此），認為我們的貨幣可以在今天、明天、未來買到雜貨、房子，甚至是承諾在到期日支付一定金額的債券。

維持這種預期和信心，是貨幣政策的基本責任。一旦喪失，後果可能極為嚴重，穩定性也會難以恢復。利率上升，儲蓄受到擠壓，貨幣在外匯市場就會貶值。一些交易員和投機者可能因此獲利，但領時薪和固定薪水的人，以及大多數的退休人士，都將蒙受損失。

美國在一九七〇年代曾經歷過「停滯性通貨膨脹」，物價漲幅創下歷史上和平時期的最高紀錄。當時的民間反應十分典型，對價格上漲的預期進一步推高通貨膨脹，於是變成了一種惡性循環。在缺乏其他有效選擇的情況下，我們最終利用強力的貨幣政策才消滅通膨。嚴重的經濟衰退無法避免。一九七〇年代中期，對抗通膨因力道太弱而失敗，到了一九八〇年代初期，只得付出更多、更久的努力才看到效果，這些寶貴的經驗提醒我們，一旦物價恢復穩定，繼續維持平穩有多重要。

現在的環境完全不同了。親身經歷過停滯性通貨膨脹的那代人正逐漸凋零。相較之下，在過去三十多年裡，我們維持了足夠平穩的物價，使得低通貨膨脹或零通貨膨脹的預期在我們腦子裡根深柢固。當然從中國進口廉價商品之類的因素也起了一定效果，但主要是我們的貨幣主管當局清楚意識到保持物價穩定的重要。毫無疑問的，就是有這些堅定不動搖的預期，大力幫助美國吸收了巨額的預算赤字，大規模注入官方流動性，通貨膨脹才沒有在二〇〇八年金融危機期間和之後重新出現。

在職業生涯中，我學到了一課：成功也會為摧毀成功埋下種子。我看過一個又一個國家遭遇破壞性的通貨膨脹，為恢復物價的穩定奮戰，政府卻在勝利在望時鬆懈了下來，接受「小幅通貨膨脹」，期能刺激經濟進一步成長，最終卻導致整個過程又得從頭開始。許多拉丁美洲國家悲慘的經濟政策歷史，充斥著太多類似的例子。

美國和歷史上經常發生通膨的拉丁美洲不同，但是也確實面臨貨幣和財政政策的持續挑戰。到目前為止，長期擴張、充分就業，以及勞動市場壓力不斷加大的跡象，都還未干擾到物價的穩定，但這顯然是貨幣政策的關鍵時期。

---

*1 譯註：硬資產（hard assets），指切實存在、具有一定耐久性、不易消滅的實體資產種類，例如貴金屬、房地產。

我在前面章節說過，已故的前聯準會主席威廉．馬丁曾以「在宴會氣氛正熱時就該撤走大酒缸」來形容中央銀行的角色而聞名。現實生活中的殘酷事實是，很少有主人願意提早結束宴會。他們等得太久了，所以當風險變得明顯時，真正的損害其實已經造成。

中央銀行行長是經濟宴會的主人。向來不受歡迎的貨幣限制往往被拖延，直到非做不可時才實施。但是那時候通膨已經開始，挑戰也變得更加艱難。

今日，認同控管通貨膨脹也該有所依據後，包括聯準會在內的許多中央銀行達成了令人矚目的共識，即在政策上設下了一條新的「紅線」：在某些精心設計的消費者物價指數中，二％的增加率是可接受的，甚至是有益的，但同時它也代表了可忍受的極限。

我對它的原理感到困惑。我當學生時，教科書裡可沒有什麼二％的目標或上限。我不知道有什麼學術理論可以支持它。要一個數字既是目標，又是極限，未免太過困難。而且即使成功的將通貨膨脹率保持在每年二％，就意味著平均每經過一個世代，物價便會上升將近一倍。

關於物價指數的現實面，我倒是相當清楚。沒有任何一種物價指數可以精確反映實際的消費價格變化，因為真正變化的幅度通常只有百分之零點一或百分之零點二五。商品和服務的種類繁多、需求的變化、價格和品質的細微變化太過複雜，無法每個月或每年進行精確的計算。除此之外，經濟成長或放緩通常也會影響價格。在經濟擴張時期，物價會微幅上揚；在經濟放緩或衰退時期，物價也可能往下調整。不過，即使是在不景氣時，物價也不會年復一年的往下跌。

然而，在我寫下這些文字時，隨著經濟持續成長、失業率接近歷史低點，人們卻因為它比二%的目標低了百分之零點二五，就開始擔心消費者物價成長太慢！這是否意味著，即使是在充分就業的經濟情況下，也應該「放鬆」貨幣政策，或者至少推遲緊縮？

當然，這根本是一派胡言。然而，中央銀行的行長們怎麼會允許自己落入這種陷阱？光靠單一統計數據的極小變化來決定如此重大的政策，更何況這個統計數據又有無法克服的先天缺點？

我認為自己知道原因了。但我既不是找到什麼學術理論，也不是進行了什麼深入的實證研究，而是在一個遙遠的地方見證了一個非常「實用導向」的決定。

紐西蘭是個小國，擁有許多特殊的地理風貌，其中最吸引我的是世界級的釣鱒魚環境。因此，當我在一九八七年離開聯準會時，紐西蘭政府邀請我去訪問，我就愉快的接受了。結果，在這方面來說，我上當了。在奧克蘭（Auckland）下飛機後，我才知道釣鱒魚季已經結束了，我根本不用帶著飛蠅釣竿飛越大半個地球。

除此之外，這次的訪問非常精采。紐西蘭的經濟政策正快速在發生變化。多年的高通貨膨脹、緩慢經濟成長和持續上升的外債，讓人們態度急轉，變得支持自由市場，並在傳統的左翼工黨領導下，開始力抗通貨膨脹。

其中一個變化是，要求中央銀行鎖定單一目標：將通貨膨脹率降低至一定的水準之下。新政府設定央行的主要目標是：將年通貨膨脹率控制在零到二%之間[2]。簡單直接的數字，反而增加了對公眾的說服力——沒有藉口、沒有掩飾、一個政策、一種手段。結果還真的做到了，紐西蘭的通貨膨脹率在一年內下降至二%。

紐西蘭央行行長唐納德·布拉什（Donald Brash）簡直成了旅行推銷員，而且顧客還不少。一九九六年七月，當我讀到聯邦公開市場委員會討論聯準會維持「物價穩定」目標的會議紀錄時[3]，我又想起紐西蘭簡單直接的目標和它對公眾的說服力。聯準會理事珍妮特·葉倫（Janet Yellen）問當時的主席艾倫·葛林斯潘：「你如何定義物價穩定？」他給了我認為合理的唯一答案：「公司或家庭不會因為一般物價水準的預期變化，而改變實際決策的狀態。」

珍妮特繼續追問：「能給我一個這種狀態的數字嗎？」

葛林斯潘回答的一般原則，在我看來恰如其分，但終究還是被要求轉化成數字。畢竟，計量經濟學訓練出來的員工在計算迴歸模型時，只能輸入數據，無法輸入原則。

我了解將二%作為「穩定性」上限的合理論點。有分析指出，官方物價指數通常未考慮商品和服務的品質會隨著時間改善，而往往高估價格的上漲幅度。分析同時指出，在商品價格會因生產力提高和激烈競爭而抑制上漲的領域，消費預期和消費行為確實由商品價格決定；但是在生產力提高非常緩慢的領域，如教育、醫療之類的服務，卻是由服務成本決定。

但不能否認的是，危險也在這裡。這種看似精確的數字，意味著在狀況發生變化時，可以藉由更有彈性的目標來微調財政政策。如果經濟成長過於疲軟，也許可以把通貨膨脹率調升到三%來刺激經濟？假如三％還不夠，為什麼不試試四％呢？

我沒有捏造數字。我確實有時會讀到聯準會官員或ＩＭＦ的經濟學家提出這樣的想法，至於經濟學教授提出的頻率就更高了。在日本，這似乎成了新福音。不過在經濟強勁時，我還沒聽過或許該降低通膨目標的說法。

事實是，即使吸引力再大，現有的貨幣及財政政策的工具也做不到這種精確度。屈服於「試水溫」的誘惑，只會削弱對穩定性的承諾，而穩定性卻是穩健貨幣政策最不可或缺的要素。

古老的信念認為微幅通膨對就業是件好事，很久很久以前我的哈佛大學教授們就是這樣灌輸的，儘管這和諾貝爾經濟學獎得主的研究及數十年來的經驗完全抵觸，但這種說法仍然存在。只是換了更複雜的新包裝，改成利用對通貨緊縮的恐懼來強調此一論點。

被定義為價格顯著下跌的通貨緊縮，如果長期持續確實是個嚴重的問題，但在美國已經有八十多年都沒發生過通貨緊縮了。

在正常情況下，利率不會降到零下太多。因此有人主張保持「微幅的通膨」——即使是在經濟衰退期——做為一種保障，一種使「實際」利率為負的「走後門」的方法。如此一來，消費者才有動力在今天購買明天可能更貴的產品；借款人才會受引誘以零利率或低利率借錢，在價格上漲前進行投資。

我認為這些觀點缺乏實證支持。然而，官員和評論家卻似乎普遍擔心通貨緊縮會發生（甚至在一九八四年七月，當我和聯準會同事還在監控四%的通貨膨脹率時，《紐約時報》就曾經在頭版刊登過一篇警告潛在通貨緊縮的文章）[4]。實際上，通貨緊縮非常罕見。不過，對通貨緊縮的恐懼的確很容易導致制定出增加風險的政策，即使不是故意的。

以史為鏡，大概是最好的方法。我們在美國經歷了幾十年沒有通貨膨脹的好日子，從一九五〇年代和六〇年代初，以及一九九〇年代直到二〇〇〇年初，經濟一直穩定成長。然而，即使是在穩定的歲月裡，還是出現八次經濟衰退，大多數時間很短，完全不構成通貨緊縮的風險。

建國後兩百多年，美國只在一九三〇年代出現過一次嚴重的通貨緊縮。不過在二〇〇八年到二〇〇九年間，許多人看到了通貨緊縮的徵兆，合理擔憂它可能發生。而金融體系的崩潰，便是這兩個時代的共同特徵。

我們不能指望可以在未來阻止所有的金融超載與衰退。因為這就是自由市場、金融創新和我們與生俱來的「動物本能」的歷史模式。

我清楚地接收到它的訊息，通貨緊縮是金融體系嚴重崩潰時帶來的威脅。即使是一九七五年和一九八二年的大衰退，只要沒有系統性的金融風波，成長緩慢和週期性衰退都不會帶來通貨緊縮的風險。

真正的危險來自鼓勵或無意中容忍上升的通貨膨脹，以及極端的投機和冒險，並且在泡沫和過載威脅金融市場時袖手旁觀。諷刺的是，為了防止通貨緊縮，以「寬鬆貨幣」為工具，努力實現

「微幅通貨膨脹」，最終反而可能導致通貨緊縮。

這就是貨幣政策的基本教訓。它不只強調物價穩定，同時要求謹慎監督金融體系。而這兩項要求，無可避免的，就是中央銀行的責任了。

真理二：穩健的金融

中央銀行已經存在很長的時間了，最初是設計來幫助政府融資的，可以發行貨幣，同時約束其他銀行。開國元勛暨經濟學家亞歷山大．漢密爾頓設立的短命美國國家銀行，就是一個好例子。

由於擔心東岸的經濟利益會扼殺各州的經濟獨立與成長，這個早期的中央銀行便夭折了。直到一九一三年，在破壞性越來越嚴重的銀行危機後，美國才建立一個真正的中央銀行來發行貨幣，合理化銀行準備金要求，向銀行提供貸款，並實施國家監管。之後又花了二十年，這個新系統才完全發揮潛在的功能。

聯邦準備系統（亦即中央銀行系統）的結構被設計得這般複雜，而且一直維持這種複雜程度，是有很好的理由的。它是政治妥協的成果，該「系統」設計目的是在統一政策和地區利益之間取得平衡，既要有獨立性，又要肩負公共責任，既要由政府管控，同時也得保有極少數的私人參與。

美國聯準會是個先天上就帶著爭議性的機構。雖然爭論點大都集中在政策和權力上，而不是獨特的組織結構，但是政策和組織卻又著實密不可分。

「獨立性」是關鍵。我會在準備和卡特總統初次會面的便條上把它列為第一點，當然不是偶然。便條上的第二點是「政策」——聯準會應該如何行使它的獨立性。

需要實施限制性貨幣政策和監督管理金融機構時，聯準會當然會引起爭議。這就是為什麼我說這個體系需要保護，才能抵抗利益輸送或黨派政治的壓力。

與此同時，聯準會很明確的是政府的一部分，其權力來自國會「鑄造貨幣並規範貨幣價值」的憲法義務。不管一九八四年雷根總統的幕僚長詹姆斯．貝克對我說過什麼，聯準會都不是行政機關的一部分，當然不必服從「總統命令」。

以現實面來說，四百三十五位眾議員和一百位參議員無法負責中央銀行的日常運作和政策決策，當然國會也不願意將這權力交給總統。其實類似的顧慮，還推動了不少所謂「獨立機構」的設立，其中一些甚至比聯準會的歷史還久。然而，不管是維護獨立性的結構性防禦，或是國會多年來明確賦予的職責廣泛度，都沒有一個機構可以和聯準會相提並論：

- 美國聯邦準備系統的經費是自給自足的，營運收入充沛。
- 七名理事會成員的任期為十四年，只有在「事出有因」的情況下才會被免職。
- 主席為理事會成員之一，任期四年。

• 十二家地區性準備銀行分散在全美各地，除了日常營運，也負擔某些政策責任。地區性準備銀行的地點在今天看來是有點怪，不過在一九一三年設立時，地點的選擇在政治上非常合理。
• 這十二家地區性準備銀行的行長由各家銀行的董事會任命，但須經聯準會批准。各地區性準備銀行董事會由九名董事組成，其中三名由聯準會任命，其餘六名由民間「會員銀行」選出，但要求他們必須代表各方面的利益和經驗。

光用看的，就覺得很複雜。當同桌吃飯的人問起「你是做什麼的？」時，更是難以解釋。修補聯邦準備系統的組織結構是個很誘人的想法。例如，我們真的需要十二家準備銀行嗎？它們現在的地點（密蘇里州就有兩家）合理嗎？從技術面來說，每家地區性準備銀行仍屬於民間會員銀行共有，但它們全受聯準會監管，這樣在政治上不是很奇怪嗎？時常有人提議，美國審計總署應該「查核」聯準會，可行嗎？恰當嗎？

每個在系統內占有一席之地的人，對什麼樣的組織變革才合乎邏輯，都有自己的想法。然而，變革可能很快就會成為一種威脅。一個人改完，另外一個人再改。看似無害的改革提議之下，都有可能隱藏著別有用心的動機。

經常有國會議員要求美國審計總署，對聯準會和聯邦公開市場委員會進行查核。他們真正的意圖其實很清楚，既不是想監督執行效率，也不是想確保支出銷帳正確（審計總署每年查核聯準會的支出，也查核地區性聯邦準備銀行的支出）。事實是，那只是一種試圖影響政策的遊戲而已。

大型組織的問題確實需要關注，不只是對聯準會，而是對所有監管銀行和金融機構。權力重疊嚴重、有時政策還不一致的金融監管機構，其實都是歷史的意外。南北戰爭時期成立了國家銀行體系，所以貨幣監理署也跟著成立。大蕭條期間銀行業崩潰後，聯邦存款保險公司便從一九三三年開始監管州立特許銀行。聯準會在創建之初，只對其會員銀行（無論是全國性的，還是國家特許的）擁有監管權。直到一九七〇年代，監管對象才擴展成所有的銀行控股公司。時至今日，大型銀行的所有權幾乎全在這些公司手上。美國證管會擁有監管獨立投資銀行的權力，甚至可以在銀行控股公司內部對經紀人與代理商進行監管，類似銀行的貨幣市場基金也是它的監管對象。衍生性金融商品則受美國證管會和美國商品期貨交易委員會的監管。保險公司由州政府監管。至於新創的金融機構，包括避險基金，則沒有指定監管機構。

那麼，由誰負責監督全局？

在二〇〇八年金融危機之前，最老實的答案是：沒有人。

由於肩負貨幣政策、銀行控股公司和總體金融穩定的責任，聯準會有時會主導或試圖主導，但這完全取決於當時聯準會主席的個性和政治利益。

就某種意義來說，答案應該是，二〇一〇年《陶德－法蘭克法案》通過後所成立的金融穩定監督委員會（FSOC）。在財政部長的支持下，FSOC 曾力求促進金融監管機構之間的一致性和合作，可惜效果不彰。加強共同規則制定的努力值得讚許，但力道不足。重要的是，在傳統銀行主導金融市場時所建立的監管體系，已經跟現代金融（以交易、資產證券化和衍生性金融商品為主的公司）的關鍵要素完全脫節。新的信貸公司執行類似銀行的功能；企業債務水準直線上升，擋都擋不住，完全超出現有監管的範圍。

據我所知，每個機構的主管、銀行家和其他經驗豐富的業界人士，都認為目前的系統存在著嚴重的重疊和缺漏。在監督和執行上的過度和不一致，使金融系統很容易受到操縱而崩潰。財政部長鮑爾森、蓋特納和聯準會主席柏南奇，在面對金融危機時，心裡充滿了挫敗感。意識不到的人，自然無法理解他們心中的悲痛。

那麼，該怎麼辦呢？尤其是在法律和實務上，都負擔最廣泛責任的聯準會，我們該拿它怎麼辦？它單獨管理貨幣政策，控制貨幣供給和影響利率，也直接參與龐大的政府證券市場，為了實現政策目標，更是幾乎不受限制的進行買賣。它對大型銀行控股公司擁有直接的監管權，和外國貨幣政策、監管機構維持聯繫。一旦發生緊急事件，聯準會很快就能集結巨量的資源。

聯準會在銀行業和金融市場都涉入甚廣，加上被國會、民眾視為「金融穩定的守護者」這樣的簡單事實，都讓聯準會的實際職責自然而然地超越了法律明確列出的範圍。

無論是在華盛頓總部，或是在地區性準備銀行，聯準會的工作人員數量一直在增加，而且也應該如此，這樣才有足夠的人力可以在監管商業銀行之外，同時監督更大範圍的金融系統。然而，非正式的監督做得再好，還是不能和明確的職責和授權劃上等號。無論是在理事會或是在地區性準備銀行，聯準會的領導階層有時都會不情願或甚至明白反對承擔非正式的監管，因為他們可能因此分心，而忽略了推行貨幣政策的主要責任。

前聯準會主席珍妮特・葉倫的一則軼事，切中了上述論述的重點。在為政府調查金融危機作證的過程中，發問者提醒她，當她還是舊金山聯邦準備銀行行長時，曾對次級抵押貸款的蔓延表示擔憂。舊金山是個熱鬧的地區，因此葉倫女士比其他地方的人在相對較早的階段就注意到超額信貸的問題也很正常。這也證明了地區性準備銀行有多重要。

自然而然的，下一個問題來了：「對此你做了什麼？」她的回答，嗯，長話短說吧！就是：舊金山聯邦準備銀行無權採取任何行動。

那麼，在華盛頓的聯準會呢？它也沒注意到，即使葉倫和其他一兩個內部人士曾（悄悄地）提出警告。

這些活動不是發生在聯準會監管下的銀行控股公司嗎？是的，但通常是在非銀行部門（例如經紀自營商），而這些領域的主要監管者是其他機構，不是聯準會。

時任聯準會理事的葉倫在二〇一〇年十一月對金融危機調查委員會（Financial Crisis Inquiry Commission）工作人員這麼解釋：「我們將關注焦點放在銀行體系上，我認為我們沒有充分注意到整個金融體系的風險。」[5]

於是沒過多久，次級抵押貸款就傾覆了整艘金融之船！

身為歐巴馬總統經濟復甦顧問委員會的主席，召開監管改革討論會時，我必定受邀列席。除了大家都同意的提高商業銀行資本標準、對金融市場的廣泛監管，以及由監管機構按部就班地解決或關閉破產銀行，以符合最終清算要求之外，我個人因多次經歷金融危機，堅持優先考慮兩個我特別在意的事項。

最有名的，當然是貼了我姓氏標籤的《伏克爾法則》，主要目標是管制銀行的自營交易（亦即不是代表客戶進行交易）。概念很簡單，受益於聯邦安全網保護的機構，不應該利用公眾的理解和支持去進行投機交易（在金融危機期間，已經相當成熟的安全網，所發揮的作用已不只是為零售存款提供保險，或是為方便有償付能力的銀行使用聯準會貼現窗口。例如，問題資產紓困計畫不只允許財政部使用納稅人的錢來穩定金融機構，甚至連汽車產業都是紓困對象）[6]。如果五個相關機構能就必要法規達成共識[*1]，新規則將會因納入非正式監督而更加充實。

政治現實是，每個機構都有自己的領導階層、員工、利害關係和國會委員會監督。每個機構在監督和執行上，對何謂「緊急」的定義都不相同。就《伏克爾法則》而言，各方花了五年時間才達成協議，通過的監管規定多達數千頁。

*1 這五個機構分別是美國聯準會、美國貨幣監理署、美國聯邦存款保險公司、美國證管會和美國商品期貨交易委員會。

我的第二個貢獻更簡單、更直接。我認為聯準會也需要督促和適當的裝備，才能有效而持續地履行對穩定金融體系的重責大任。為確保得到足夠的注意力，我提議總統任命、國會通過，從聯準會七位理事中擇一為監管副主席。該位副主席直接對國會負責，每半年向國會報告一次全國金融體系狀況。

這麼做，也許會讓聯準會主席的位置有點小尷尬。不過制定規則和監督的責任，還是繼續由主席和理事會全體承擔。重點是在法律上明確指定一名理事負責監管，才能確保整個系統不會逃避監督責任。

從我提議之後過了好多年，川普總統總算提名了第一位監管副主席——蘭德爾．奎爾斯先生，我很想看看你會怎麼做這份工作。

更廣泛和更根本的組織問題是，如何解決監管機構之間的重疊和疏漏問題。伏克爾聯盟曾在報告裡提出一種可行的解決辦法。它建議將負責監督金融系統的所有功能整合成一個新的組織，由每一個相關機構派出代表組成董事會。這個新組織可能由聯準會監管副主席領導，若由他人領導時，必須和監管副主席密切合作。基於制約與平衡原則，監管功能的規則制定可由聯準會主導，並由金融穩定監督委員會或其他機構負責審查、評論。

顯然的，還有好幾種方法可以考慮。在金融危機爆發前，當時的財政部長鮑爾森曾花了許多精力，試圖發展類似上述提議的方法。金融危機後，英國讓中央銀行（也就是英格蘭銀行）負責新成立的審慎監理局（Prudential Regulation Authority），基本上就是將日常監管權和貨幣政策綁在一起。歐盟內部也還在討論、評估其他方法。

關鍵問題是，在監督、監管和管理的全部責任上，中央銀行應該承擔到什麼地步。雖然整合後的有效性和效率應該會提高，但也需要有管道獲得各方觀點，還必須考慮制約與平衡。然而，市場穩定是中央銀行的長期使命，基於央行的管理和監督責任範圍，以及相對獨立不受政治壓力影響的特性，邏輯上它注定只能積極參與，不能也不可能退出。

英國的經驗給我們上了很好的一課。大約二十年前，為了恢復英國中央銀行的業務獨立性，其監管權被轉給新設立的姊妹機構。現實的結果是，很遺憾的，新機構不但未能及時發現潛在市場過熱，也沒看出一家知名度不高但十分激進的銀行倒閉時會引發脆弱金融體系的連環反應。

英國政府很快採取措施亡羊補牢，將監管責任再次納入英格蘭銀行的管轄。

我的朋友最近告訴我，在主要的聯邦機構中，不管是基本的結構或是功能職責，聯準會幾乎是唯一一個至今還沒受到川普政府威脅的。

我是這麼想的，多年來，聯準會一直受到國會和總統的尊重。在民眾普遍不相信政府的危險情況下，聯準會在大家心目中仍保有極高的可信度。從這個觀點來看，聯準會無疑是整個國家的重要資產。

但，它不是不可問責的。

它也不是永不犯錯的。

它確實需要國會的關注，以確保有足夠的能力及權責去有效率地管理它的授權範圍。而且，它確實也需要保護，使它免於受到黨派政治的干擾。

總之，時局再怎麼動盪，聯準會依舊是美國極為寶貴的資產。始終不變。

真理三：良好的政府

良好的政府，我們已經不常聽到有人這樣說了。即使聽到，腦子裡浮現的更可能是雷根總統的名言：「問題出在政府」。這本回憶錄已近尾聲，我可以肯定地說，我們引以為傲的民主政府確實在各個層面都遇上了麻煩。

一次又一次的民調都傳達出同樣的訊息。只有兩成的美國人相信，聯邦政府在大多數的情況下會做出正確的選擇[7]。國會的民意支持度更糟，至於法院以及被稱為民主政府第四權的媒體，也都聲譽不佳。

這不只是民意調查和民眾觀點的問題。著名的公共行政教授保羅．萊特（Paul Light）曾為伏克爾聯盟撰寫過一篇論文[8]，細數美國政府自二〇〇〇年至今犯下的四十八次極為明顯的行政錯誤，情節嚴重到引起全國媒體的極大興趣。他舉出的例子包括：沒能整合已知情報，預測出九一一恐怖攻擊；卡崔娜颶風後，紐奧良的救災效率低落；墨西哥灣石油鑽井平臺檢查不充分，導致漏油；以及在我的專業領域裡，無法在二〇〇八年金融海嘯前，就看出和預見金融系統的脆弱。他的論文於二〇一五年發表後，類似的例子仍層出不窮。

我明白我們生活的世界太過複雜、相互依賴的程度太高，發生管理疏失是無法避免的事。再加上政策的不一致，粗俗的選舉政治干擾。然而，萊特教授的謹慎分析所得到的結論，卻讓人不得不憂心。行政錯誤的次數隨著時間攀升，也許是因為政府想做事，但資源和能力遠遠跟不上。這種趨勢普遍存在，不管白宮裡的總統是共和黨或民主黨都一樣。行政失誤的原因五花八門，有時是誤解政策，有時是財政和人力資源不足，有時則是負責的組織在結構和領導上都不夠力。

我們不該也不能容忍嚴重的公共管理疏失紀錄繼續擴大，如果我們想重建人民對政府的尊重與信任，以及對政府使命的重視，就不能坐視不理。

雷根總統即使是在指出政府的失敗，並認為它規模太過龐大時，也不得不默認，政府的存在還是有其必要性。他當然支持提供資源來確保國家安全，軍隊和情報機構在聯邦預算中的占比是非常高的。他並不打算結束社會安全保險或聯邦醫療保險，也不想關閉保護我們免受流行病侵襲的疾病管制與預防中心（Centers for Disease Control），以及為鑑別、治療和預防疾病的研究提供資金的國家衛生研究院（National Institute of Health）等機構。

政府的規模、責任範圍，以及哪些計畫值得挹注資金，都可以、也應該經過詳細討論。另外，我們還需要一個公平有效的稅收制度，來為我們認為需要的項目買單。

這些全是政治程序。一旦拍板定案後實施、結果如何就是行政當局和管理機構的責任。兩百多年前，亞歷山大·漢密爾頓在《聯邦黨人文集》（*Federalist Papers*）中指出：「良好的政府取決於良好的管理。」至今仍舊是不變的真理。即使今天大環境不同以往，複雜性、變化快速的科技、政府計畫的多樣性、政治和遊說壓力的強度等，都讓挑戰更加艱難。

七十年前，我父親遇到的地方政府問題比較簡單。他以服務公眾和盡忠職守為榮，身為工程師，他將政府管理視為一門科學，一門需要嚴格訓練、專業知識，以及遵守紀律才能成功實踐的科學。他的方法，為他治下的城市居民和納稅人提供了效率極佳的服務。

美國的地方政府、州政府和聯邦政府，每年花費接近我們經濟總產值的四〇％。如何判別我們的需求，再有效地加以滿足，是一個極巨大的挑戰。這不僅需要特殊的專業、精密的科技，最重要的是，還需要良好的判斷力。

儘管挑戰如此艱巨，美國聯邦政府現今的雇用人數，也只和我在一九六二年加入甘迺迪政府時差不多。相較之下，美國人口在同期幾乎增加了一倍[9]，而國內生產總值和聯邦支出則飆升至一九六二年的三十多倍[10]。今天的政府為了彌補人力不足，長期將工作外包給私人企業和非營利組織。外包項目不但包括重複的例行工作，甚至還包括一些你所能想像的尖端科技項目，例如國家安全、太空發展、國民健康、環境保護等。

我們是否正在做我們能做的、必須做的，並且能合理確保這些工作做得很好？誰有真正的能力判斷哪些工作可以外包？哪些工作必須留在政府內部？我們如何指導、監督成千上萬的承包商？不用說，這需要教育、經驗，以及最重要的，一顆想要把事情做好的心。

以最直接的基礎設施需求為例，我們總是看到報章媒體在討論，但實際上往往做得很少。我們應該建造或重建什麼？為了良好的公共政策和效率需求，我們可以容許聯邦、州、地方和民間在多大程度上攜手合作？我們有適合的管理人才嗎？他們接受過適當的訓練和教育嗎？我們能做出準確的成本預算嗎？

我擔心，太多時候，答案都是否定的。

這並不是說，歷屆政府都沒在口頭上表示改革的決心。

在我的經驗裡，尼克森總統套用當時商業顧問的時髦說法，強調「依目標管理」。

卡特總統推崇「零基」（zero-based）預算[*1]。

柯林頓總統指派副總統高爾進行更全面的「政府再造運動」。

小布希總統將相關機構合併，成立全新的國土安全部，的確是一次重大的結構改革。可惜它的

---

*1 編按：零基預算是指管理當局根據需要和可能來編制預算時，要從「零」的基準開始算起，決定優先順序，務必將每一分錢做最妥善的配置。

領導階層能力不足，最後還是失敗告終。

一個世紀前，我們沒有民意調查。當時的政府規模較小，職責範圍較窄，而以今天標準來看，那時的技術堪稱原始。然而，對政府的抱怨，從美國獨立以來就沒停過。貪汙腐敗時常會削弱人們對公平和能力的信心，累積到最後，雖然政府終於會有所反應，但通常要等上好幾次總統輪替。

一八八一年，詹姆斯·加菲爾德（James Garfield）總統在遇刺身亡後，政府就大力改革公務員制度。最早的獨立機構可以追溯到十九世紀。共和黨的老羅斯福總統和民主黨的威爾遜總統，對有效的政府都有自己強烈的主張。前者關注的問題廣泛，從國家公園到反托拉斯政策都涵蓋在內；後者專注的是政府管理，尤其是聯準會的創立。當今美國政府的組織和人事架構，大都是在一九三〇年代的羅斯福新政，以及一九四〇年代末至五〇年代由杜魯門和艾森豪兩位總統授權的赫伯特·胡佛（Herbert Hoover）的主導下完成。

學校和大學在「良好的政府」中扮演著重要角色。公共管理院所激增，不但在公立大學，連一些最古老、最成熟的大學也如此。常春藤三所頂尖學府——哈佛、普林斯頓和耶魯更是得到巨額捐款，幫助學校發展新學系。

遺憾的是，數十年來發展下來，活力和主動性到今天所剩無幾。大學捐款和因此增加的教職，反而被挪用於政策問題，比如外交和國際事務的討論和辯論，或是社會福利的利弊分析等等。國家教育政策、國際合作和其他有挑戰性的主題，對學者和學生都有很大的吸引力。但是只靠政策，不管原先的構想有多高明，都無法真的把事情做好。

我的主張很簡單。歸根究柢，好的政策取決於好的管理。

二〇一三年我創立無黨派色彩的伏克爾聯盟時，就是以此為核心信念和使命。藉由贊助公共管理方面的研究，藉由將公僕領袖和學者專家聚在一起，我們希望能找出讓聯邦、州和地方政府更有成效且更有效率的新方法。

幸運的是，有證據顯示，公共服務的挑戰至少還是吸引了一小批剛進入政府機關或才要開始尋找職涯方向的有為年輕人。

然而，他們心裡都有個共同的擔憂。有相關的培訓課程嗎？大學開設的學科是否跟得上時代的需求？甚至，在需要的方法和人才上，是否有任何共識？如何將包括大數據在內的新科技，應用在解決管理問題？什麼工作應該留在政府內部做，什麼應該外包？鑒於現今的科技發展和生活方式，是否應該重新檢討行政部門的架構？

前面章節提過，在我擔任主席的兩個國家公共服務委員會，我所提出的實質建議都只得到冷淡的回應，這讓我深感失望。我們當時所認為的無聲危機，到了今天已經在大聲吶喊。

今日的美國，政府威信已受到嚴重侵蝕，聯邦、州和地方政府彼此之間缺乏合作，而科技發展則不斷帶來新的挑戰。我在一片對政治環境不滿的喧囂和憤怒中，大聲疾呼要恢復人們對有效公共管理的興趣，真的能得到回應嗎？

來，讓我們一起捲起袖子吧

我不得不承認，在結束這本回憶錄時，我的心情其實相當沉重。在朝著開放民主社會前進的浪潮中，我曾經生活和服務過的世界似乎正在逐漸消逝。

歐洲部分地區對專制領導有越來越認同的趨勢，一些拉丁美洲國家努力建立且堅強持續的民主，卻擺脫不了經濟反覆崩潰的厄運。「發展期之癌」的貪汙腐敗，經常削弱非洲和亞洲的巨大潛力。其中最重要的可能是，中國和俄羅斯似乎決定以自己的方法建立新型態的競爭經濟和政治模式。

反觀美國國內，經濟、社會和文化上根深柢固的分歧，已經侵蝕了人們對民主發展的信任。對媒體和科學的攻擊——實際上是對任何一種專業知識或既定事實的攻擊——阻礙了我們的領導能力。關於環保和移民政策的關鍵問題，始終未得到解決。建立已久的貿易和國家安全機構，開始受到威脅。

也許，現在是時候去回想我們的國家曾經歷過哪些挑戰了。在我人生的前九十年裡，我們經歷過經濟大蕭條、世界大戰、總統被暗殺、在越南和中東發動不必要且產生不良效果的戰爭、惡劣的種族關係、兩位數的通貨膨脹，以及恐怖襲擊。

我的母親在一九九〇年以近百歲高壽辭世。我記得在我早期遇到挫折，對情況感到絕望時，曾向她抱怨：「我們引以為傲的國家要往哪裡去呢？為什麼我們就是不能把事情做好？」

她告訴我的話，至今仍是唯一讓我信服的答案。

「在世界的歷史上，美國是最古老且最堅強的民主國家。在這兩百年裡，它經歷了很多，但它存活下來了。」

「回去工作吧！」

後記

在這本書裡，我提到多位總統、內閣閣員、主席、老闆、同事和工作人員。他們有些是名人，有些不是。我很幸運在政府部門及民間企業結交到了不少好朋友。

在此，我要特別感謝在我公僕生涯的關鍵時刻，和我一起並肩作戰的幾個人。他們大多數也是資深公務員，對有效政府管理的挑戰盡心盡力。

其中兩個人陪我走過我一半以上的職業生涯，但在二〇一七年，我卻永遠失去了他們。

麥可・布拉德菲爾德

大約五十年前，我是負責國際事務的財政部副部長，麥可・布拉德菲爾德則是被派來支援我的助理法務長。相識十年後，他以法務長的身分加入我服務的聯準會，建立了強大的法務部門，成為我在監管和國會事務上不可或缺的左右手。基本上，他主導了所有我需要做的、關於瑞士銀行如何處理納粹大屠殺受害者存款帳戶的調查；後來他更是將伏克爾聯盟申請成正式的合法組織。我變得習慣依賴他，不管是普通常規的法律事務，或者沒那麼常規的家庭法律問題，他都是我最信任也最倚重的好顧問。

杜威・達恩

我認識杜威・達恩比布拉德菲爾德更早，他是我在一九六二年初入財政部服務時的直屬上司。他大我十歲，比我早從哈佛大學公共管理學院研究所畢業[1]，我們在他擔任聯準會理事的漫長歲月中，成為關係密切的好朋友，一起參加多到數不清的國際會議。他很喜歡「聯邦理事」的頭銜，因為航空公司地勤看到這頭銜後幫他升等的機率，比看到財政部副部長時要高多了。杜威從聯準會退休後，和深愛的妻子芭芭拉搬到田納西州的納許維爾（Nashville），繼續在銀行界和學術界貢獻所學。我們兩家一直保持聯絡，往來了數十年。

他們是最優秀的公務員

威廉・泰勒於一九九二年英年早逝，得年五十三歲。當時他是美國聯邦存款保險公司董事長，正處於職業生涯的顛峰。此一任命不僅肯定他在聯準會內部的地位，同時也證明了他是華盛頓地區首屈一指的銀行監管專家。當我接任聯準會主席時，很幸運有他一起應付一場又一場的金融危機。他應美國財政部長尼古拉斯・布雷迪的要求，出手幫忙解決一九八〇年代末期的儲貸銀行危機。他以機敏的才智和傑出的領導能力，教我們認識和理解教科書和經濟理論之外的金融世界。

前美聯社記者喬·科尼，以及受過耶穌會神學培訓的唐·溫恩（Don Winn），是兩位長期在聯準會服務的工作人員。他們保護我在媒體和政界人士面前舉止合宜，避免失誤。除此之外，他們分別以自己的方式提醒我，在面對帶著敵意的媒體或國會時，千萬不要和其他政府高官一樣，為求脫身便隨口說一些模棱兩可或含糊其詞的話。這才是真正的公務員精神。

傑瑞·科里根和我一起度過了我重返紐約聯邦準備銀行之後的許多關鍵時刻，他是我擔任紐約聯邦準備銀行行長和聯準會主席時的得力助手，即使在通貨膨脹到了戲劇化的顛峰時，仍陪著我一起奮力抵抗。金融危機接踵而至，傑瑞即使面對不確定性、政治攻擊和遊說壓力，依然能迅速採取行動，做出有力且令人信服的決定。這在受過學術訓練的經濟學家中，是極罕見的天賦。在他被外派到明尼亞波利斯市擔任聯邦準備銀行行長的兩年裡，我們仍會抽時間相聚。我還介紹他去洛磯山脈飛蠅釣，讓洛磯山脈成為他轄區的一部分！

他一生中最輝煌的時刻，大概就屬一九八七年的「黑色星期一」。在股票下跌超過二〇%後，身為紐約聯邦準備銀行行長的他鼓勵（甚至要求）所有銀行站出來支持貨幣市場。那時我已經離開聯準會，只能以旁觀者的身分連連讚嘆。

史蒂夫·阿克西爾羅德（Steve Axilrod）、山姆·克羅斯、泰德·杜魯門是和我共事過的聯準會和財政部的核心官員。我在他們身上看到了使命必達的奉獻精神，以及最高水準的公務員堅守崗位的驕傲。

我怎麼可能忘記在我華盛頓辦公室門外坐了八年的凱瑟琳・馬拉爾迪？她思慮周密、效率超高，對工作盡心盡力，絕對是二戰期間為了報效國家，第一批到華盛頓工作的少女中，最優秀的職業女性典範。

由衷感謝每一個人

我不可能記下每一個曾經和我共事、和我變成朋友，或甚至在我漫長的歲月為我的私生活提出建設性反對意見的人。

詹姆斯・沃爾芬森創辦的精品投資銀行，提供我回歸民間金融的絕佳過渡途徑。我和他一樣為沃爾芬森公司的經營方式感到自豪，我們的團隊雖小，但不管是資深合夥人、初級合夥人、同事或分析師，不管在過去、現在，都反映出我們的超高品質。雖然無法一一致謝，但我由衷感謝每個人。

對於在我離開投資銀行時，邀請我加入他們在洛克菲勒中心小辦公室的迪克・拉維奇（Dick Ravitch），以及跟他合作密切的夥伴唐・萊斯（Don Rice），我該說些什麼呢？二十多年後，我還坐在同一張椅子上。我很快發現，迪克經營多年，已經認識紐約市和紐約州（以及許多其他州）所有有政治影響力的人物。他曾經管理擴大後的大都會運輸署（Metropolitan Transportation Authority）數年，在那段時間，火車（幾乎）總是準時運行；他也是管理紐約這個瀕臨破產城市的關鍵人物。

在這個國家，沒有人比他更關心地方政府和州政府承受的巨大財政壓力。不幸的是，現在不只美國各地各級政府財政吃緊，連遠在海外的美屬波多黎各都不能倖免。

過去三十年來，厄尼・盧扎托（Ernie Luzzatto）負責我所有的個人法律事務，有時還幫我處理複雜的稅務問題，我感激不盡。

我在書中曾提到「石油換糧食計畫」的調查，在里德・莫登的領導下，所有參與調查的工作人員，都有高度的道德勇氣和充沛的精力，但沒有寫到前任美國地方檢察官馬克・卡利法諾（Mark Califano）、蘇・林格爾（Sue Ringler）、邁可・科爾納基亞（Michael Cornacchia）以及現任美國地方法院法官傑佛瑞・梅耶（Jeffrey Meyer）在此事表現出來的責任感。他們貢獻了才智、精力和經驗，使我們的報告更有意義，也更準確。他們在法律程序中一步一步掌握事實的能力讓我大開眼界，頭一次認識到嚴守紀律的人才有多重要。

另外還有兩個年輕人，我認為他們具備未來世界所需要的才能、精力和判斷力，是我心中最佳的青年楷模。

安東尼・多德在我眼中永遠是初相遇時那個朝氣蓬勃的年輕人，他是我三十年前在沃爾芬森公司的同事。我不止一次想在麻州伯克郡（Berkshires）買下一家快倒閉的飛蠅釣具店，還是因為他的理性勸說，我才沒有衝動地害慘自己。相識二十年後，他讀到我在總統大選前力挺歐巴馬的聲明，自願出來幫忙。大選後，他成了我在總統經濟復甦顧問委員會的重要助手，在和政府、國會工作人員和金融高階主管溝通方面，他比我更有紀律。他不厭其煩地主導談判、起草重要的法律條文，後來更是和麥可．布拉德菲爾德共同創立了伏克爾聯盟。如今他在民間企業揮發自己的企業才能，仍舊是個不可或缺的重要角色。他天生的公共服務意識，以及在西點軍校磨練出來的鋼鐵紀律，將是他永遠的資產。我相信總有一天，他會是美國引以為傲的政府高層。

芝加哥大學的年輕經濟學家奧斯坦．古爾斯比是讓我決定支持歐巴馬的關鍵人物。在我擔任經濟復甦顧問委員會主席期間，他和我攜手以幽默和不卑不亢的態度，通過華盛頓的考驗。他教書、寫作、演講，生活過得十分愜意，但我們需要他，希望他能早日重返公共服務。

伏克爾聯盟

二〇一八年時，沒有一個美國人不對國家的未來感到憂心忡忡；說得更精確一點，是看到美國公共服務的現狀，沒有人不會感到憂心。公眾對政府抱持著不信任態度，甚至帶著敵意。無論是國會或是在重要的行政職位上，太多菁英失望地過早離開飽受抨擊的官僚機構，因為他們懷疑自己的聲音能否被聽到，也懷疑自己的目標能否有實現的一天。

這種情況需要改變，可是並不容易。

因為無法停止憂慮，我決定創立基金會，致力於一個不可能的任務：我們能否刺激其他人——尤其是公共政策、管理和行政相關的學校——去重新思考政府應該如何回應二十一世紀的人民需求？

如今這個小團隊在湯姆・羅斯（Tom Ross）的帶領下努力工作，他以在家鄉北卡羅萊納州長期擔任法官和教育領導人的光榮經驗，為團隊注入熱情。曾經和我共事的保羅・萊特和唐納德・凱特爾，是公共服務領域的堅強鬥士，現在成了伏克爾聯盟高級職員的顧問。威廉・格拉斯戈爾（William Glasgall）和高拉夫・瓦西希特（Gaurav Vasisht）接受艱難的挑戰，為州政府、地方管理及金融改革做出周詳的計畫。我很高興看到一度在專業芭蕾舞和公共服務之間無法抉擇的艾米莉・博爾頓（Emily Bolton）最終決定將政府有效運作當成終身職責。她最早在「石油換糧食計畫」及世界銀行問題的調查中負責協調，現在則幫助伏克爾聯盟經營「讓世界運轉」計畫。

致謝

英文字Acknowledgment，為感謝之意，是個不容易拼、長達四音節的單字，但它再長，還是不足以表達我對本書共同作者的感激之情。從頭到尾，克莉斯汀・哈珀（Christine Harper）陪我一起寫下此書，她鼓勵我、督促我，為我定下規矩，對事實進行澄清，對訛誤進行糾正，而且毫不意外的，擁有極為出色的寫作能力。

我不知道為什麼，她居然願意向彭博新聞社（Bloomberg News）請長假，放下資深財經編輯的職務，一步一步領著我完成這本回憶錄。我或許認為乙事發生在甲事之後，但她不肯依賴我逐漸衰退的記憶，總是堅持理清事實，找到證據。因為記憶是脆弱的，只要我在書中提到的軼事，她一定不厭其煩地向其他相關者再三確認。

經過一年，我都快把克莉斯汀當成家人了，或許是我從小失散在外的妹妹，而且她也非常仰重我的公僕父親，敬他是個真正的英雄。我只希望完成的作品可以表現出她的努力和貢獻，為她鋪平重回彭博新聞社資深編輯的道路。我很相信她在彭博社一定備受尊敬，事實上，我該說是整個藝文界才對。

就在剛才，我的助理梅蘭妮．瑪莎（Melanie Martha）才遞給我最後一份草稿——我難以辨認的字跡已轉換成可讀的文字——好確認克莉斯汀的增刪修改無誤。很快就要投入都市計畫新工作的梅蘭妮將我的辦公室和行程管理得井井有條，是個不可多得的人才。我祝福她的新工作一切順利。

如同我前面說到的，在寫書過程中，為了幫助我增強記憶，許多人不辭辛勞地讀了我的全部或部分的手稿。為此，我特別要感謝以下多人：查克．巴舍爾、雅克．戴拉赫樹、約翰．迪尤利奧、安東尼．多德、埃德溫．格雷、朱達．格里貝茲（Judah Gribetz）、史蒂夫．哈里斯（Steve Harris）、法蘭克．海多斯基、唐納德．科恩、里德．莫登、威廉．羅德斯、湯姆．塞登斯坦及泰德．杜魯門。

我很幸運地曾在編輯賴瑞．馬爾金（Larry Malkin）協助下，於一九九二年出版了我和行天豐雄合著的《時運變遷》，講述了我職業生涯早期的經歷。那本書，以及約瑟夫．崔斯特（Joseph Treaster）和威廉．西爾伯（William Silber）為我寫的精采傳記，都是寫這本回憶錄時的實用參考書。此外，傑佛瑞．梅耶和馬克．卡利法諾合著的《腐敗的善意》（*Good Intentions Corrupted*）在描寫「石油換糧食計畫」調查那部分，提供本書很多的背景資料。

紐約聯邦準備銀行的肯尼斯．加貝德（Kenneth Garbade）和伊麗莎白．霍姆奎斯特（Elizabeth Holmquist）在追蹤不容易找到的經濟數據方面，也幫了大忙。

普林斯頓大學馬德圖書館的檔案管理員丹尼爾・林克（Daniel Linke）和莎拉・洛格（Sara Logue）妥善保存了我的論文，並在我為這本書尋找相關論文時，提供了很大的幫助。我的論文還在增加中，所以請準備好空箱等著吧！

我的外甥女維多利亞・史特賴特費爾德（Victoria Streitfeld）和我分享了她母親、我三姊維吉尼亞保留下來的珍貴信件、照片和其他文件，勾起我許多回憶。她的弟弟安迪也找出一些舊相片，並努力製作關於我和伏克爾聯盟的紀錄片，幫助人們認識公共服務的挑戰和它帶來的滿足感。

我的兩個孩子珍妮絲和吉米，從忙碌的生活中抽空回答一些發生在很久以前、但他們記得比我還清楚的事。我很感激他們這麼做，但更想謝謝他們的是，我的生命因為有他們，變得更加豐富。我是一個超級驕傲的父親，有三個努力工作的外孫，還有一個前途光明的孫女，我現在甚至還是曾祖父了呢！

我不知道是該感謝或是「譴責」公共事務出版社（PublicAffairs）的創辦人彼得・奧斯諾斯（Peter Osnos）。如果不是他喚起我們對「舊時代」的回憶，就不會有這本書。我在他的幫助下出版《時運變遷》已經是超過二十五年前的事了，我從未想過要出版回憶錄，但是顯然一年前的彼得不但想了，而且想得很仔細。為了說服我，他提議請克莉斯汀・哈珀成為我的共同作者，然後我們兩個一邊寫，一邊讓約翰・馬哈尼（John Mahaney）和公共事務出版社的頂尖團隊進行編輯。這是個好提議，因為很顯然的，我上鉤了。

大事年表

1927.9.5　保羅・阿道夫・伏克爾二世出生於紐澤西州開普梅。

1930　伏克爾一家搬到紐澤西州提內克市。父親保羅・伏克爾擔任該市執政官長達二十年。

1944.7　國際貨幣基金組織和世界銀行成立。

1949　伏克爾從普林斯頓大學畢業，以聯準會為題的畢業論文得到最高榮譽。

1951　伏克爾通過博士資格考試後，離開了哈佛大學公共管理研究所。

1951.3.3　財政部和聯準會簽署協議，重新確認聯準會擺脫財政部監管後的獨立性。

1951.4.2　威廉・麥克切斯尼・馬丁成為聯準會主席。

1951~1952　伏克爾拿到扶輪社獎學金，前往倫敦政治經濟學院深造。

1952　伏克爾加入紐約聯邦準備銀行，職位為初級經濟學家，搬遷到靠近布魯克林道奇隊球場附近的布魯克林高地。

1954.9.11　伏克爾和芭芭拉・瑪莉・巴恩森在紐澤西州紐澤西市結婚。

1955.8.20　女兒珍妮絲・露易絲・伏克爾出生。

1957　伏克爾搬到紐澤西州普萊恩菲爾德，成為大通曼哈頓銀行的研究經濟學家。

1958.5.10	兒子詹姆斯・保羅・伏克爾出生。
1962.1.8	伏克爾加入財政部，主持副部長羅伯特・魯薩和部長道格拉斯・狄龍新成立的財務分析辦公室。
1963.11.18	伏克爾接替杜威・達恩，成為負責貨幣事務的財政部助理副部長。
1963.11.22	甘迺迪遭暗殺身亡；林登・詹森繼任美國總統。
1964.12.31	魯薩離開財政部，加入布朗兄弟私人銀行。
1965.4.1	福勒接替狄龍成為財政部長。
1965.10.6	詹森總統要求延遲加息，和聯準會主席馬丁在白宮發生衝突。
1965.11	伏克爾加入大通曼哈頓銀行，擔任遠期規畫主任，舉家搬遷至紐澤西州蒙特克萊爾。
1969.1.20	尼克森總統宣誓就職。
1969.1.22	伏克爾、大衛・甘迺迪、查爾斯・沃克至白宮橢圓形辦公室和尼克森開會。伏克爾被正式提名為財政部貨幣事務副部長。他稱之為「世界上最好的工作」。
1970.2.1	亞瑟・伯恩斯取代馬丁成為聯準會主席。
1971.2.11	約翰・康納利成為財政部長。
1971.5.28	康納利在德國慕尼黑的國際銀行業大會，首次以美國財政部長身分發表演講。
1971.8.15	尼克森總統宣布「新經濟政策」，包括關閉黃金兌換窗口，結束每盎司黃金三十五美元的官方兌換。
1971.9.15	康納利在倫敦十國集團緊急會議中表示，美國需要一百三十億美元的國際收支餘額波動。

1971.11.30　十國集團在羅馬召開會議。

1971.12.14　尼克森和法國總統龐畢度在亞述群島達成協議，使美元對法郎貶值，在不恢復美元黃金的可兌換性下，調整匯率。

1971.12.18　十國集團達成關於匯率的《史密森協定》，美元貶值，黃金官方價格升至每盎司三十八美元。

1972.5.16　尼克森提名喬治．舒茲繼任康納利為財政部長。

1972.6.23　為了加速國際貨幣改革，成立二十國委員會。

1973.2.12　美元相對主要貨幣貶值一〇%，黃金官方價格升至每盎司四二．二二美元。

1973.3.9　十國集團在巴黎開會，各國決定接受臨時浮動。

1973.9　伏克爾主導的新貨幣體系談判失敗。

1974.4.8　伏克爾辭職，表示將在二十國委員會會議後離開財政部。

1974.8.9　尼克森下臺，福特繼任總統。

1974.9.11　伏克爾被伍德羅．威爾遜學院提名為高級院士。

1975.8.1　伏克爾成為紐約聯邦準備銀行行長。

1977.12.27　卡特總統任命威廉．米勒接替亞瑟．伯恩斯為聯準會主席。

1979.7.15　卡特的「信心危機」演說。

1979.7.19　卡特任命米勒接替麥可．布魯門塔爾為財政部長。

1979.8.6　伏克爾接任米勒為聯準會主席；米勒成為財政部長。

1979.8.16　聯準會將貼現率從一〇%調升至一〇．五%。

1979.9.18 聯準會升息至一一%，但七名理事中有三名反對（Charles Partee、Nancy Teeters、Emmett Rice）。黃金和白銀的價錢因投機交易而狂漲。

1979.10.2 伏克爾提早離開國際貨幣基金組織會議，飛回華盛頓。

1979.10.6 聯邦公開市場委員會的特別會議通過新經濟政策，在晚上六點的記者會宣布，包括將貼現率調高至一二%、要求銀行增加存款準備金，以及將控制焦點從短期利率移向貨幣供給量。

1980.3.14 卡特總統宣布反通膨計畫，包括將一九八一年政府預算刪減一百三十億美元和啟動信貸控管。

1980.3.27 白銀價格下跌使得持有巨量白銀的亨特兄弟（Nelson Hunt）需要回填貸款的補充保證金，導致 Bache Group 和其他金融機構發生危機。

1980.4.28 賓州第一銀行宣布收到聯邦存款保險公司和聯準會的十五億美元援助。

1980.5.22 經濟突然衰退，聯準會撤回從三月起實施的大部分信貸控管。

1980.10.2 大選前貨幣政策緊縮，引起卡特總統溫和的批評。

1980.11.4 羅納德·雷根當選總統。

1981.1.20 雷根總統就職，提名唐納德·里甘為財政部長。

1981.1.23 伏克爾和雷根總統在財政部開午餐會議，在場的還有唐納德·里甘，以及白宮經濟顧問委員會主席莫里·威登保等人。

1982.6.30 墨西哥成為世界上最大的借款國，光是從美國各銀行就借了二一五億美元。聯準會同意提供短期換匯額度，條件是新任墨西哥總統必須和國際貨幣基金組織合作。

1982.7.5 監管機關關閉賓州廣場銀行，暴露了各大銀行在石油貸款中的巨額信貸損失。

1982.8.17 繼第一波士頓的艾伯特．沃伊尼洛爾之後，所羅門兄弟公司的經濟學家亨利．考夫曼也推翻了加息的預測，表示未來短期和長期利率都將因聯準會的寬鬆政策而下降。股票大漲，利率下跌。

1982.8.20 墨西哥代表和一一五個債權人在紐約聯邦準備銀行開會，在國際貨幣基金組織的支持下，開始了處理拉丁美洲債務危機的漫長過程。

1982.10.9 伏克爾在維吉尼亞州溫泉市商業貿易協會年會上演講，強調改變的是貨幣政策的戰術，而不是反通貨膨脹的基本政策。

1983.6.6 伏克爾和雷根總統會面，表示如果總統要他連任，他也只會再做一年左右。

1983.6.18 雷根總統在早上十一點打電話給伏克爾請他連任，並在隨後的週六例行廣播中宣布。

1984.5.17 大陸伊利諾斯銀行獲得政府援助，包括來自聯邦存款保險公司十五億美元的新資本。

1984.7.23 大陸伊利諾斯銀行再得到額外的四十五億美元援助，包括聯準會的三十五億貸款以幫助聯邦存款保險公司購買大陸伊利諾斯的問題貸款。

1984.7.24 伏克爾在白宮圖書館和雷根總統、詹姆斯．貝克會面。

1985.2.4 詹姆斯．貝克取代唐納德．里甘，成為財政部長。

1985.9.22 美國、西德、日本、英國、法國五國簽署《廣場協議》，此為一九七三年來國際匯率合作的首次重大突破。

1985.10.8 「貝克計畫」在南韓首爾舉行的國際貨幣基金組織年會上提出，將解決拉丁美洲債務危機的既定方法加以修改。

1986.2.24 由普雷斯頓・馬丁領軍的聯準會反對派要求降低貼現率。

1986.3.7 為了和西德、日本行動一致，聯準會將利率調低〇・五％至七％。

1986.3.21 普雷斯頓・馬丁辭去聯準會理事一職。

1987.2.22 美國、英國、法國、日本、西德和加拿大簽署《羅浮宮協議》，代表美元在過去兩年持續貶值的結束。

1987.5 伏克爾向白宮幕僚長霍華德・貝克和財政部長詹姆斯・貝克表示不想連任。

1987.6.1 伏克爾和雷根總統見面，遞交親筆辭職信。

1987.6.2 雷根總統提名艾倫・葛林斯潘為聯準會主席。

1987.7.7 伏克爾最後一次主持聯邦公開市場委員會的會議，在結尾時表示：「我感謝大家的合作，尤其是最近這幾年。這是一趟和許多人一起展開的豪放粗獷的冒險，但至少它是有效的，而且我相信在你們的智慧和努力之下，效果將會繼續發揮，謝謝。」

1987.7.23 伏克爾同意擔任國家公共服務委員會主席，研究他所謂的政府管理上的「無聲危機」。

1988.3.2 伏克爾宣布他將在伍德羅・威爾遜學院任教，並擔任詹姆斯・沃爾芬森公司總裁。

1989.3.29 國家公共服務委員會向老布希總統提交報告。

1990.9.23 國際貨幣基金組織在華盛頓舉行的年會上，伏克爾受邀擔任皮爾—傑科普森講座主講人，發表「中央銀行全面勝利了嗎？」演說。

1995.6.1 詹姆斯・沃爾芬森成為世界銀行行長；伏克爾成為詹姆斯・沃爾芬森公司執行長，後改名為沃爾芬森公司。

1996.5.22　信孚銀行紐約公司購併沃爾芬森公司。

1996.5　名人獨立委員會（伏克爾委員會）成立，開始調查瑞士各銀行如何處理大屠殺受害者的存放資金。

1998.6.14　芭芭拉．巴恩森．伏克爾去世。

1999.11.12　《金融服務業現代化法案》於一九九九年簽署成為正式法律（即《格雷姆—李奇—比利雷法案》），結束商業銀行和投資銀行的分野。

1999.12.6　伏克爾委員會發表瑞士銀行大屠殺時代帳戶報告。

2000.5　伏克爾被任命為由十九位成員組成的國際會計準則委員會基金會的主席，致力發展國際會計標準。

2002.2–5　伏克爾擔任安達信會計事務所的獨立監督委員會主席（安達信的起訴書在三月十四日公布）。

2003.1　伏克爾的第二個國家公共服務委員發表報告。

2004.4.16　伏克爾被任命為聯合國獨立調查委員會（伏克爾委員會）主席，負責調查聯合國「石油換糧食計畫」的貪腐指控。

2005.10.27　伏克爾委員會發表長達六百二十三頁的報告，詳細列出他們在聯合國「石油換糧食計畫」發現的貪腐行為。

2007.2　伏克爾被世界銀行行長保羅．伍佛維茲任命為獨立審查小組（伏克爾小組）主席，負責研究世銀廉政部的成效和它在反貪腐上的有效性。

2007.9.13　伏克爾小組提交報告給世界銀行新任行長羅伯特．佐利克，呼籲在反貪腐上必須從最根本的基礎改革。

2008.1.31 伏克爾宣布支持總統候選人歐巴馬。

2008.11.4 歐巴馬當選總統。

2009.1.15 伏克爾擔任主席的 G30 工作小組發表報告，提議全面性金融改革。

2009.2.6 歐巴馬任命伏克爾為白宮經濟復甦顧問委員會主席，任期兩年。

2010.1.21 歐巴馬宣布他將支持《陶德—法蘭克法案》中的《伏克爾法則》。

2010.2.11 伏克爾和安可・德寧結婚。

2010.7.21 歐巴馬簽署《陶德—法蘭克法案》為正式法律。

2013.5.26 伏克爾聯盟成立，主旨為幫助應對公共政策有效執行的挑戰，並重建公眾對政府的信任。

2018 伏克爾出版回憶錄《主席先生》（*Keeping At It*）。

2019.12.8 伏克爾在紐約過世。

註

作者序　睿智的老鸚鵡

1 Alexander Hamilton, James Madison and John Jay, *The Federalist Papers* (New York, New American Library of World Literature, 1961), 414.

2 Pew Research Center, "Public Trust in Government: 1958–2017," http://www.people-press.org/2017/12/14/public-trust-in-government-1958-2017/.

第1章　為享樂向銀行借錢？我們不做這種事

1 "1st City Manager in Jersey to Quit," *New York Times*, July 26, 1948, 9, https://timesmachine.nytimes.com/timesmachine/1948/07/26/85298535.pdf.

2 取自保羅．伏克爾市執政官退休晚宴的節目簡介。此簡介仍放在該市官方網站上：http://www.teaneck.org/virtualvillage/Manager/volcker.pdf。

3 "Paul A. Volcker for Municipal Manager of Cape May City," *Lebanon Daily News*, March 25, 1925, 1.

4 我父親當時是這麼說的：「像這樣一年一次，把沿海城市和內陸社區最迷人的年輕女孩，大張旗鼓的送到大西洋城或其他城市，讓一群好奇的人品頭論足、恣意批評，到底它的正當性在哪裡？尤其是她們之中許多人還只是孩子。」"Beauty to Stay Home," *Wilmington Morning News*, June 12, 1925, 7.

5 原文摘自華盛頓寫給喬治・貝勒（George Baylor）上校的信。January 9, 1777, https://founders.archives.gov/documents/Washington/03-08-02-0018.

6 Edward T. Radin, "There's No Crime in Teaneck," *Saturday Evening Post*, July 28, 1945, http://www.teaneck.org/virtualvillage/police/no_crime_in_teaneck.htm.

7 Kalman Seigel, "Teaneck on Film as Model Town," *New York Times*, September 22, 1949, 28, https://timesmachine.nytimes.com/timesmachine/1949/09/22/84279327.pdf.

8 我的老師比爾・摩爾（Bill Moore）在一九八四年的訪談中說到這件事：「嗯，小保羅在初中時被分配到我擔任導師的二一七班。有一天他沒來上學，然後隔天他給了我一張看似平常的家長便條紙，不平常的是那張字條是市執政官用打字機打出來的，上面寫著：『親愛的摩爾先生，請原諒保羅昨天缺席。我帶他去釣魚了。我認為釣一天魚學到的，至少和在提內克中學上一天課一樣多。保羅・伏克爾。』一開始我不知道該怎麼辦。在導師給科任老師的制式出席單上可沒有『事假，去釣魚』的項目可以勾選。不過我還是讓他補請了事假，也認為自己沒有為難他是對的。第一，我越來越相信伏克爾先生說的其實沒錯；第二，保羅到現在還是熱愛釣魚。而我相信和他父親釣一天魚學到的，真的和在提內克中學上一天的課一樣多。」http://www.teaneck.org/virtualvillage/OralHistory2/moorewilliam.html.

9 John Drebinger, "61,808 Fans Roar Tribute to Gehrig," *New York Times*, July 5, 1939, 1, https://timesmachine.nytimes.com/timesmachine/1939/07/05/112698231.html?pageNumber=1.

10 她的一位同學後來嫁給小羅斯福總統的財政部長 Henry Morgenthau Jr.。

第 2 章　完美教科書的世界

1 Form 4653, "Notification Concerning Foundation Status," signed by Charles Robertson on August 20,1970. Cited in

Doug White, *Abusing Donor Intent: The Robertson Family's Epic Lawsuit Against Princeton University* (Paragon House, 2014), 96.

2 Karin Dienst, "Princeton's informal motto recast to emphasize service to humanity," October 24, 2016, Princeton University website: https://www.princeton.edu/news/2016/10/24/princetons-informal-motto-recast-emphasize-service-humanity.

3 Federal Reserve transcript of the Federal Open Market Committee's January 31, 1951, meeting, p. 24, https://www.federalreserve.gov/monetarypolicy/files/FOMChistmin19510131.pdf.

4 費爾納是來自衛斯理大學的訪問學者。令我印象深刻的那天，他一人力抗多位我校教授，針對一個相當普及的經濟學說提出質疑，明確指出其理論有問題，並坦承連他被視為權威的利率分析領域，都尚有許多問題他還找不到答案。

5 Associated Press, "Morgenthau's Talk to Monetary Conference," *New York Times*, July 2, 1944, 14, https://timesmachine.nytimes.com/timesmachine/1944/07/02/85184564.pdf.

6 當時，堪薩斯市因成為彭德格斯特（Thomas J. Pendergast）的政治機器權力中心而臭名昭著。

第3章　保羅，去幫助這個國家！

1 See https://fraser.stlouisfed.org/scribd/?item_id=7800&filepath=/files/docs/historical/martin/martin55_1019.pdf.

2 根據記者 Milton Viorst 的報導，傅利曼五呎三吋（約一六〇公分）。"friedmanism, n. doctrine of most audacious U.S. economist, esp. theory 'only money matters,'" *New York Times*, January 25, 1970, 196, https://www.nytimes.com/1970/01/25/archives/freidmanism-n-doctrine-of-most-audacious-us-economist-esp-theory.html.

3 一九七九年九月十二日，保羅・伏克爾寫給米爾頓・傅利曼的信。MC279, Box 1, September 1979 folder, Seeley G. Mudd Library, Princeton University archives.

4 Simon London, "Lunch with the FT, Milton Friedman: The Long View," *Financial Times* magazine supplement, issue no.

7, June 7, 2003, 12–13.

5 See https://www.trumanlibrary.org/oralhist/kindbrgr.htm.

6 如果你對交易商的歷史有興趣，聯準會有一篇相當不錯的研究論文可以參考：https://www.newyorkfed.org/medialibrary/media/research/staff_reports/sr777.pdf?la=en。

7 美國銀行雖然規模很大，也被加州政府允許在州內遍設分行，但銀行界普遍看不起它，只將它視為披著商業銀行外皮的儲蓄銀行。

8 該報告於一九六一年六月提交給約翰．甘迺迪總統。John F. Kennedy: "Remarks to the Members of the Commission on Money and Credit," June 19, 1961. Online by Gerhard Peters and John T. Woolley, American Presidency Project, http://www.presidency.ucsb.edu/ws/?pid=8195.

9 曾有位階比我高得多、且誓言將來躋身大通領導人的同事問過我：「你認為在這銀行你最後會升到哪個位子？」我當時的榜樣是三位在花旗銀行強大的經濟部裡備受業界尊敬的前輩，而他們其中的一個職位是銀行的副總經理。所以我回答我想當銀行的副總，但不是部門副總，而是像顧問那種角色。在一個有很多決策要做的大機構裡，這會是一個受人尊敬且收入不錯的位子。

第4章　當國家花掉的錢，比收回來的還多

1 See Federal Reserve Bank of St. Louis, "The United States Balance of Payments," March 1961, https://fraser.stlouisfed.org/files/docs/publications/frbslreview/rev_stls_196103.pdf/.

2 Wayne Phillips, "Kennedy Pledges He Will Maintain Value of Dollar," *New York Times*, October 31, 1960, 1, https://timesmachine.nytimes.com/timesmachine/1960/10/31/105454271.pdf.

3 我的任命於一九六一年十二月二十八日宣布，一九六二年一月八日我就走馬上任了。

4 白宮經濟顧問委員會主席沃爾特．海勒（Walter Heller）後來回憶，甘迺迪在一九六〇年十月問他的第一個

問題就是他們能否兌現競選承諾，使經濟成長目標達到五%。JFK Library, Council of Economic Advisers Oral History interview, JFK#1 08/1/1964, https://archive1.jfklibrary.org/JFKOH/Council%20of%20Economic%20Advisers/JFKOH-CEA-01/JFKOH-CEA-01-TR.pdf.

5 約翰・甘迺迪總統一九六二年六月七日記者會全文可在此取得：http://www.presidency.ucsb.edu/ws/index.php?pid=8698&st=&st1=. (John F. Kennedy: "The President's News Conference," June 7, 1962. Online by Gerhard Peters and John T. Woolley, American Presidency Project, http://www.presidency.ucsb.edu/ws/?pid=8698.)。

6 這些數據來自美國聯準會公報圖表（"Gold Reserves of Central Banks and Governments"），及 *Banking and Monetary Statistics: 1914-1941* 圖表 15.1（"U.S. Liquid and Nonliquid Liabilities to Foreign Institutions and Liquid Liabilities to All Other Foreigners"）。以上均可透過聖路易斯聯邦準備銀行的線上服務 FRASER 取得。

7 根據歷史學家 Arthur M. Schlesinger Jr，甘迺迪曾告訴他的顧問們，國際收支淨流出赤字和核戰是他最擔心的兩件事。*A Thousand Days: John F. Kennedy Jr. in the White House* (Houghton Mifflin Co., 1965, 652–665).

8 John F. Kennedy: "Special Message to the Congress on Balance of Payments," July 18, 1963. Online by Gerhard Peters and John T. Woolley, American Presidency Project, http://www.presidency.ucsb.edu/ws/?pid=9349.

9 Clyde H. Farnsworth, "City of London Regains Status as Market for Raising Capital," *New York Times*, November 2, 1963, 45, https://timesmachine.nytimes.com/timesmachine/1963/11/02/89971248.pdf.

10 Adren Cooper, Associated Press, "3½ Years of Robert V. Roosa Won't Be Easily Forgotten," *Cincinnati Inquirer*, December 6, 1964, 14D.

11 事實上，詹森總統在連任後一年，也就是一九六五年，便簽署了《高等教育法案》（Higher Education Act）。Lyndon B. Johnson: "Remarks at Southwest Texas State College Upon Signing the Higher Education Act of 1965," November 8, 1965. Online by Gerhard Peters and John T. Woolley, American Presidency Project, http://www.presidency.ucsb.edu/ws/?pid=27356.

12 "Remarks by Fowler on the International Monetary System," *New York Times*, July 11, 1965, 57, https://timesmachine.nytimes.com/timesmachine/1965/07/11/101555669.pdf.

13 Lyndon B. Johnson, "Statement by the President on the Raising of the Discount Rate by the Federal Reserve Board," December 5, 1965. Online by Gerhard Peters and John T. Woolley, American Presidency Project, http://www.presidency.ucsb.edu/ws/?pid=27395.

14 這座八一三英尺高的建築在一九六一年開放時，是全世界第六高的建築。Charles Grutzner, "Chase Opens 64-Story Tower," *New York Times*, May 18, 1961, 24, https://timesmachine.nytimes.com/timesmachine/1961/05/18/101463880.pdf.

第5章　政治獵豹與常春藤經濟學家

1 這份備忘錄可在以下網址找到：https://www.nixonlibrary.gov/virtuallibrary/documents/nssm/nssm_007.pdf. (Memo: Henry Kissinger to Secretaries of State, Treasury, Chairmen of the CEA and Federal Reserve, National Security Study Memorandum No. 7; January 21, 1969; Richard Nixon Presidential Library and Museum, Yorba Linda, California.)。

2 開完會後，財政部長甘迺迪宣布提名查爾斯和我為副部長，並聲明美國不會尋求改變黃金價格。Edwin L. Dale Jr., "Treasury's Chief Rules Out Change in $35 Gold Price," *New York Times*, January 23, 1969, 1. 其他報導也說他同時保證美國將採取行動對抗通膨。John R. Cauley, "Vows Drive on Inflation," *Kansas City Times*, January 23, 1969, 1.

3 Edwin L. Dale Jr., "7 Nations Back Dual Gold Price, Bar Selling to Private Buyers," *New York Times*, March 18, 1968, 1, https://timesmachine.nytimes.com/timesmachine/1968/03/18/79937229.pdf.

4 Henry Tanner, "De Gaulle Orders Austerity Plan, Wage-Price Freeze, Budget Cuts; Blames Spring Strikes for Crisis," *New York Times*, November 25, 1968, 1, https://timesmachine.nytimes.com/timesmachine/1968/11/25/76972133.pdf.

5 Henry Tanner, "De Gaulle Quits After Losing Referendum; Senate Leader to Serve Pending Election," *New York Times*,

April 28, 1969, 1, https://timesmachine.nytimes.com/timesmachine/1969/04/28/90099539.pdf.

6 位於華盛頓特區的智庫——美國企業研究院（American Enterprise Institute）曾在一本書中記錄了他們在一九六七年的精采辯論。Milton Friedman and Robert V. Roosa, "The Balance of Payments: Free Versus Fixed Exchange Rates," Washington, DC, American Enterprise Institute for Public Policy Research, 1967.

7 Clyde Farnsworth, "U.S. Scores Idea of Money Reform," *New York Times*, February, 13, 1969, 63, https://timesmachine.nytimes.com/timesmachine/1969/02/13/77439795.pdf.

8 數據來自 "Banking and Monetary Statistics: 1941–1970, Board of Governors of the Federal Reserve System" and from Federal Reserve Bulletin July 1969, https://fraser.stlouisfed.org/scribd/?toc_id=333555&filepath=/files/docs/publications/FRB/1960s/frb_071969.pdf&start_page=144。

9 Clyde H. Farnsworth, "Franc Is Devalued to 18C," *New York Times*, August 9, 1969, 1, https://timesmachine.nytimes.com/timesmachine/1969/08/09/78389549.pdf.

10 See summary at https://history.state.gov/historicaldocuments/frus1969-76v03/d130. (Foreign Relations of the United States,1969–1976, Volume III, Foreign Economic Policy; International Monetary Policy, 1969–1972, Document 130.)

11 Edwin L. Dale Jr., "I.M.F. Nations Vote for 'Paper Gold' as a World Money," *New York Times*, October 4, 1969, 1, https://timesmachine.nytimes.com/timesmachine/1969/10/04/81867494.pdf.

12 這句話和他反日的貿易保護主義，成了後來他在一九八〇年總統競選失利的主要箭靶。Paul Burka, "The Truth About John Connally," *Texas Monthly*, November 1979, https://www.texasmonthly.com/politics/the-truth-about-john-connally/.

13 Robert H. Farrell, ed., *Inside the Nixon Administration: The Secret Diary of Arthur Burns, 1969–1974* (University Press of Kansas, 2010).

14 Clyde H. Farnsworth, "Germans Decide to 'Float' Mark in Money Crisis," *New York Times*, May 9, 1971, 1, https://

timesmachine.nytimes.com/timesmachine/1971/05/09/91298207.pdf.

15 Paul Volcker and Toyoo Gyohten, *Changing Fortunes* (Times Books, 1992), 74–75.

16 Clyde H. Farnsworth, "Connally Tells Bankers U.S. Will Defend Dollar," *New York Times*, 28, May 29, 1971, 28, https://www.nytimes.com/1971/05/29/archives/connally-tells-bankers-us-will-defend-dollar-burns-also-at-munich.html.

17 James M. Naughton, "Nixon Vetoes a Works Plan; Bars Tax Cut," *New York Times*, June 30, 1971, 1, https://www.nytimes.com/1971/06/30/archives/nixon-vetoes-a-works-plan-bars-tax-cut-confidence-cited-connally-to.html.

18 康納利和尼克森在白宮討論的錄音檔案可以在這裡找到：https://history.state.gov/historicaldocuments/frus1969-76v03/d164. (Foreign Relations of the United States, 1969–1976, Volume III, Foreign Economic Policy; International Monetary Policy, 1969–1972, Document 164.)。

19 Edwin L. Dale, "Devalued Dollar Is Asked in Study," *New York Times*, August 8, 1971, 1, https://www.nytimes.com/1971/08/08/archives/devalued-dollar-is-asked-in-study-congress-unit-sees-benefits-in.html.

20 Edwin L. Dale Jr., "Shift in Monetary Set-Up Is Proposed in House," *New York Times*, June 4, 1971, 45, https://www.nytimes.com/1971/06/04/archives/shift-in-monetary-setup-is-proposed-in-the-house-reuss-resolution.html.

21 他們的討論紀錄被保留在：https://history.state.gov/historicaldocuments/frus1969-76v03/d165. (Foreign Relations of the United States, 1969–1976, Volume III, Foreign Economic Policy; International Monetary Policy, 1969–1972, Document 165.)。

22 William Safire, *Before the Fall: An Inside View of the Pre-Watergate White House* (Doubleday, 1975).

23 Richard Nixon: "Proclamation 4074—Imposition of Supplemental Duty for Balance of Payments Purposes," August 15,1971. Online by Gerhard Peters and John T. Woolley, American Presidency Project, http://www.presidency.ucsb.edu/ws/?pid=107023.

24 根據一九七一年八月二日白宮錄音檔案，尼克森告訴康納利任何與外國協商的潛在項目都要交給季辛吉處理：「在任何情況下，因為對方代表的是外國政府，所以國務院都不可以參與。」Foreign Relations of the United States,1969–1976, Volume III, Foreign Economic Policy; International Monetary Policy, 1969–1972, 455, https://history.state.gov/historicaldocuments/frus1969-76v03/d164.

25 美國和加拿大後來在一九七一年十二月六日就「貿易刺激」進行了更大範圍的討論，包括美加之間的汽車貿易協定修訂。See https://history.state.gov/historicaldocuments/frus1969-76v03/d85. (Foreign Relations of the United States, 1969–1976, Volume III, Foreign Economic Policy; International Monetary Policy,1969–1972, Document 85.)

第 6 章　沒有戰爭的新繁榮

1 Richard Nixon, "Address to the Nation Outlining a New Economic Policy: 'The Challenge of Peace,'" August 15, 1971. Online by Gerhard Peters and John T. Woolley, American Presidency Project, http://www.presidency.ucsb.edu/ws/?pid=3115.

2 "Ebullient Investors Send Stocks Soaring in Record Day's Climb," *Wall Street Journal*, August 17, 1971, 1.

3 由山姆・克羅斯準備的討論摘要可在此取得：https://history.state.gov/historicaldocuments/frus1969-76v03/d170. (Foreign Relations of the United States, 1969–1976, Volume III, Foreign Economic Policy; International Monetary Policy, 1969–1972, Document 170.）。

4 John M. Lee, "Currency Parley Enlivens Trading," *New York Times*, September 20, 1971, 39, https://www.nytimes.com/1971/09/20/archives/currency-parley-elivens-trading-one-result-of-group-of-10s-meeting.html.

5 我們的推論可在此取得：https://history.state.gov/historicaldocuments/frus1969-76v03/d76.(Foreign Relations of the United States, 1969–1976, Volume III, Foreign Economic Policy; International Monetary Policy, 1969–1972, Document 76.）。

6 Clyde H. Farnsworth, "U.S. Ready to End Surtax If Currencies Go Up 11%," *New York Times*, November 30, 1971, 1, https://www.nytimes.com/1971/11/30/archives/us-ready-to-end-surtax-if-currencies-go-up-11-group-of-10-seeking.html.

7 康納利從羅馬給尼克森的備忘錄裡提到了我們的立場，內容可在此取得：https://history.state.gov/historicaldocuments/frus1969-76v03/d211. (Foreign Relations of the United States, 1969–1976, Volume III, Foreign Economic Policy; International Monetary Policy,1969–1972, Document 211.)。

8 Clyde H. Farnsworth, "Progress at the Palazzo Corsini," *New York Times*, December 5, 1971, 315, https://www.nytimes.com/1971/12/05/archives/progress-at-the-palazzo-corsini-devaluation-hint-by-us-unlocks.html.

9 Tad Szulc, "Nixon Agrees to a Devaluation of Dollar as Part of Revision of Major Currencies," *New York Times*, December 15, 1971, 1, https://www.nytimes.com/1971/12/15/archives/pact-with-france-azores-talks-opening-way-to-wide-accord-in.html.

10 龐畢度和尼克森簽署的備忘錄可在此取得：https://history.state.gov/historicaldocuments/frus1969-76v03/d220. (Foreign Relations of the United States, 1969–1976, Volume III, Foreign Economic Policy; International Monetary Policy, 1969–1972, Document 220.)。

11 康納利在《史密森協定》後的記者會上表示，美元將對世界經濟合作暨發展組織其他國家貨幣平均貶值一二%，但未提供確切的匯率數字。See https://history.state.gov/historicaldocuments/frus1969-76v03/d221. (Foreign Relations of the United States, 1969–1976, Volume III, Foreign Economic Policy; International Monetary Policy, 1969–1972, Document 221.)

12 尼克森的聲明全文可在此取得：http://www.presidency.ucsb.edu/ws/index.php?pid=3268&st=&st1=. (Richard Nixon: "Remarks Announcing a Monetary Agreement Following a Meeting of the Group of Ten," December 18, 1971. Online by Gerhard Peters and John T. Woolley, American Presidency Project, http://www.presidency.ucsb.edu/ws/?pid=3268.)。

13 Michael Stern, "Devaluation Fear Spurs a Renewal of Dollar Sales," *New York Times*, February 9, 1973, 1, https://www.nytimes.com/1973/02/09/archives/devaluation-fear-spurs-a-renewal-of-dollar-sales-bonn-buys-up-16.html.

14 康納利在回憶錄中解釋，尼克森沒有履行所有財政部官員任命案都會先和他商量的承諾，所以他辭職了。John Connally with Mickey Herkowitz, *In History's Shadow: An American Odyssey* (Hyperion, 1993).

15 Edwin L. Dale Jr., "U.S. Orders Dollar Devalued 10 Per Cent; Japanese Yen Will Be Allowed to Float; Nixon to Submit Trade Plan to Congress," *New York Times*, February 13, 1973, 1, https://www.nytimes.com/1973/02/13/archives/gold-to-be-4222-controls-on-lending-abroad-also-will-be-phased-out.html.

16 Clyde H. Farnsworth, "Gold Touches $90 as Dollar Erodes in Trade Abroad," *New York Times*, February 23, https://www.nytimes.com/1973/02/23/archives/gold-touches-90-as-dollar-erodes-in-trade-abroad-renewed.html.

17 Clyde H. Farnsworth, "Monetary Crisis Flares Up Again; Dollar Weakens," *New York Times*, March 2, 1973, 1, https://www.nytimes.com/1973/03/02/archives/monetary-crisis-flares-up-again-dollar-weakens-markets-closed-us-is.html.

18 Clyde H. Farnsworth, "U.S. and 13 Others Adopt Measures on Dollar Crisis," *New York Times*, March 17, 1973, 1, https://www.nytimes.com/1973/03/17/archives/us-and-130-others-adopt-measures-on-dollar-crisis-plans-are.html.

19 "Text of Shultz Talk Before International Monetary Fund and World Bank," *New York Times*, September 27, 1972, 70, https://www.nytimes.com/1972/09/27/archives/text-of-shultz-talk-before-international-monetary-fund-and-world.html.

20 Edwin L. Dale Jr., "Schweitzer of I.M.F. Won't Quit His Post Despite U.S. Stand," *New York Times*, September 24, 1972, 1, https://www.nytimes.com/1972/09/24/archives/schweitzer-of-imf-wont-quit-his-post-despite-us-stand-schweitzer.html.

21 Edwin L. Dale, "New U.S. Monetary Plan Asks Wider Fluctuation in World Exchange Rates," *New York Times*, September 27, 1972, 1. https://timesmachine.nytimes.com/timesmachine/1972/09/27/91349838.pdf

22 See "Major Elements of Plan X" at https://history.state.gov/historicaldocuments/frus1969-76v03/d239. (Foreign Relations of the United States, 1969–1976, Volume III, Foreign Economic Policy; International Monetary Policy, 1969–1972, Document 239.)

23 這個相當複雜的提議，在一九七三年白宮經濟顧問委員會的年度報告中有詳細說明。

24 Kenneth B. Noble, "Fannie Mae Loses $70 Million," *New York Times*, January 19, 1982, D3, https://www.nytimes.

com/1982/01/19/business/fannie-mae-loses-70-million.html.

25 高級人才仲介公司 Russell Reynolds 曾在一九七三年十一月二十三日寫信給伏克爾，希望能和他見面開會，在說服他接受一家大金融公司的職位時提到過。Balance of Payments folder 1, Box 23, MC279, Paul Volcker papers, Mudd Library, Princeton University special collection.

26 我們在克利夫蘭大道的房子，只有我深愛的紐澤西州蒙特克萊爾舊家的一半大小。它的地皮面積有五十英尺寬，三面都被投資銀行 Folger, Nolan & Company 創辦人 Cliff Folger 的大莊園包圍。後來他買了我們家，並把它夷為平地。

第 7 章　暴發戶、墨西哥與烤麵包機

1 Chart 8, Federal Reserve Bank of New York, annual report, 1979.

2 Jeff Gerth, "S.E.C. Overruled Staff on Finding That Citicorp Hid Foreign Profits," *New York Times*, February 18, 1982, 1, https://www.nytimes.com/1982/02/18/business/sec-overruled-staff-on-finding-that-citicorp-hid-foreign-profits.html.

3 The text of the act, Public Law 95-188,95th Congress, H.R. 9710 is available online through the Government Publishing Office at https://www.gpo.gov/fdsys/pkg/STATUTE-91/pdf/STATUTE-91-Pg1387.pdf.

4 卡特總統簽署法案時的評論可以在吉米・卡特網站上取得：“Full Employment and Comprehensive Employment and Training Act Bills Remarks on Signing H.R. 50 and S. 2570 Into Law," October 27, 1978. Online by Gerhard Peters and John T. Woolley, American Presidency Project, http://www.presidency.ucsb.edu/ws/?pid=30057。

5 聯準會在一九七八年六月三十日決定提高貼現率至七・二五%的表決，以三比二通過，而米勒為少數派。Steven Rattner, "Miller Opposes Move to 7¼% Discount Level," *New York Times*, July 1, 1978, 23, https://www.nytimes.com/1978/07/01/archives/miller-opposes-move-to-7-discount-level-fed-acts.html.

第8章 戰勝通膨，市場起飛了！

1 Clyde H. Farnsworth, "Prices Rose Sharply Again in May, Spurred by Increasing Costs of Fuel," *New York Times*, June 27, 1979, 1, https://www.nytimes.com/1979/06/27/archives/prices-rose-sharply-again-in-may-spurred-by-increasing-costs-of.html.

2 Jimmy Carter: "Address to the Nation on Energy and National Goals: 'The Malaise Speech,'" July 15, 1979. Online by Gerhard Peters and John T. Woolley, American Presidency Project, http://www.presidency.ucsb.edu/ws/?pid=32596.

3 事實上，到了七月二十日週五，聯準會不得不將貼現率再提高〇．五%，至一〇%，並干預市場以支撐美元。

4 當時紐約往返華盛頓的班機真的具備了通勤功能。飛機尺寸較小，但每小時都有班次，如果坐滿了，還會立即安排加開。在九一一事件發生前，不到兩個小時就能完成整趟旅程。

5 Karen W. Arenson, "Reserve Raises Loan Rate to Banks to Record 10½% from 10% Level," *New York Times*, August 17, 1979, 1, https://www.nytimes.com/1979/08/17/archives/reserve-raises-loan-rate-to-banks-to-record-10-from-10-level.html.

6 Robert A. Bennett, "Reserve Board, by 4-3, Raises Rate on Loans to Banks to Record 11%," *New York Times*, September 19,1979, 1, https://www.nytimes.com/1979/09/19/archives/reserve-board-by-43-raises-rate-on-loans-to-banks-to-record-11.html.

7 貝爾斯登公司的金融分析師 Lawrence Kudlow 的評論足以做為代表，他認為投票結果分歧「說明了未來政策的調整將相當有限」。Associated Press, "Fed Boosts Discount Rate But Vote Is Not Unanimous," *St. Louis Post-Dispatch*, September 19, 1979, 6.

8 Robert D. Hershey Jr. "Gold Price Soars at Record Pace in Wild Trading," *New York Times*, September 19, 1979, 1, https://www.nytimes.com/1979/09/19/archives/gold-price-soars-at-record-pace-in-wild-trading-hits-37778-at.html.

9 Paul A. Volcker, "The Contributions and Limitations of 'Monetary' Analysis" address delivered before the Joint Luncheon of the American Economic Association and the American Finance Association in Atlantic City, New Jersey, September 16, 1976. *FRBNY Quarterly Review*, https://www.newyorkfed.org/medialibrary/media/aboutthefed/monanal.pdf.

10 Clyde H. Farnsworth, "Burns Cites Limits on Fed Powers," *New York Times*, October 1, 1979, 45, https://timesmachine.nytimes.com/timesmachine/1979/10/01/112122164.html?pageNumber=45.

11 我曾在十月六日的記者會上開玩笑地提到這些謠言：「本次記者會的主要目的是要告訴你們，昨天稍早關於我辭職傳聞是假的，我並沒有辭職，而最新流傳的謠言也是假的，因為我還活著，並沒有死。」Transcript of Federal Reserve press conference, October 6, 1979, Paul A. Volcker papers (MC279), folder October 6, 1979 action, Box 29, Mudd Manuscript Library, Department of Rare Books and Special Collections, Princeton University Library.

12 聯準會的網站上有相關文字紀錄：https://www.federalreserve.gov/monetarypolicy/files/FOMC19791006meeting.pdf。

13 關於國債利率和商業銀行貸款利率的數據，來自一九七九至一九八七年聯準會 H.15 報告；三十年期房貸利率數據來自房地美。http://www.freddiemac.com/pmms. Compiled with help from Kenneth Garbade at the New York Fed.

14 Associated Press, "Demonstrators Protest High Interest Rates," *Tampa Times*, April 14, 1980, 11.

15 一九八一年四月十五日，聯準會在給伏克爾關於「人身安全」的備忘錄中提到了伏克爾的決定。Paul A. Volcker papers (MC279), folder memoranda from Michael Bradfield, Box 29, Mudd Manuscript Library, Department of Rare Books and Special Collections, Princeton University Library.

16 UPI, "Suspect Is Seized in Capital in Threat at Federal Reserve," *New York Times*, December 8, 1981, 19, https://www.nytimes.com/1981/12/08/us/suspect-is-seized-in-capital-in-threat-at-federal-reserve.html.

17 Jimmy Carter: "Budget Message: Message to the Congress Transmitting the Fiscal Year 1981 Budget," January 28, 1980. Online by Gerhard Peters and John T. Woolley, American Presidency Project, http://www.presidency.ucsb.edu/ws/?pid=32851.

18 卡特在三月三十一日提交的修正預算中列出一百六十五億美元盈餘，支出卻只比一月版本少了四十三億，而盈餘主要來自一百二十六億美元的石油進口關稅。Jimmy Carter: "Budget Revisions Message to the Congress Transmitting Revisions to the Fiscal Year 1981 Budget," March 31,1980. Online by Gerhard Peters and John T. Woolley,

American Presidency Project, http://www.presidency.ucsb.edu/ws/?pid=33205.

19 Jimmy Carter: “Anti-Inflation Program Remarks Announcing the Administration’s Program,” March 14, 1980. Online by Gerhard Peters and John T. Woolley, American Presidency Project, http://www.presidency.ucsb.edu/ws/?pid=33142.

20 Clyde H. Farnsworth, “Volcker Criticized by Carter on Rates,” *New York Times*, October 3, 1980, 1, https://timesmachine.nytimes.com/timesmachine/1980/10/03/111177523.pdf.

21 德州民主黨眾議員 Henry B. Gonzalez 特別提案要求彈劾我和聯邦公開市場委員會其他成員。結果並未通過。See https://www.congress.gov/bill/97th-congress/house-resolution/196.

22 “Housing Recovery Tied to Inflation,” *New York Times*, January 26, 1982, D11, http://www.nytimes.com/1982/01/26/business/housing-recovery-tied-to-inflation.html?scp=787&sq=volcker&st=nyt.

23 Michael Quint, “Interest Plunges, Elevating Stocks to a Record Gain,” *New York Times*, August 18,1982, 1, https://www.nytimes.com/1982/08/18/business/interest-plunges-elevating-stocks-to-a-record-gain.html.

24 我在一九八二年將這個故事告訴記者 Andrew Tobias。他將它寫入〈和保羅・伏克爾對談〉的報導裡。“A Talk with Paul Volcker,” *New York Times*, September 19, 1982, 271, https://timesmachine.nytimes.com/timesmachine/1982/09/19/issue.html.

25 Peter T. Kilborn, “Volcker Suggests Federal Reserve May Shift Tactics,” *New York Times*, October 10, 1982, 1, https://www.nytimes.com/1982/10/10/us/volcker-suggests-federal-reserve-may-shift-tactics.html.

26 參見《雷根日記》（一九八三年六月七日星期二）。*The Reagan Diaries* (HarperCollins, 2007), 158.

27 CQ Almanac, 1983, https://library.cqpress.com/cqalmanac/document.php?id=cqal83-1198874.

28 這個發生在一九八四年七月二十四日下午三點半的圖書館會議，也出現在雷根總統的行程表中，只不過上面記載 Edwin Meese、Richard Darman 和 Michael Deaver 也出席了。但在我的記憶裡，他們顯然不在現場。雷根有寫日記的習慣，不過對這次會面隻字未提。See https://www.reaganfoundation.org/ronald-reagan/white-house-

diaries/diary-entry-07241984/.

第9章　失序的政府，魯莽的銀行

1 "Bank Failures Lag; Patman Is Worried," *New York Times*, June 17, 1963, 48, https://timesmachine.nytimes.com/timesmachine/1963/06/17/89537226.pdf.

2 Robert B. Semple Jr., "Rejection of Pennsy Loan Is Laid to Political Risks," *New York Times*, 1, June 23, 1970, https://www.nytimes.com/1970/06/23/archives/rejection-of-pennsy-loan-is-laid-to-political-risks-sidetracking-of.html.

3 Reuters, "Big Bank Closed by West Germany," *New York Times*, June 27, 1974, 65, https://www.nytimes.com/1974/06/27/archives/big-bank-closed-by-west-germany-privatee-institution-herstat-of.html.

4 John H. Allan, "Franklin Found Insolvent by U.S. and Taken Over," *New York Times*, October 9, 1974, 1, https://www.nytimes.com/1974/10/09/archives/franklin-found-insolvent-by-us-and-taken-over-european-group-in.html.

5 Arnold H. Lubasch, "Sindona Is Convicted by U.S. Jury of Fraud in Franklin Bank Failure," *New York Times*, March 28, 1980, 1, https://timesmachine.nytimes.com/timesmachine/1980/03/28/112148354.pdf.

6 Judmi Miller, "Congress Approves a Compromise Plan on Aid to Chrysler," *New York Times*, December 21, 1979, 1, https://www.nytimes.com/1979/12/21/archives/congress-approves-a-compromise-plan-on-aid-to-chrysler-15-billion.html.

7 Bernard D. Nossiter, "Chrysler Chairman Will Retire Early," *New York Times*, September 18, 1979, 1, https://www.nytimes.com/1979/09/18/archives/chrysler-chairman-will-retire-early-riccardo-plans-to-leave.html.

8 UPI, "Chrysler Announces Accord with Banks," *New York Times*, February 26, 1981, D5, https://www.nytimes.com/1981/02/26/business/chrysler-announces-accord-with-banks.html.

9 Thomas J. Lueck, "Chrysler Tops Bids to Buy Back Stock Rights," *New York Times*, September 13, 1983, 1, https://www.nytimes.com/1983/09/13/business/chrysler-top-bids-to-buy-back-stock-rights.html.

10 Robert A. Bennett, "Position Limits Adopted in Comex Silver Futures," *New York Times*, January 8, 1980, D1, https://timesmachine.nytimes.com/timesmachine/1980/01/08/111760374.pdf.

11 H. J. Maidenberg, "Comex Curbs Trade in Silver Futures," *New York Times*, January 22, 1980, D1, https://timesmachine.nytimes.com/timesmachine/1980/01/22/111137098.pdf.

12 Federal Reserve Press Release, March 14, 1980, 3. Papers of Paul A. Volcker (MC279), Folder: Monetary Improvement Program, Box 29. Mudd Library, Department of Rare Books and Special Collections, Princeton University Library.

13 Paul A. Volcker, Statement Before the Subcommittee on Agricultural Research and General Legislation, U.S. Senate Committee on Agriculture, Nutrition and Forestry, May 1, 1980, https://fraser.stlouisfed.org/files/docs/historical/volcker/Volcker_19800501.pdf.

14 Mario A. Milletti, "First Pennsy's Golden Boy," *New York Times*, September 25, 1977, 119, https://www.nytimes.com/1977/09/25/archives/first-pennsys-golden-boy.html.

15 "First Penn to Receive Rescue Aid," *New York Times*, April 29, 1980, D1, https://timesmachine.nytimes.com/timesmachine/1980/04/29/111234761.pdf.

16 Irvine H. Sprague, *Bailout: An Insider's Account of Bank Failures and Rescues* (Basic Books, 1986) 96.

17 Vartanig G. Vartan, "Drysdale Securities Out of Business," *New York Times*, June 16, 1982, D1, https://www.nytimes.com/1982/06/16/business/drysdale-securities-out-of-business.html.

18 Robert A. Bennett, "Bigger Banks Are Hurt by Failure in Oklahoma," *New York Times*, July 7, 1982, D1, https://www.nytimes.com/1982/07/07/business/bigger-banks-are-hurt-by-failure-in-oklahoma.html.

19 Robert A. Bennett, "$4.5 Billion Credit for Chicago Bank Set by 16 Others," *New York Times*, May 15, 1984, 1.

20 Winston Williams, "U.S. Puts Together $7.5 Billion in Aid for Illinois Bank," *New York Times*, May 18, 1984, 1, https://www.nytimes.com/1984/05/18/business/us-puts-together-7.5-billion-in-aid-for-illinois-bank.html.

21 新聞稿中的關鍵訊息為：「在審視大陸伊利諾斯銀行的相關情況之後，聯邦存款保險公司向大眾保證，在為尋求永久解決方法做需要的安排時，銀行所有存款人和其他一般債權人的利益將會受到百分之百的保障，而且銀行對客戶提供的服務也不會中斷。」Reprinted on p. 70, William H. Isaac, *Senseless Panic: How Washington Failed America* (John Wiley & Sons, 2010).

22 Robert A. Bennett, "U.S. Will Invest $4.5 Billion in Rescue of Chicago Bank, Vowing More Aid If Needed," *New York Times*, July 27, 1984, 1, https://www.nytimes.com/1984/07/27/business/us-will-invest-4.5-billion-in-rescue-of-chicago-bank-vowing-more-aid-if-needed.html.

23 Ronald Reagan: "Nomination of Ed-win J. Gray to Be a Member of the Federal Home Loan Bank Board," February 17, 1983. Online by Gerhard Peters and John T. Woolley, American Presidency Project, http://www.presidency.ucsb.edu/ws/?pid=40941.

24 Dan Fesperman, "Former Regulator Blames S&L Crisis on Congress," *Baltimore Sun*, November 27, 1990, http://articles.baltimoresun.com/1990-11-27/news/1990331046_1_loan-crisis-ethics-committee-gray.

25 "U.S. taxpayer losses amounted to $123.8 billion, or 81 percent of the total costs." Timothy Curry and Lynn Shibut, "The Cost of the Savings and Loan Crisis: Truth and Consequences," *FDIC Banking Review*, December 2000, https://www.fdic.gov/bank/analytical/banking/br2000v13n2.pdf.

26 一九八九年六月的一二三八億，使用美國勞工統計局的通貨膨脹計算器進行換算：https://www.bls.gov/data/inflation_calculator.htm。

27 *The Best Way to Rob a Bank Is to Own One*: University of Texas Press, 2005.

28 FDIC Division of Research and Statistics, "An Examination of the Banking Crises of the 1980s and early 1990s," ch.5. "The LDC Debt Crisis," https://www.fdic.gov/bank/historical/history/191_210.pdf.

29 Alan Riding, "Man in the News; Survivor: Jesus Silva Herzog," *New York Times*, August 21, 1982, 29, http://www.ny

times.com/1982/08/21/business/man-in-the-news-survivor-jesus-silva-herzog.html.

30 Edward Cowan, "Loans and Credits for Aiding Mexico Are Mapped by U.S.," *New York Times*, August 21, 1982,1, https://www.nytimes.com/1982/08/21/business/loans-and-credits-for-aiding-mexico-are-mapped-by-us.html.

31 Robert A. Bennett, "Bankers Pressured to Assist Mexico," *New York Times*, August 21, 1982, 32, https://www.nytimes.com/1982/08/21/business/bankers-pressured-to-assist-mexico.html.

32 雅克・戴拉赫樹寫了自己的回憶錄，在二〇一七年由 Éditions Odile Jacob 出版。英文書名為《金融危機五十年》（*50 Years of Financial Crises*）。

33 Ronald E. Yates, "Baker's Plan May Be Too Late," *Chicago Tribune*, October 9, 1985, http://articles.chicagotribune.com/1985-10-09/business/8503080744_1_debt-crisis-world-bank-baker-plan.

第10章　在聯準會的最後時光

1 James Sterngold, "Dollar Falls Sharply on Bonn Move," *New York Times*, September 22, 1984, 39, https://www.nytimes.com/1984/09/22/business/dollar-falls-sharply-on-bonn-move.html.

2 Peter F. Kilborn, "Reagan's New Dollar Strategy," *New York Times*, March 3, 1985, 141, https://www.nytimes.com/1985/03/03/business/reagan-s-new-dollar-strategy.html.

3 Paul Lewis, "Plan Emerging on Currency Rates," *New York Times*, March 18, 1985, D1, https://www.nytimes.com/1985/03/18/business/plan-emerging-on-currency-rates.html.

4 Peter T. Kilborn, "U.S. and 4 Allies Plan Move to Cut Value of Dollar," *New York Times*, September 23, 1985, 1, https://www.nytimes.com/1985/09/23/business/us-and-4-allies-plan-move-to-cut-value-of-dollar.html.

5 Peter T. Kilborn, "Group of 5 Hints at Effort to Cut Interest Charges," *New York Times*, January 20, 1986, 1, https://www .nytimes.com/1986/01/20/business/group-of-5-hints-at-effort-to-cut-interest-charges.html.

6 我當時正在東京參加研討會，立刻發表聲明指出我「無法理解」馬丁對拉丁美洲政策轉變的建議，並大力讚揚拉丁美洲各國政府為管理債務所做的努力。Robert A. Bennett, "Volcker Rebukes Martin on 3d-World Debt Ideas," *New York Times*, June 21, 1985, D2, https://www.nytimes.com/1985/06/21/business/volcker-rebukes-martin-on-3d-world-debt-ideas.html.

7 Susan Chira, "Japan Says It Will Join in Rate Cut; French, Dutch Follow Lead of West Germans," *New York Times*, March 7, 1986, D1, https://www.nytimes.com/1986/03/07/business/japan-says-it-will-join-in-rate-cut.html.

8 Robert D. Hershey, "Martin Resigning from Fed; Denies Move Is Tied to Dispute with Volcker," *New York Times*, March 22, 1986, 35, http://www.nytimes.com/1986/03/22/business/martin-resigning-from-fed.html.

9 軍售伊朗醜聞，又稱「伊朗門事件」。雷根政府違反各國對伊朗的武器禁運協定，祕密出售武器給伊朗，並將所得資金轉給美國國會已禁止資助的尼加拉瓜反桑定政權勢力。

10 Peter T. Kilborn, "Accord on Dollar Appears Remote," *New York Times*, 13, February 22, 1987, https://www.nytimes.com/1987/02/22/world/accord-on-dollar-appears-remote.html.

11 Robert D. Hershey Jr., "Volcker Sees Danger to Economy of U.S. If Dollar Falls More," *New York Times*, April 8,1987, 1. https://www.nytimes.com/1987/04/08/business/volcker-sees-danger-to-economy-of-us-if-dollar-falls-more.html.

12 演說全文見：https://piie.com/commentary/speeches-papers/quest-exchange-rate-stability-realistic-or-quixotic。

13 Charles Goodhart, *The Basel Committee on Banking Supervision: A History of the Early Years, 1974–1997* (Cambridge University Press, 2011).

14 Nathaniel C. Nash, "Similar Standards for Banks Are Set by U.S. and Britain," *New York Times*, January 9, 1987, 1, https://www.nytimes.com/1987/01/09/business/similar-standards-for-banks-are-set-by-us-and-britain.html.

15 Nathaniel C. Nash, "12 Countries Want Banks to Increase Capital," *New York Times*, December 11, 1987, 1, https://www.nytimes.com/1987/12/11/business/12-countries-want-banks-to-increase-capital.html.

16 Jack Ewing, “Global Regulators Make Move to Prevent Next Financial Crisis,” *New York Times*, December 8, 2017, B1, https://www.nytimes.com/2017/12/07/business/global-regulators-agree-on-rules-to-prevent-financial-crises.html.

17 Ryan Tracy and Lalita Clozel, “Plan Aims to Ease Bank Rule on Capital,” *Wall Street Journal*, April 12, 2018, https://www.wsj.com/articles/u-s-proposes-retooling-big-bank-capital-rule-1523478608.

18 這是 Thomas Ferguson、Paul Jorgenson 及 Jie Chen 在〈Fifty Shares of Green: High Finance, Political Money and the U.S. Congress〉一文中引用一個共和黨會議目擊者關於我連任的描述。Roosevelt Institute, May 2017, http://rooseveltinstitute.org/wp-content/uploads/2017/05/FiftyShadesofGreen_0517.pdf.

第11章　沙烏地王子與索羅斯

1 Michael Quint, “Saudi Prince to Become Citicorp’s Top Stockholder,” *New York Times*, February 22, 1991, 1, https://www.nytimes.com/1991/02/22/business/saudi-prince-to-become-citicorp-s-top-stockholder.html.

2 Paul Volcker and Toyoo Gyohten, *Changing Fortunes: The World’s Money and the Threat to American Leadership* (Times Books, 1992).

3 根據勞工統計局通貨膨脹計算器換算而得。See https://www.bls.gov/data/inflation_calculator.htm.

4 關於捐贈的詳細描述及隨後爭議可以參見：Doug White, *Abusing Donor Intent: The Robertson Family’s Epic Lawsuit Against Princeton University* (Paragon House, 2014)。

5 Fred M. Hechinger, “Gift of 35 Million Goes to Princeton,” *New York Times*, August 6, 1961, 1, https://timesmachine.nytimes.com/timesmachine/1961/08/06/118046661.pdf.

6 關於伍德羅・威爾遜學院收到羅伯遜捐贈後的使命，在普林斯頓大學的網站上可以找到這一段解釋及說明：https://www.princeton.edu/robertson/documents/implementing_mission/。

7 Doug White, *Abusing Donor Intent: The Robertson Family’s Epic Lawsuit Against Princeton University* (Paragon House,

2014), 97–99.

8 和解協議全文見：https://www.princeton.edu/robertson/documents/docs/Robertson_Settlement_Agreement-Executed.pdf。

第12章　在危機「發生前」採取行動

1 Peter Truell, "NatWest to Buy Gleacher in $135 Million Stock Deal," *New York Times*, October 18, 1995, D2, https://www.nytimes.com/1995/10/18/business/natwest-to-buy-gleacher-in-135-million-stock-deal.html.

2 Saul Hansell, "Bankers Trust to Acquire Wolfensohn," *New York Times*, May 23, 1996, http://www.nytimes.com/1996/05/23/business/bankers-trust-to-acquire-wolfensohn.html.

3 精確來說是從一九八八年五月至二〇〇〇年五月。See https://www.nestle.com/media/pressreleases/allpressreleases/recordperformance-25feb00.

4 信孚銀行在同意被德意志銀行購併六個月後，於一九九九年三月對聯邦刑事起訴案認罪，承認它利用無人認領帳戶內的存款，來提高銀行自身的財務表現。Benjamin Weiser, "Bankers Trust Admits Diverting Unclaimed Money," *New York Times*, March 12, 1999, https://www.nytimes.com/1999/03/12/nyregion/bankers-trust-admits-diverting-unclaimed-money.html.

5 外國留學生人數在二〇一六年，達到一〇八萬人的最高紀錄，但隔年開始下降。Nick Anderson, "Report finds fewer new international students on U.S. college campuses," *Washington Post*, November 13, 2017, https://www.washingtonpost.com/local/education/report-finds-fewer-new-international-students-on-us-college-campuses/2017/11/12/5933fe02-c61d-11e7-aae0-cb18a8c29c65_story.html?utm_term=.4997869e8653.

6 完整名單見：https://www.ihouse-nyc.org/about-student-housing-in-ny/board-of-trustees/。

7 這份報告見：http://group30.org/images/uploads/publications/G30_Derivatives-PracticesandPrinciples.pdf。

8 該報告可在網上瀏覽：http://group30.org/images/uploads/publications/G30_FinancialReformFrameworkFinStability.pdf。

9 “Banking Conduct and Culture: A Call for Sustained and Comprehensive Reform,” published in July 2015, http://group30.org/images/uploads/publications/G30_BankingConductandCulture.pdf.

10 The National Commission on the Public Service, “Leadership for America: Rebuilding the Public Service,” *Washington Post,* 1989, http://www.washingtonpost.com/wp-srv/opinions/documents/Leadership_for_America_Rebuilding_the_Public_Service.pdf.

11 Robert D. Hershey, “The Government Is Hiring, Which Isn’t Easy,” *New York Times*, July 23, 1989, 115, https://www.nytimes.com/1989/07/23/weekinreview/nation-government-hiring-which-isn-t-easy-civil-service-doubts-within-without.html.

12 「今晚我要呼籲全面凍結聯邦政府薪資一年。而且在這四年之間，我建議加薪幅度要比平時聯邦加薪時的生活費津貼低一個百分點。接下來，如你們已知的，我建議我們削減一百五十項具體預算，並請任何認為我們還應該削減更多的人，像我一樣將細節講清楚。」William J. Clinton: “Address Before a Joint Session of Congress on Administration Goals,” February 17, 1993. Online by Gerhard Peters and John T. Woolley, American Presidency Project, http://www.presidency.ucsb.edu/ws/?pid=47232.

13 「政府很擅長起頭，卻不擅長收尾。不管你相不相信，我們現在還在付建國兩百週年委員會的費用，而它早該在一九七六年之後就解散了。還有不少類似的事。雖然金額不大，可是支出完全沒有正當性。實在是太糟了。」William J. Clinton: “Remarks and a Question-and-Answer Session on the Economic Program in Chillicothe, Ohio,” February 19, 1993. Online by Gerhard Peters and John T. Woolley, American Presidency Project, http://www.presidency.ucsb.edu/ws/?pid=45998.

14 這個委員會也因此被稱為「溫特委員會」。

15 該報告稱為“Urgent Business for America: Revitalizing the Federal Government for the 21st Century.” A link is available at https://ourpublicservice.org/publications/viewcontentdetails.php?id=314。

第13章 大屠殺，六百八十萬個帳戶

1 See chronology in "Swiss Banks Settlement: In re Holocaust Victim Assets Litigation," official website: http://www.swissbankclaims.com/Chronology.aspx.

2 關於委員會組成的詳細情況，請參閱我們的最後報告：Independent Committee of Eminent Persons, "Report on Dormant Accounts of Victims of Nazi Persecution in Swiss Banks," 1999, http://www.crt-ii.org/ICEP/ICEP_Report_english.pdf。

3 「一九五四年五月，各大銀行的法定代表達成協議，建立一套在帳戶繼承人到銀行詢問任何問題時的統一轉移處理系統。」Bergier Commission Final Report.

4 See http://www.crt-ii.org/_awards/index.phtm.

5 Cited in *The United Nations Security Council from the Cold War to the 21st Century*, David Malone, ed. (Lynne Reinner, 2004), 182.

6 "Weir Group Admits Iraq Oil for Food Contracts Were Inflated," *Herald of Scotland*, July 22, 2004, http://www.heraldscotland.com/news/12497592.Weir_Group_admits_Iraq_Oil_for_Food_contracts_were_inflated/.

7 David Leigh and Rob Evans, "'National Interest' Halts Arms Corruption Inquiry," *Guardian,* December 15, 2006, https://www.theguardian.com/uk/2006/dec/15/saudiarabia.armstrade.

8 二〇〇六年十二月十四日，戈德史密斯勛爵在上議院發表聲明，全文可在以下網站查閱：https://www.theyworkforyou.com/lords/?id=2006-12-14d.1711.2。

9 我為兩位資深工作人員合作的報告《善意腐敗》寫了引言，文中將複雜的狀況交代得很清楚，剖析國際組織管理不善的原因，十分值得一讀。Jeffrey A. Meyer and Mark G. Califano, *Good Intentions Corrupted: The Oil-for-Food Scandal and the Threat to the U.N.* (PublicAffairs, 2006).

10 Press Trust of India, "Volcker Effect: Natwar Singh Removed as Foreign Minister," *Times of India*, November 7, 2005,

https://timesofindia.indiatimes.com/india/Volcker-effect-Natwar-Singh-removed-as-Foreign-Minister/articleshow/1287392.cms.

11 Saurabh Shukla, "Volcker Report: Aniel Matherani's revelations leads to Natwar Singh's resignation," *India Today*, December 19, 2005, https://www.indiatoday.in/magazine/nation/story/20051219-volcker-report-aniel-matherani-s-revelations-leads-to-natwar-singh-resignation-786387-2005-12-19.

12 See http://www.worldbank.org/en/about/archives/history/past-presidents/james-david-wolfensohn and speech at http://documents.worldbank.org/curated/en/135801467993234363/pdf/99712-WP-Box393210B-PUBLIC-1996-10-01-People-and-Development.pdf.

13 See http://www.worldbank.org/en/news/press-release/2007/09/13/world-bank-president-robert-zoellick-welcomes-volcker-panel-review-world-bank-institutional-integrity-department.

14 西門子公司行賄案一開始只是慕尼黑檢察官辦公室的地方案件，之後雪球越滾越大，數個國家和國際機構也開始涉入調查。

15 See http://www.worldbank.org/en/news/press-release/2009/07/02/siemens-pay-million-fight-fraud-corruption-part-world-bank-group-settlement.

16 世界銀行聲明：http://www.worldbank.org/en/news/press-release/2012/06/29/world-bank-statement-padma-bridge。

第14章　踏入黑暗會計世界

1 See https://www.iasplus.com/en/binary/resource/01iascfar.pdf.

2 Floyd Norris, "Accounting Firm to Pay a Big Fine," *New York Times*, June 20, 2001, http://www.nytimes.com/2001/06/20/business/accounting-firm-to-pay-a-big-fine.html.

3 我的發言全文載於：http://www.kellogg.northwestern.edu/news_articles/2002/volcker_text.aspx。

4 在我作證期間，阿拉巴馬州共和黨參議員 Richard Shel 發表以下聲明：「我只想再次強調我一開始就說過的、也是伏克爾博士說過的話。他說：『我們有太多的損益表重編、太多對預估收益的懷疑、太多突然記錄的數十億美元的商譽收入，以及太多被認為是審計失敗導致的破產，好讓我們覺得好過一點。但情況正好相反，情勢已經非常明白，我們必須進行一些根本性的改革，以保證我們的財務報告將是準確、透明，且有意義的。』伏克爾博士，可惜我沒辦法解釋得像您那麼好。」Transcript of S. Hrg.107–948, Volume 2—Accounting Reform and Investor Protection Volume 1 S. Hrg. 107–948 Accounting Reform and Investor Protection.

5 George W. Bush: "Remarks on Signing the Sarbanes-Oxley Act of 2002," July 30, 2002. Online by Gerhard Peters and John T. Woolley, American Presidency Project, http://www.presidency.ucsb.edu/ws/?pid=73333.

6 二〇〇二年二月十四日，保羅．伏克爾在參議院銀行委員會作證：Transcript of S. Hrg.107–948, Volume 2 — Accounting Reform and Investor Protection Volume 1 S. Hrg. 107–948 Accounting Reform and Investor Protection。

7 Madison Marriage, "Big Four accountancy firms plan for forced break-up," *Financial Times*, May 16, 2018, https://www.ft.com/content/6c07f5d8-591b-11e8-bdb7-f6677d2e1ce8.

8 Jonathan Ford and Madison Marriage, "The big flaw: auditing in crisis," *Financial Times*, August 1, 2018, https://www.ft.com/content/29ccd60a-85c8-11e8-a29d-73e3d454535d.

第 15 章　不應該拿公眾的錢賭博

1 Sonali Basak, Katherine Chiglinsky, and Rick Clough, "GE's Surprise $15 Billion Shortfall Was 14 Years in the Making," *Bloomberg News*, January 25, 2018, https://www.bloomberg.com/news/articles/2018-01-25/ge-s-surprise-15-billion-shortfall-was-14-years-in-the-making.

2 http://www.berkshirehathaway.com/letters/2002pdf.pdf.

3 參見第十一章。

4 二〇〇四年八月，Georgie Ann Geyer 在 Universal Press Syndicate 的專欄中 報導了此一評論。Georgie Ann Geyer, "Economic Experts Outline Precarious Financial Situation," *Daily Spectrum* (Saint George, Utah), August 23, 2004, A6.

5 《華盛頓郵報》刊登了這篇演講稿的改編版本：Paul A. Volcker, "An Economy on Thin Ice," *Washington Post*, April 10, 2005, B7, http://www.washingtonpost.com/wp-dyn/articles/A38725-2005Apr8.html。

6 Eric Dash and Jack Healy, "New Plan, Old Doubts: Investors Register Disappointment, Sending Markets Into a Swoon," *New York Times*, February 11, 2009, B1, https://archive.nytimes.com/www.nytimes.com/2009/02/11/business/11markets.html.

7 Barack Obama: "Remarks on Financial Regulatory Reform," June 17, 2009. Online by Gerhard Peters and John T. Woolley, American Presidency Project, http://www.presidency.ucsb.edu/ws/?pid=86287.

8 "Paul Volcker: Think More Boldly," *Wall Street Journal*, December 14, 2009, R7, https://www.wsj.com/articles/SB10001424052748704825504574586330960597134.

9 Barack Obama: "Remarks on Financial Regulatory Reform and Consumer Protection Legislation," January 21,2010. Online by Gerhard Peters and John T. Woolley, American Presidency Project, http://www.presidency.ucsb.edu/ws/?pid=87436.

第16章 三個真理

1 Federal Open Market Committee meeting transcript, July 17, 1984, 67, https://www.federalreserve.gov/monetarypolicy/files/FOMC19840717meeting.pdf.

2 Reserve Bank of New Zealand, Policy Targets Agreement 1990, https://www.rbnz.govt.nz/monetary-policy/policy-targets-agreements.

3 Federal Open Market Committee meeting transcript, July 2–3, 1996, 50–51, https://www.federalreserve.gov/monetarypolicy/files/FOMC19960703meeting.pdf.

4 Peter T. Kilborn, "After Years of Absence, Deflation Causes Worries," *New York Times*, July 23, 1984, 1, https://www.nytimes.com/1984/07/23/business/after-years-of-absence-deflation-causes-worries.html.

5 Janet Yellen interview with Financial Crisis Inquiry Commission, November 15, 2010, https://fcic.law.stanford.edu/interviews/view/201.

6 有關二〇〇八年十月 TARP 法案的詳情，請見：https://www.treasury.gov/initiatives/financial-stability/TARP-Programs/Pages/default.aspx#)。

7 這些民意調查中也包括皮尤研究中心（Pew Research Center）公眾對政府的信任調查。http://www.people-press.org/2017/12/14/public-trust-in-government-1958-2017/.

8 Paul C. Light, "Vision + Action = Faithful Execution: Why Government Daydreams and How to Stop the Cascade of Breakdowns That Now Haunts It," Volcker Alliance, December 2015, https://www.volckeralliance.org/sites/default/files/attachments/Vision%20%2B%20Action%20-%20The%20Volcker%20Alliance.pdf.

9 美國人口普查的資料估計二〇一八年的美國總人口達到三・二八億人（https://www.census.gov/popclock/），而一九六二年為一・八六億人（World Bank data available via the St. Louis Federal Reserve Bank here: https://fred.stlouisfed.org/series/POPTOTUSA647NWDB）。

10 美國二〇一七年的國內生產總值約為十九・四兆美元，而一九六二年為六〇五一億美元（Federal Reserve: https://fred.stlouisfed.org/series/GDP#0）。美國二〇一七年聯邦支出總額為三・九八兆美元，而一九六二年為一〇六八億美元（Office of Management and Budget, table 14.2, "Total Government Expenditures 1948–2017"）。

後記

1 事實上，杜威是利陶爾學院（Littauer school）的第一個公共管理學博士畢業生。See Federal Reserve, https://www.federalreservehistory.org/people/j_dewey_daane.

國家圖書館出版品預行編目（CIP）資料

主席先生：聯準會前主席保羅．伏克爾回憶錄 / 保羅．伏克爾 (Paul A. Volcker), 克莉斯汀．哈珀 (Christine Harper) 著；卓妙容譯．-- 初版．-- 臺北市：早安財經文化有限公司, 2021.05
面；　公分．--（早安財經講堂；95）
譯自：Keeping at it : the quest for sound money and good government
ISBN 978-986-99329-3-6(平裝)

1. 伏克爾 (Volcker, Paul A.)　2. 經濟學家　3. 貨幣政策　4. 傳記　5. 美國

785.28　　110004319

早安財經講堂 95

主席先生

聯準會前主席保羅・伏克爾回憶錄

KEEPING AT IT

The Quest for Sound Money and Good Government

作　　者：保羅・伏克爾 Paul A. Volcker、克莉斯汀・哈珀 Christine Harper
譯　　者：卓妙容
特約編輯：莊雪珠
封面設計：Bert.design
責任編輯：沈博思、劉詢
編輯協力：陳威豪
行銷企畫：楊佩珍、游荏涵

發 行 人：沈雲驄
發行人特助：戴志靜、黃靜怡
出版發行：早安財經文化有限公司
電話：(02) 2368-6840　傳真：(02) 2368-7115
早安財經網站：www.goodmorningnet.com
早安財經粉絲專頁：www.facebook.com/gmpress

郵撥帳號：19708033　戶名：早安財經文化有限公司
讀者服務專線：(02)2368-6840　服務時間：週一至週五 10:00~18:00
24 小時傳真服務：(02)2368-7115
讀者服務信箱：service@morningnet.com.tw

總 經 銷：大和書報圖書股份有限公司
電話：(02)8990-2588
製版印刷：中原造像股份有限公司
初版 1 刷：2021 年 5 月
初版 4 刷：2022 年 11 月

定　　價：480 元
ISBN：978-986-99329-3-6（平裝）